O CÓDIGO CIVIL E O
NOVO DIREITO DE FAMÍLIA

F676c   Fonseca, Antonio Cezar Lima da
          O Código Civil e o novo Direito de Família / Antonio Cezar Lima
        da Fonseca. — Porto Alegre: Livraria do Advogado Editora, 2004.
        232 p.; 16x23cm.

        ISBN 85-7348-296-6

        1. Direito de Família. 2. Código Civil. I. Título.

                                   CDU — 347.6

        Índices para o catálogo sistemático:
        Direito de Família
        Código Civil

        (Bibliotecária responsável: Marta Roberto, CRB-10/652)

ANTONIO CEZAR LIMA DA FONSECA

O Código Civil e o Novo Direito de Família

Casamento
Separação e Divórcio
Adoção
Poder familiar
Alimentos
Bem de família

livraria
DO ADVOGADO
editora

Porto Alegre 2004

© Antonio Cezar Lima da Fonseca, 2004

Projeto gráfico e diagramação de
Livraria do Advogado Editora

Revisão de
Rosane Marques Borba

Direitos desta edição reservados por
Livraria do Advogado Editora Ltda.
Rua Riachuelo, 1338
90010-273 Porto Alegre RS
Fone/fax: 0800-51-7522
livraria@doadvogado.com.br
www.doadvogado.com.br

Impresso no Brasil / Printed in Brazil

Para *Dolores*,
Daniela e *Henrique*,
pelas insubstituíveis horas
de convívio em família
que lhes subtraí.

Meus agradecimentos à
Drª Ana Lúcia Alves Feliciani,
pela troca de idéias;
à *Prof^a. Maria da Graça Cordenunsi*,
pela leitura atenta.

Sumário

O novo Código e o novo Direito de Família 9
1. Do casamento. Disposições Gerais 13
   1.1. A comunhão plena de vida 17
   1.2. A igualdade conjugal 18
   1.3. Do casamento civil e gratuito 21
   1.4. A proibição de interferência no casamento 22
   1.5. Realização do casamento 25
   1.6. O casamento religioso 26
      1.6.1. O registro do casamento religioso 28
2. A capacidade para o casamento 31
3. Dissolução da sociedade e do vínculo conjugal 41
   3.1. A morte de um dos cônjuges 44
   3.2. A ausência como causa de dissolução do casamento 45
   3.3. Nulidade ou anulação do casamento 50
   3.4. A separação judicial e o divórcio 52
4. O nome dos cônjuges no novo Código Civil 83
   4.1. A disciplina do nome dos cônjuges 83
   4.2. O nome dos cônjuges diante da dissolução do casamento . . . 86
      4.2.1. Na separação judicial litigiosa com causa culposa 86
      4.2.2. Na separação judicial litigiosa sem causa culposa 89
      4.2.3. Na separação judicial consensual 90
   4.3. O nome dos cônjuges no divórcio 91
5. A adoção no novo Código Civil 95
   5.1. A disciplina da adoção 96
   5.2. Natureza jurídica da adoção 98
   5.3. Juízo competente para a adoção 99
   5.4. Dos adotantes ou quem pode adotar 100
   5.5. Dos adotandos ou quem pode ser adotado 104
   5.6. Adoção por casais 105
   5.7. O processo de adoção 107
   5.8. Do consentimento para a adoção 109
   5.9. Efeitos de adoção 116

    5.9.1. O nome do adotado 119
    5.9.2. A herança do adotado 120
  5.10. Conclusão 120
6. O poder familiar no novo Código Civil 123
  6.1. Pátrio poder *x* poder familiar 124
  6.2. Disposições gerais 127
    6.2.1. A divergência no exercício do poder familiar 128
    6.2.2. O poder familiar na separação, no divórcio e na dissolução da união estável 130
    6.2.3. O exercício do poder familiar 133
  6.3. Extinção, suspensão e perda do poder familiar 134
    6.3.1. Modificações principais do Código Civil 135
  6.4. Os procedimento e o Ministério Público 138
  6.5. Conclusão 140
7. Os alimentos e a nova lei civil 143
  7.1. Definição e natureza jurídica 144
    7.1.1. Características e tipos de alimentos 146
    7.1.2. Pressupostos da obrigação 162
    7.1.3. Destinatários dos alimentos 168
      7.1.3.1. Os parentes 168
      7.1.3.2. Os cônjuges e os companheiros 169
  7.2. Modos de cumprimento da obrigação 175
    7.2.1. Coobrigados aos alimentos 178
  7.3. A exigência de alimentos 183
    7.3.1. A revisão dos alimentos 185
    7.3.2. Duração ou extinção da obrigação alimentar 188
8. O bem de família 193
  8.1. O bem de família 194
    8.1.1. Natureza jurídica 195
    8.1.2. Objeto 198
    8.1.3. Tipos de bem de família 203
    8.1.4. Legitimidade 204
    8.1.5. Administração do bem de família 205
    8.1.6. Efeitos do bem de família 207
  8.2. Formas de instituição 208
    8.2.1. Escritura pública 209
    8.2.2. Testamento 209
    8.2.3. Doação 212
  8.3. Duração do bem de família 213
  8.4. O Ministério Público e o bem de família 216
  8.5. Conclusão 219
Bibliografia 221
Índice analítico 225

O novo Código e o novo Direito de Família

Após mais de um quarto de século de debates, emendas e remendos, aprova-se um novo Código Civil – Lei nº 10.406, de 10-01-2002. Trata-se de *obra transpessoal*,[1] fruto do trabalho inicial de uma Comissão de juristas,[2] constituída sob a supervisão do Prof. Miguel Reale. Revogou-se o Código Civil de 1916 e a Parte Primeira do Código Comercial de 1850.

A parte relativa ao Direito de Família, que ficou a cargo do Prof. Clóvis Veríssimo do Couto e Silva, Catedrático da Universidade Federal do Rio Grande do Sul, foi a que mais sofreu mudanças no Código Civil de 2002 (NCC). Não apenas porque a Comissão, desde o início, *condenou* um projeto de codificação *puramente livresco*,[3] fruto de mero cotejo e opções entre dispositivos de códigos vigentes ou em elaboração, nacionais ou alienígenas, mas porque nem se pensava, à época de sua elaboração, em alguns institutos que depois foram nele previstos. Fica evidente, pois, que a maioria das críticas ao novo Código não podem ser debitadas àquela Comissão.

O Código de 2002 permite-nos afirmar que estamos diante de um novo Direito de Família, seja pela adaptação e regulamentação de dispositivos da Constituição da República de 1988, seja porque incorpora ele inúmeras *cláusulas gerais*, que são *um convite para uma atividade judicial mais criadora, destinada a complementar o "corpus juris" vigente, com novos princípios e normas.*[4] Destaca-se, portanto, a atividade judicante,

---

[1] Reale, Miguel. A sanção da lei que instituiu o novo Código Civil. Discurso publicado na obra *O novo Código Civil. Estudos em homenagem ao Prof. Miguel Reale.* Coord. Domingos F. Netto e outros. LTr, 2003, p. 19.

[2] Miguel Reale, Agostinho de Arruda Alvim, José Carlos Moreira Alves, Clóvis Veríssimo do Couto e Silva, Sylvio Marcondes, Torquato Castro e Ebert Vianna Chamoun.

[3] Observações preliminares da Comissão. Ofício com a Exposição de Motivos ao Min. Alfredo Buzaid em 1973. Código Civil. Anteprojetos. Vol. 5, Senado Federal, Brasília, 1989.

[4] Silva, Clóvis V. do Couto e Silva. "O Direito Civil brasileiro em perspectiva histórica e visão de futuro". *Revista AJURIS* – 40/149.

levando-nos a afirmar que grande parte do sucesso da nova legislação dever-se-á à atividade construtora e criativa dos julgadores.

O agrupamento de consagrados institutos do Direito de Família – casamento, parentesco, filiação, regime de bens e outros –, tal como estavam no revogado código, em dois novos sistemas – *direito pessoal e direito patrimonial* –, é a grande virtude e elogiável novidade do novo Código Civil. Não há modelo no sistema codificado moderno que possa se comparar ao agora adotado.

Percebeu nosso saudoso Professor Clóvis do Couto e Silva, que os institutos do Direito de Família do Código Civil de 1916 faziam conviver simultaneamente e sem qualquer sistematização relações jurídicas pessoais com relações jurídicas patrimoniais, seguindo a tradição dos antigos códigos. Daí por que o autor da espinha dorsal do anteprojeto, na parte de família, adotou esses dois setores fundamentais, como disse, *não como setores totalmente estanques, senão como relações que se implicam, numa dialética de polaridade.*[5] Tal divisão, como advertia o mestre em suas aulas, tornaria bem mais compreensível e transparente o Direito de Família.

Longe de nós conceituarmos *família*, porque esta se modificou e continua se modificando extraordinariamente nos últimos anos. Há evidente *dificuldade de inclusão, na mesma pauta conceitual, da família da metrópole e daquela do sertão.*[6] Ainda persiste a família nuclear, mas há o surgimento de outros agrupamentos, como a *família reconstituída*[7] a *família monoparental,*[8] havendo quem defenda a existência da *família homoafetiva.*[9] A rigor, portanto, o campo da definição de família nem pertence ao Direito.

Em tema tão polêmico, porém, isso não impede que tenhamos uma noção, ainda que tênue, do que representa a família para o Direito e saibamos que a sua normatividade está numa área que denominamos e estudamos cientificamente como Direito de Família.

O Direito de Família está integrado no Direito Civil, que é ramo do Direito Privado. Não se nega que vive ele, hoje, *um renascimento cientí-*

---

[5] Silva, Clóvis Veríssimo do Couto e. Temas atuais do Direito de Família no anteprojeto do Código Civil, Conferência no Instituto dos Advogados de São Paulo, em 07 de março de 1973.

[6] Nalini, José Renato. A família brasileira no século XXI. *Revista de Direito Privado* n. 1, RT, p. 10.

[7] Entende-se por família reconstituída a estrutura familiar originada de um casamento ou união estável de um casal, na qual um ou ambos de seus membros tem filho ou filhos de um vínculo anterior, como diz Waldyr Grisard Filho (*Os alimentos nas famílias reconstituídas. Questões controvertidas*, cit. p. 374).

[8] Consultar: Leite, Eduardo de Oliveira. *Famílias monoparentais*. 2ª ed., São Paulo, RT, 2003.

[9] Dias, Maria Berenice. *Homoafetividade – O que diz a justiça*. Porto Alegre, Livraria do Advogado, 2003, p. 14.

fico[10] e uma tendência de *constitucionalização*,[11] uma vez ter-se assegurado à família uma *especial proteção* do Estado (art. 226, CF), seja essa constituída pelo casamento ou formada à margem deste. Aliás, como já advertira Luiz Edson Fachin,[12] no campo do Direito Civil, o Direito de Família é o segmento em que mais estão presentes normas cogentes, notando-se uma *dimensão publicizada* da família.

Embora a dificuldade de encerrarmos *família* em uma definição estanque, porque sua noção espraia-se pela vida afora, o Direito de Família pode ser compreendido de duas maneiras: *Direito de família formal*, que é o conjunto de regras jurídicas que constituem o direito matrimonial; e *Direito de família material*, que é o existente na sociedade, a repercussão de suas normas no campo social, e a sua mescla com usos e costumes familiares.[13]

Neste trabalho, trataremos, sobretudo, do Direito de Família formal, também visto como *um conjunto de normas jurídicas que regulam as relações entre pessoas ligadas pelo vínculo do casamento, do parentesco, da afinidade ou da adoção*.[14]

Doravante, portanto, denominaremos *Direito pessoal de família* ao conjunto de normas que dizem respeito às relações jurídicas pessoais vigentes e aplicáveis entre cônjuges e companheiros, ou seja, àqueles institutos relativos à intimidade, à convivência, às relações pessoais do casal (fidelidade, coabitação etc.) e seus filhos. O direito pessoal é o aspecto subjetivo ou íntimo da família. O *Direito patrimonial de família* é um conjunto de normas jurídicas e institutos que dizem respeito ao patrimônio do casal, às suas relações materiais e econômicas. É o aspecto objetivo ou material das relações familiares. Neste encontram-se relações em cuja estrutura se manifestam aspectos que as aproximam das do Direito das Obrigações e das do Direito das Coisas.[15]

Nossa pretensão é a de revisitarmos alguns institutos agora ligados ao *direito pessoal* de família – casamento, capacidade para o matrimônio, dissolução do vínculo e da sociedade conjugal, da adoção e do poder familiar

---

[10] Marques, Claudia Lima. *Visões sobre o teste de paternidade através do exame do DNA em direito brasileiro*. Artigo em Grandes Temas da Atualidade. Coord. Eduardo de Oliveira Leite, cit. p. 27.

[11] Lobo. Paulo Luiz Netto. Constitucionalização do Direito Civil. *Revista de Informação Legislativa*, n. 141, p. 99.

[12] *In*: *Elementos críticos do Direito de Família*, Rio de Janeiro, Renovar, 1999, p. 46.

[13] Silva, Clóvis V. do Couto e. Direito Patrimonial de Família. *Revista Direito e Justiça*, v. 1, 1980, p. 127.

[14] Oliveira, José Lamartine; Muniz, Francisco José. *Direito de Família*, Porto Alegre, Fabris, 1990, p. 9.

[15] Silva, Clóvis V. do Couto e. *Direito patrimonial de família*. Op. cit. p. 131.

– e ao *direito patrimonial* de família – alimentos e bem de família –, tal como consta na nova codificação civil.

Os temas familiares do novo Código Civil são aqui enfrentados ora sob a forma de dissertação, ora em comentários, artigo por artigo.

Agora, procuramos reunir aqueles assuntos que dizem respeito ao cotidiano e que exigem pronta resposta dos profissionais e estudantes desse ramo do Direito.

Não resta dúvida de que o novo Código de Família trafegará entre o amor e o ódio, até porque não nos despedimos integralmente do Código de 1916,[16] que continuará regendo inúmeras situações jurídicas. Resta-nos, portanto, salvar e aproveitar o que pode sê-lo e lapidar o que restou bruto, porque nenhum legislador jamais conseguiria satisfazer integralmente a comunidade jurídica em ramo tão vivo e dinâmico do Direito Civil.

O autor.

---

[16] O Livro Complementar do novo Código Civil (arts. 2.028 a 2.046) traz inúmeras regras de direito intertemporal, as quais mantêm parcialmente vigentes inúmeros institutos do direito anterior.

1. Do casamento. Disposições gerais

Na lei familiar revogada (CC/16) não havia dispositivos sob o *nomen* de *Disposições Gerais,* na abertura do Livro I daquela Parte Especial. Agora, no entanto, o novo Código Civil (Lei n° 10.406/02), no Livro IV, trata do Direito de Família, sendo que, no Subtítulo I – Do casamento –, do Título I – do Direito Pessoal –, traz um Capítulo denominado *Disposições Gerais*, que é um tema da *Teoria Geral do Direito*.

Disposição geral é aquela que *rege todos os casos idênticos ou os institutos da mesma natureza.*[17] Assim, quis o legislador, em seis artigos (arts. 1.511 a 1.516) e quatro parágrafos (arts. 1.512, par. único e §§ do art. 1.516), dispor a respeito do casamento, traçando *linhas gerais* e tratando da forma de sua realização, dos seus efeitos registrais, a serem entendidos como base mestra dos casamentos civis ou religiosos.

Não se desconhece a mudança substancial sofrida nos relacionamentos amorosos nos últimos tempos. Houve uma redução de casamentos, assim como um considerável avanço do número de pessoas que preferem viver em companheirismo ou em uniões informais. Chegou a dizer-se que o casamento estava falindo como instituição, porque diminuíram os tradicionais *namoros e noivados,* em virtude do surgimento de um novo código de relacionamento entre os jovens, o *ficar com.*[18] Apesar disso, não se vê qualquer sinal de abandono ou esquecimento da instituição matrimônio, como forma de união legal entre pessoas de sexos diferentes.

Inicialmente, entendia-se que a família era constituída apenas pelo casamento civil. Assim se via pela redação da Emenda Constitucional n° 1/69, no art. 175. Todavia, a *segunda grande conquista*[19] da Constituição Federal de 1988, no plano do Direito de Família, a qual reconheceu a

---

[17] Diniz, Maria Helena. *Dicionário Jurídico*, Vol. 2, São Paulo, Saraiva, 2001, p. 198.
[18] Ver Chaves, Jacqueline. *"Ficar com". Um novo código entre jovens*. Rio de Janeiro, Revan, 1994.
[19] Leite, Eduardo de Oliveira. *Famílias Monoparentais*. 2ª ed., São Paulo, RT, 2003, p. 7.

evolução dos costumes, firmou que *a unidade familiar, sob o prisma social e jurídico, não mais tem como baluarte exclusivo o matrimônio.*[20]

De fato, atualmente, não há necessária relação entre família e casamento, uma vez que a *união estável* e a dita *família monoparental* também são reconhecidas como *entidades familiares* (art. 226, §§ 3º e 4º, da CF/88). *Entidade familiar*, portanto, é um termo *lato*, que abriga todas as espécies de família, seja oriunda do casamento, da união estável, união de fato ou da monoparentalidade. Em outras palavras: *o ordenamento constitucional consagrou a definição ampla da família, como base da sociedade, garantindo-lhe a proteção especial do Estado, independentemente do modo pelo qual tenha se originado a união.*[21]

Apesar de algumas dificuldades conceituais, não se ignora que o casamento é *ato complexo* e formador da família, assim como não se ignora que o casamento *é a união jurídica de duas pessoas de sexos diferentes*, como ensina Caio Mário da Silva Pereira.[22]

Pode-se, portanto, entender o *casamento* como o *instituto que cria a sociedade conjugal ou a relação matrimonial e o vínculo de afinidade que une um dos cônjuges aos parentes do outro.*[23] O casamento continua sendo um ato de liberdade.

No direito brasileiro vigente não se reconhece como casamento, seja civil ou religioso, a união de pessoas de mesmo sexo, porque nossa Constituição Federal e o novo Código Civil são bem explícitos, seja ao dispor que os direitos e deveres da *sociedade conjugal* são exercidos igualmente *pelo homem e pela mulher* (art. 226, § 5º, CF), seja quando se refere ao consentimento do homem e da mulher ao casamento (art. 1.514, NCC). Eventual casamento entre pessoas de mesmo sexo seria inexistente, um nada jurídico, sem qualquer efeito de ordem familiar. Por outro lado, as ditas uniões homoafetivas e as sociedades de fato não originam questões de família, para serem julgadas no âmbito das Varas de Família, embora já venha decidindo em contrário o Tribunal de Justiça do Rio Grande do Sul,[24] casos em que o Ministério Público Estadual está submetendo a recursos Especial e Extraordinário.

A possibilidade do casamento entre pessoas do mesmo sexo, como se noticia, fatalmente, implicará revisão constitucional e mudança em vários dispositivos do novo Código Civil.

---

[20] Venosa, Silvio de Salvo. *Direito Civil. Direito de Família.* São Paulo, Atlas, 2002, p. 20.

[21] Oliveira, Euclides de. *União Estável. Do concubinato ao casamento.* São Paulo, Metodo, 2003, p. 29.

[22] Pereira, Caio Mário da Silva. *Instituições de Direito Civil.* Vol. 5, 11ª ed. Rio de Janeiro, Forense, 1996, p. 33.

[23] Oliveira e Muniz. *Op. cit.*, p. 9.

[24] Dias, Maria Berenice. *Homoafetividade.* Op. cit.

Diz-se, ademais, que existe uma regulamentação excessiva na disciplina do casamento. *Data venia,* há necessidade dessa regulamentação, porque tal instituto interessa não apenas aos cônjuges, mas à coesão do núcleo familiar, que é a base da sociedade. Por outro lado, como referiu Regina Beatriz Tavares da Silva:[25] *pode-se imaginar o caos que se instalaria se não fossem estabelecidos certos efeitos jurídicos ao casamento.*

Como em legislações de outros países, o novo Código Civil não trouxe uma definição expressa e jurídica[26] de *casamento.* Não se define casamento, porque sua noção não pode ser imutável[27] e muito se discute a respeito de sua *natureza jurídica.* Afinal, seria o casamento um contrato de Direito de Família, um negócio jurídico bilateral ou uma instituição, com contornos público e privado? Assim, como já referimos, também não se define família, porque não existe uma *identidade de conceitos* com as demais áreas científicas e/ou sociais.

O art. 1.511 do novo Código Civil[28] dispõe sobre o *casamento,* referindo-se aos seus principais efeitos.

Embora notemos uma moderna tendência de *relativização de conteúdos matrimoniais,*[29] estamos diante de instituto juridicamente secundado por normas de ordem pública,[30] cogentes, indisponíveis. Daí, aliás, a necessária intervenção do Ministério Público, seja na fase de sua formação – habilitação para o matrimônio, p. ex. –, seja no processo judicial de sua desconstituição – nulidade de casamento, separação judicial ou divórcio. Os processos judiciais que dizem respeito ao casamento compõem aquilo que se costuma denominar de *ações de estado,* i.é, *aquelas nas quais a pretensão é de obtenção de um pronunciamento judicial sobre o estado de família de uma pessoa.*[31]

O novo Código dispõe que o casamento é civil – art. 1.512, NCC –, mas também prevê o casamento religioso equiparado ao civil. Nessa matéria, há pluralidade de formas de celebração para um mesmo ato jurídico, mas *é regido por uma só lei.*[32]

---

[25] *In:* Dissolução da sociedade e do vínculo conjugal. Artigo em *O novo Código Civil,* LTr, p. 1.290.
[26] Contra: entendendo que o art. 1.511 do NCC define casamento, vide Do casamento, artigo de Euclides de Oliveira, no livro *Direito de Família e o Novo Código,* 3ª ed., Ed. Del Rey, 2003, p. 10.
[27] Pereira, Caio Mário da Silva. *Instituições de Direito Civil,* Rio de Janeiro, Forense, 1996, p. 33.
[28] "O casamento estabelece comunhão plena de vida, com base na igualdade de direitos e deveres dos cônjuges."
[29] A propósito: Muniz e Oliveira. Op. cit., p. 122.
[30] Rodrigues, Silvio. *Comentários ao Código Civil,* Vol. 17, São Paulo, Saraiva, 2003, p. 6.
[31] Venosa, Silvio de Salvo. Op. cit., p. 32.
[32] Oliveira e Muniz. Op. cit., p. 21.

O casamento válido é o civil e é *ato de autonomia privada*,[33] fundado na livre vontade das partes. É ato de liberdade, que consagra o livre arbítrio.

A lei codificada, embora se refira a outras espécies de casamento, elas nada mais são do que *variações decorrentes da diferente forma de sua celebração ou dos efeitos jurídicos aplicáveis.*[34]

Fala-se, assim, em casamento *nuncupativo*, ou *in articulo mortis* (arts. 1.540 e 1.541, NCC), ou *in extremis,* celebrado quando um ou ambos os pretendentes estão na iminência da morte, ou em risco de vida, devendo observar-se certas formalidades ao casamento, como veremos no momento oportuno.

O atual Código Civil, assim como o revogado, prevê o *casamento putativo*, aquele que *é reputado ser o que não é: a lei, por meio de uma ficção e tendo em vista a boa-fé dos contratantes ou de um deles, vai atribuir ao casamento anulável, e mesmo nulo, os efeitos do casamento válido, até a data da sentença que o invalidou.*[35] Liga-se, portanto, à ignorância de um ou de ambos os cônjuges a respeito de impedimentos matrimoniais, como decorre do art. 1.561 do NCC. Os filhos comuns têm seus direitos assegurados, independente da boa ou da má-fé dos genitores.

O *casamento religioso* (art. 1.515, NCC) também é válido e pode ter efeitos civis. Ele *equipara-se* ao civil, desde que siga os parâmetros legais deste. Dito casamento é aquele celebrado por autoridade religiosa e sob os ritos da religião de que se trata, independente de qual seja ela (católica, muçulmana, israelita, candomblé, umbanda etc.). Realizada a cerimônia religiosa, extrai-se uma certidão, uma declaração, ficando firmado o casamento depois dos registros civis necessários, como veremos adiante. Tem procedimento próprio para sua validade, sendo que a desobediência ao rumo legal o invalida como casamento religioso equiparado ao civil, mas pode servir como prova de uma união informal, união estável ou de companheirismo.

Prevê-se, no novo Código Civil, o casamento de brasileiro celebrado no estrangeiro perante autoridades ou cônsules brasileiros. É o chamado *casamento consular*, previsão do art. 1.544, NCC: o casamento de brasileiro, celebrado no estrangeiro, perante as respectivas autoridades ou os cônsules brasileiros, deverá ser registrado em 180 (cento e oitenta) dias, a contar da volta de um ou de ambos os cônjuges ao Brasil, no cartório do

---

[33] Oliveira e Muniz. Op. loc. cit., p. 121.

[34] Oliveira, Euclides; Hironaka, Giselda Maria F. Novaes. *Do casamento. Direito de família e o novo Código Civil*. Coord. Maria Berenice Dias e Rodrigo da C. Pereira, Ed. Del Rey/IBDFAM, 2001, p. 18.

[35] Rodrigues, Silvio. *Comentários*. Op. loc. cit., p. 113.

respectivo domicílio, ou, em sua falta, no 1º Ofício da Capital do Estado em que passarem a residir.

Prevê-se acertadamente o casamento *por procuração*, desde que seja por instrumento público e com poderes especiais, como consta do art. 1.542, *caput*, NCC: O casamento pode celebrar-se mediante procuração, por instrumento público, com poderes especiais. Procuração especial é aquela que *contém poderes para o ato ou atos que nela se especifiquem*, como dizia Pontes de Miranda.[36]

O casamento civil pode ocorrer *pela conversão* da união estável em casamento, nos termos do art. 1.726, NCC, o que, no RS, foi recentemente disciplinado pelo Provimento n. 027/03-CGJ.

1.1. A comunhão plena de vida

No pórtico da parte relativa ao Direito de Família temos a primeira *cláusula geral* do Direito de Família em matéria de casamento: a comunhão de vida, quando se prevê que *o casamento estabelece comunhão plena de vida, com base na igualdade de direitos e deveres dos cônjuges* (art. 1.511, NCC). É a comunhão de vida instituída pela família, como prevê o art. 1.513, NCC.

É uma cláusula geral, porque é responsável *pela manutenção de uma coerência no sistema jurídico*. Trata-se de termo amplo, mas que *possibilitará a adaptação de todas as normas referentes à sociedade conjugal aos valores de cada época, garantindo, assim, total atualidade ao Código*, consoante explica José Sebastião de Oliveira.[37] Ao analisar a *comunhão plena de vida* dos cônjuges, o juiz tornar-se-á *o legislador do caso concreto*, como preconizava o mestre Couto e Silva.

A *comunhão plena de vida* não é apenas a união afetiva, corpórea, mas também uma união material, espiritual, econômica, enfim, sendo a conjugação de dois pensamentos escorados na afeição e no amor. É casa, mesa e leito conjugal. É o *efeito por excelência do casamento*, porque *dele decorrem o direito e o dever de ambos os cônjuges à vida em comum*, sendo *princípio que resume todo o conteúdo da relação matrimonial*, como ensinam Muniz e Oliveira.[38]

---

[36] *Tratado de Direito de Família*, vol. I. Atualizado por Vilson Rodrigues Alves, Campinas, Bookseller, 2001, p. 203.
[37] *In*: *Fundamentos constitucionais do direito de família*. São Paulo, RT, 2002, p. 348.
[38] Op. cit., p. 293.

Sabe-se que a vida em comum no domicílio conjugal está prevista como um *dever* para os cônjuges (art. 1.566, inc. II, NCC), como também dispunha o CC/16 (art. 231, inc. II, CC/16). O casamento faz com que o homem e a mulher assumam mutuamente a condição de consortes, companheiros e responsáveis pelos encargos da família, como prevê o art. 1.565, *caput,* NCC.

A vida de um casal sob o mesmo teto, como nos mostra o cotidiano, não decorre apenas do casamento, mas deste é que emanam os deveres de mútua assistência e de fidelidade recíproca, que são como que *conceitos integrantes* daquela *comunhão plena* de vida. São os deveres que os cônjuges assumem logo que celebrado o casamento. São faces de mesma moeda.

As pessoas casadas têm o *dever de coabitar*, sendo que aí se encontra incluído o dever de, adequado ao fator biológico, manterem relações sexuais. A quebra do dever de coabitação, a significar o atingimento da comunhão plena de vida, sem justo motivo, pode configurar conduta suficiente para motivar a separação judicial com causa culposa (art. 1.573 e incs. NCC).

A comunhão plena de vida, exatamente porque uma *cláusula geral*, permite que casos particulares sejam vislumbrados sob uma ótica mais ampla de entendimento, quiçá, permitindo o possível surgimento de uma nova causa de ruptura da sociedade conjugal.[39]

1.2. A igualdade conjugal

O segundo importante tema trazido pelo art. 1.511, NCC, é a igualdade conjugal, a igualdade dos cônjuges. Não uma igualdade absoluta, mas *interpretada em consonância com as naturais diferenças existentes entre homem e mulher.*[40]

Doutrinava Clóvis do Couto e Silva[41] que o problema da igualdade, no Brasil, foi suscitado pela civilização urbana, em face das grandes migrações para as cidades, da consciência que a mulher tomou de si mesma e em face dos novos encargos que tem assumido, sendo que a superioridade ou não de homem ou mulher dentro do casamento é de

---

[39] V. Oliveira, Euclides; Hironaka, Giselda Maria. *Do casamento. Direito de Família e o novo Código Civil*. 3ª ed., 2003, p. 12.

[40] Oliveira e Hironaka. Op. loc. cit., p. 16.

[41] Silva, Clóvis V. do Couto e Silva. *Direito patrimonial de família português e brasileiro*, cit., p. 129 e Conferência já referida.

natureza sociológica e cultural, mais do que propriamente jurídica. Todavia, visando a enfrentar a questão da igualdade conjugal, a Constituição Federal de 1988 dispôs expressamente que os direitos e deveres referentes à sociedade conjugal são exercidos igualmente pelo homem e pela mulher (art. 226, § 5°, CF).

O art. 1.511, NCC, ao determinar que a comunhão plena de vida tem base na igualdade de direitos e deveres dos cônjuges, tratou do princípio da igualdade de direitos e deveres entre o homem e a mulher no casamento e na família, pelo que a direção da sociedade conjugal é exercida *conjuntamente* pelo homem e pela mulher, como também dispõe o art. 1.567, NCC: a direção da sociedade conjugal será exercida, em colaboração, pelo marido e pela mulher, sempre no interesse do casal e dos filhos.

Não havia previsão de igualdade conjugal na lei codificada anterior, mas depois da Carta Federal de 1988, embora com algumas manifestações contrárias ou minimizadoras, ficaram revogadas todas as disposições que discriminavam os cônjuges, como estavam previstas no CC/16 e em leis especiais.

Há, portanto, uma igualdade de direitos e deveres entre o marido e a mulher, entre o companheiro e a companheira, de modo que a vontade de um não se sobreponha à do outro. Desde a Constituição Federal, entendeu-se que não mais existe *chefia* da sociedade conjugal; não há mais *cabeça-do-casal*, não há mais prevalência de vontade de um sobre o outro cônjuge, nem a mulher tem preferência na guarda de filhos. Enfim, os direitos e deveres do marido e da mulher foram igualados na lei ordinária, tal como já haviam sido tratados na norma constitucional. Ambos os cônjuges são iguais, na medida em que se desigualam.

As eventuais discordâncias do casal, radicalizadas, devem ser solucionadas judicialmente, o que, embora se opere com certo constrangimento, *haverá de reforçar os mecanismos de educação do casal para uma convivência harmônica, dentro da diretriz igualitária.*[42] Destarte, *são inadmissíveis regras que estabelecem funções diferenciadas no interior da família para o homem e para a mulher.*[43]

Na prática, temos constatado raros casos de intervenção judicial para assegurar a vigência do princípio da igualdade conjugal. Afinal, quando isso ocorre o casal já se encontra no desamor, e aí a quebra do casamento é uma decorrência lógica. No mais das vezes, o casal "acerta-se", numa fase de diálogo e mútua compreensão.

---

[42] Pereira, Sérgio Gischkow. *Algumas reflexões sobre a igualdade dos cônjuges.* Ajuris-58, p. 49.
[43] Oliveira e Muniz. Op. cit., p. 21.

O que se deve entender por igualdade conjugal é a *chefia conjunta* da entidade familiar, ou, como advertiu Sérgio Gischkow Pereira,[44] que *os casais simplesmente precisam exercitar a capacidade do diálogo, da compreensão, do entendimento, receita, de resto, essencial para toda a coletividade.*

Obviamente, não podemos levar essa igualdade ao extremo, de forma absoluta, porque não existe um direito absoluto. *Summum jus, summa injuria.* Sabe-se que até os direitos constitucionais podem contrapor-se, quando havemos de identificar, no caso concreto, o interesse ou o direito mais relevante.

Diz-se, *v.g.*, que a mulher não tem mais o foro privilegiado ao postular alimentos para si e o filho comum, em face da igualdade conjugal. É sabido, no entanto, que a mulher, apesar de exercer certa competitividade com o homem no mercado de trabalho, ainda sofre discriminação socioeconômica em alguns lugares. Muitas vezes continua oprimida e precisa ser guarnecida pelo "privilégio".

A guarda de filhos menores é vista pelo melhor interesse (*best interest*) dos filhos. Embora a guarda ainda possa permanecer com a mãe, o pai tem igual direito de pleiteá-la.

Existem casos, portanto, em que o princípio da igualdade pode e deve ser afastado, seja em nome do livre acesso ao Poder Judiciário, seja pela própria regra de entendimento relativo da igualdade, ou seja, de que se deve *igualar os desiguais na medida em que se desigualam.*

A igualdade conjugal não significa que a cada decisão do casal seja necessária uma manifestação formal e conjunta. Isso poderia tornar inviável a própria convivência em família. As decisões conjuntas ficam reservadas para as hipóteses expressamente previstas em lei ou para aquelas relativas a interesses que possam colocar em concreto conflito o casal. A mudança de domicílio, *v.g.*, que antes era determinada pelo *cabeça-do-casal*, hoje, é decisão conjunta, porque pode levar à quebra dos laços de amor e à separação.

Devemos entender, portanto, que o princípio da igualdade operará efetivamente quando postos em ação os órgãos judiciários destinados a aplicá-lo.[45] Todavia, porque não é direito absoluto, devemos sempre respeitar a proteção da *esfera íntima* em determinadas questões, porque não há forma, nem é lícito ou moralmente defensável, *v.g.*, obrigar-se alguém a coabitar com outrem.

---

[44] In: Algumas reflexões, cit., p. 48.
[45] Silva, Clóvis V. do Couto. *Direito patrimonial de família português e brasileiro*, cit., p. 128.

1.3. Do casamento civil e gratuito

Na legislação do Brasil Império, o casamento válido era apenas o religioso. A instituição do regime de obrigatoriedade do casamento civil, que inicialmente se deu através do Decreto n° 181, de 24-1-1890, apenas mostrou uma disputa entre a Igreja e o Estado, mas veio a consagrar-se na legislação posterior.

A Carta Federal de 1988, no art. 226, § 1°, reafirmou a regra de que *o casamento é civil e gratuita a celebração,* sendo que *o casamento religioso tem efeito civil, nos termos da lei* (§ 2°). Assim, dito dispositivo deixa claro que, juridicamente, o casamento válido é o (1) civil ou o (2) religioso com efeitos civis, ou seja, *aquele realizado segundo as regras emanadas do Estado-legislador e encontra-se na expressão positivada dessas regras, no Código Civil e na Lei dos Registros Públicos.*[46]

O novo Código Civil de 2002 reafirma que *o casamento é civil e gratuita a sua celebração* (art. 1.512, *caput*), regulamentando o dispositivo constitucional referido.

Observamos que o art. 1.512 e seu parágrafo único do NCC,[47] tal como a ordem constitucional, distinguem, nitidamente, a *celebração* do casamento – ato solene e formal – do *processo de habilitação* e posterior *registro* do casamento.

A celebração é gratuita, mas a gratuidade do *processo de habilitação* e do posterior *registro do casamento* só se estenderá às pessoas pobres.

Quando a codificação civil estabelece que os atos de habilitação, registro e primeira certidão são gratuitos, faz vista grossa ao fato de que tais procedimentos possuem um custo econômico, porque implicam trabalho de pessoas e onerosidade de bens. Fica relativamente fácil estabelecer gratuidade e conceder generosidade com os bens alheios, mas fica difícil aceitarmos a mesma gratuidade sem a participação do Estado.

Todos sabem que os serviços registrais têm um custo: o trabalho de funcionário que lavra certidões, as cópias reprográficas, o papel, a tinta, enfim, a lei não indicou a fonte de custeio a tanto. Evidentemente, não se pode *forçar* o particular a trabalhar gratuitamente para o erário, porque isso seria um enriquecimento indevido do Estado sobre o particular. Pior quando se considera que a maioria dos serviços cartorários é extrajudicial

---

[46] Fachin e Ruzyk. *Código Civil Comentado.* Vol. XV, São Paulo, Atlas, 2003, p. 14, nota 2.
[47] Art. 1.512. O casamento é civil e gratuita a sua celebração.
Parágrafo único. A habilitação para o casamento, o registro e a primeira certidão, serão isentos de selos, emolumentos e custas, para as pessoas cuja pobreza for declarada, sob as penas da lei.

e privatizada. Se é verdade que quem casa, quer casa, *alguém* deverá assumir as despesas do casamento, sendo que a lei foi omissa quanto aos custos do casório. Resta, assim, as despesas com tais casamentos serem debitadas ao Estado.

Superada tal questão de ordem econômica, delimita-se os limites da gratuidade.

Os nubentes apenas *declaram* a pobreza, sob as penas da lei, ou seja, não precisam apresentar documentos de prova e nem atestados de pobreza, firmados por autoridades, como se pensa por aí.

O Oficial dos registros, em princípio, tem o dever de aceitar as declarações unilaterais dos nubentes pobres, que se presumem verdadeiras. Presunção *iuris tantum*, porque se detiver elementos concretos e contrários à declaração de pobreza, deverá o Oficial acusar e provar falsidade, não procedendo a habilitação ou o casamento. Se os nubentes insistirem na gratuidade, a matéria deve ser levada, como dúvida, ao conhecimento do Ministério Público e à decisão do Juiz. Se houver falsidade na declaração, os declarantes podem incidir no crime de falsidade ideológica (art. 299 do CP).

Finalmente, é de observar-se que o Oficial registral não poderá negar-se a realizar um casamento, quando há declaração de pobreza, apenas sob o argumento teórico de que as partes podem custeá-lo. Se aquele não processar os atos que lhe competem, ou negar-se a fornecer a competente certidão, exigindo o recolhimento de emolumentos, os nubentes podem dirigir-se ao Ministério Público, porque poderá restar presente crime de concussão (art. 316 do CP), excesso de exação (art. 316, § 1º, CP) ou prevaricação (art. 319 do CP), dependendo do preenchimento dos tipos penais.

1.4. A proibição de interferência no casamento

O art. 1.513 do novo Código Civil estabelece que é defeso a qualquer pessoa, de direito público ou privado, interferir na comunhão de vida instituída pela família.

Não havia regra similar no antigo Código, sendo que *seu escopo é deixar estabelecido que a família é uma instituição alheia à interferência de quem quer que seja.*[48]

---

[48] Rodrigues, Silvio. Op. loc. cit., p. 11.

Na espécie, segue-se o norte do *caput* do art. 226 da CF, que dispôs a respeito da *especial proteção do Estado* à família, agora sob o amparo da regra de proibição.

Proíbe-se, como regra geral e irrestrita, a interveniência de qualquer pessoa, seja de direito público ou privado, interno ou externo, na comunhão de vida instituída pela família. Observe-se: agora não tratamos apenas da comunhão de vida no casamento, porque a proibição alcança a união estável e a família monoparental, como espécies de entidades familiares.

Como se sabe, a pessoa pode ser *natural* ou *jurídica*. A pessoa natural também é conhecida por *pessoa física*; as pessoas jurídicas são pessoas morais, pessoas coletivas ou entes personalizados. Ambas constam em dois títulos no novo Código Civil (Parte Geral – Títulos I e II).

As pessoas jurídicas, por seu turno, podem ser de direito público, interno ou externo, e de direito privado, como dispõe o art. 40 do NCC.

Pessoa jurídica é uma entidade criada sob a luz do Direito, uma personalização jurídica de uma pessoa ou de um grupo de pessoas naturais, *as quais resolvem criar um laço de união que as congrega em torno de um objetivo comum, para alcançar determinado objetivo.*[49] Elas têm existência distinta da dos seus membros.

A lei de família não fez qualquer distinção, ou seja, tanto a pessoa jurídica de direito público, interno ou externo, quanto a de direito privado, não podem interferir na comunidade formada pela família. Quando se utiliza o amplo gênero *pessoa,* a proibição alcança a pessoa natural, obviamente.

As pessoas jurídicas de direito público interno são: a União, os Estados, o Distrito Federal e os Territórios, os Municípios, as autarquias e demais entidades de caráter público criadas pela lei, nos termos do art. 41 e incisos do NCC.

As pessoas jurídicas de direito público externo são os Estados estrangeiros e todas as pessoas que forem regidas pelo direito internacional público (art. 42, NCC).

São pessoas jurídicas de direito privado: as associações em geral, as sociedades civis, religiosas, científicas, as fundações (art. 44, NCC). A fundação não se confunde com a associação e nem com a corporação de seres humanos, porque é, essencialmente, *um patrimônio – bens livres, oferecidos em dotação pelo instituidor da fundação – destinado a ser meio para a consecução do fim estabelecido na escritura que a criou.*[50]

---

[49] Rizzardo. Arnaldo. *Parte Geral do Código Civil*. Rio de Janeiro, Forense, 2003, p. 241.
[50] Telles Junior. Goffredo. *Iniciação na ciência do direito*, São Paulo, Saraiva, 2001, p. 276.

Há quem critique o dispositivo, porque desnecessário ou pleonástico frentes às normas já existentes ao casamento. Todavia, essa regra não pode ser entendida de forma fechada, pois não é absoluta e nem se aplica apenas ao casamento.

Muitas vezes, há a necessária interferência estatal na comunhão da família, como se dá obrigatoriamente na formação (habilitação e celebração) e no rompimento do vínculo matrimonial (separação judicial ou divórcio). Em outras palavras: sem a intervenção do Estado aqueles que vivem sob o casamento não mudam de estado civil.

Não se pode olvidar, ademais, que a comunhão de vida instituída pela família pode ser agredida pelos próprios cônjuges ou companheiros e isso determinar a interferência do Estado, através de pessoas de direito público. Veja-se, p.ex., um caso em que se coloca em situação de risco os filhos do casal, o que obrigará a interferência do Ministério Público ou do Conselho Tutelar na própria comunhão familiar; veja-se o caso de agressões do homem à mulher, quando esta procura auxílio da autoridade policial, da Defensoria Pública ou do Ministério Público. Enfim, casos existirão nos quais será necessária e obrigatória a interveniência de pessoas de Direito Público, sem que haja violação do art. 1.513 do NCC. Em tais casos, a regra deverá ser ignorada, porque prevalece o interesse maior, o bem de maior valia na vivência social, que é o asseguramento das relações, a paz social e os direitos da criança e do adolescente.

Mas existem outras formas de interveniência estatal na comunhão da família.

Em alguns países, *v.g.*, há o planejamento familiar imposto pelo Estado, pela limitação ao número de filhos do casal. A regra em estudo, seguindo o norte do art. 226, § 1º, da CF, proíbe qualquer tentativa em tal sentido.

A Lei nº 9.263/96 trata do planejamento familiar, que, para os fins legais, é um conjunto de ações de regulação da fecundidade que garanta direitos iguais de constituição, limitação ou aumento da prole pela mulher, pelo homem ou pelo casal. Na lei, não se vê qualquer interveniência na comunhão da família, uma vez que apenas coloca o sistema estatal de saúde a serviço do planejamento do casal.

Na verdade, causa espécie que, em havendo a proibição da intervenção de pessoas na comunhão da família, não se fixou nenhuma sanção penal ou administrativa à possível violação do artigo. Todavia, a desobediência ao dispositivo, sem justa motivação ou presença de eventual colisão de direitos, evidentemente, pode dar causa a uma nulidade, porque de proibição se trata.

1.5. Realização do casamento

Para chegarmos à celebração de um casamento civil, passa-se pela fase prévia de *habilitação*, um processo que corre perante o oficial do Registro Civil, pelo Ministério Público e pela homologação do Juiz de Direito.

Depois, devidamente chancelado pela autoridade competente, o casamento se realiza no momento em que o homem e a mulher manifestam, perante o juiz, a sua vontade de estabelecer vínculo matrimonial, e o juiz os declara casados (art. 1.514, NCC), isto é, não basta a mera declaração de vontades dos contraentes.

O código anterior, em outras palavras, dispunha a respeito do momento e das palavras sacramentais (art. 194, CC/16) que fazem surgir o *estado de casado*, um estado civil no qual os nubentes passam a ser considerados pública e legalmente casados, ou tidos como *marido e mulher*.

A instituição legal do casamento, porque de direito personalíssimo, forma-se pela manifestação expressa da *vontade* inequívoca – consentimento matrimonial – dos *noivos*, por si ou por mandatário – casamento por procuração, e desde que o juiz de paz os declare *marido e mulher*. É o elemento volitivo que se soma ao momento de intervenção estatal, pelo que, tornam-se partes obrigatórias do casamento, os nubentes e o juiz de paz.

Os legalmente casados são chamados de marido e mulher, ou esposo e esposa, porque para a união estável e o concubinato a doutrina tem reservado os termos *companheiros ou conviventes*. O novo Código Civil reservou o termo *concubinato* para as relações não eventuais entre o homem e a mulher, impedidos de casar (art. 1.727, NCC).

Como se vê, ao lado da livre vontade dos noivos, a presença da autoridade é essencial à celebração do casamento. Isso porque o ato – casamento – apresenta-se como um *ato jurídico complexo, formal*, que para se aperfeiçoar exige a integração do elemento anímico e objetivo dos noivos somado à manifestação do Estado.

Entre os casados não existe apenas uma ligação amorosa, mas um nexo jurídico denominado *vínculo matrimonial*, que surge pela manifestação livre de vontade e que *se estabelece à luz do espaço aberto pelo sistema jurídico*.[51] Se a manifestação de vontade estiver viciada, por erro

---

[51] Fachin e Ruzyk. Op. loc. cit., p. 47.

ou coação, surge a possibilidade de anulação do casamento (art. 1.550, NCC).

Embora viável o casamento através de procuração (art. 1.525, *caput*), não se admite qualquer condição, termo ou encargo, ao casamento. Se isso ocorrer, duas soluções: o casamento é nulo ou é válido, considerando-se como não escritos o termo ou a condição.[52]

A solenidade do casamento obedece a uma ritualística publicista e oficial, como dispõem os arts. 1.534 a 1.542, NCC, valendo a certidão registral como prova primeira, mas não única, do casamento (art. 1.543, NCC). Afinal, justificada a falta ou perda do registro civil, é admissível qualquer outra espécie de prova, nos termos do parágrafo único do art. 1.543, NCC. Note-se: perda do registro e não mero extravio da certidão.

1.6. O casamento religioso

Como dissemos alhures, o casamento católico, ou eclesiástico, era o único válido ao tempo do Império. Depois, na Fase Republicana, o casamento jurídico era o civil, o válido, embora não se ignorasse o religioso, como uma das formas de realização do casamento.

O Código Civil anterior não aludiu ao casamento religioso, ou espiritual, mas a Carta Federal de 1934 (art. 146) atribuiu efeitos civis àquele casamento.

A Lei nº 1.110/50 dispôs sobre os efeitos civis do casamento religioso, vigorando até o advento da Lei dos Registros Públicos, que passou a regrá-lo.

A atual Constituição Federal dispôs que o *casamento religioso tem efeito civil, nos termos da lei* (art. 226, § 2º, CF/88). Agora, o novo Código traz tal matéria para o seu corpo de normas, revogando a Lei dos Registros Públicos nesse tópico e aumentando a eficácia e a importância do casamento religioso.

Assim dispõe o art. 1.515 do NCC: o casamento religioso, que atender às exigências da lei para a validade do casamento civil, equipara-se a este, desde que registrado no registro próprio, produzindo efeitos a partir da data da celebração.

O casamento religioso, diz-nos Caio Mário da Silva Pereira, é aquele oficiado por ministro de confissão religiosa reconhecida (católico, protestante, muçulmano, israelita), não se admitindo o que se realiza em terreiro

---

[52] Oliveira e Muniz. Op. cit., p. 128.

de macumba, centros de baixo espiritismo, seitas umbandistas, ou outras formas de crendices populares, que não tragam a configuração de seita religiosa reconhecida como tal.[53]

Embora a respeitável opinião, parece-nos que não apenas as religiões *reconhecidas* podem realizar um casamento válido, mas também aquelas *conhecidas e praticadas,* desde que atendidos os demais pressupostos legais.

Afinal, não podemos ignorar a força de outras crenças religiosas em nossa nação. Ignorar a prática da Umbanda, p. ex., seria fazer vistas grossas às origens da nossa própria formação histórica, num país de grande população negra, habitado e cultivado por africanos aqui escravizados. Também, não podemos ignorar religiões paralelas, tal como as que cultuam os fiéis da Assembléia de Deus, da Igreja Universal, da Igreja Batista e outros religiosos. Ademais, pensamos que o *discrimen* seria inconstitucional, na medida em que se proíbe qualquer discriminação entre as religiões, sendo inviolável o direito de crença (art. 5º, inc. VI, CF) e permitido o livre exercício dos cultos religiosos. A escolha de uma religião é um verdadeiro direito personalíssimo, porque livre manifestação da consciência e da religiosidade de cada um.

As exigências da lei para a validade do casamento religioso se encontram no próprio Código Civil, quando deve ser realizado o processo de habilitação, tal como dispõem os arts. 1.525 a 1.532.

Atendidas as exigências da lei, o casamento religioso é registrado em livro próprio e *equivale* ao casamento civil. O ato registral tem eficácia retroativa, *dado que produz efeitos a partir da data de sua solenidade.*[54] Obviamente, o casamento religioso que não atender aos requisitos da lei civil pode ainda ser considerado como forte prova de uma união estável.

Os arts. 71 a 75 da Lei dos Registros Públicos (Lei nº 6.015/73), que disciplinavam o registro do casamento religioso para efeitos civis, agora ficam revogados pela nova codificação (art. 1.516 e §§).

O art. 1.515, NCC, traz uma norma de equiparação, ou seja, se o casamento realizado no religioso atender aos pressupostos da lei, como se fosse um casamento civil, a este será equiparado em todos os seus efeitos.

Tal como no casamento civil, a data da celebração é que conta para que o casamento religioso surta seus efeitos.

Atualmente, a população brasileira tem mantido a tradição de duas cerimônias, ou seja, faz-se a regular habilitação prévia e são realizadas as cerimônias civil e religiosa, ou a religiosa e a civil.

---

[53] Op. cit., p. 42.
[54] Fachin e Ruzyk. Op. loc. cit., p. 49.

1.6.1. O registro do casamento religioso

Realizado o casamento religioso, para ser equiparado ao civil, ele deve ser levado a registro, com o atendimento dos mesmos requisitos exigidos para o casamento civil. Valida-se pelo mesmo processo de habilitação e iguais impedimentos. Deve ser processada a habilitação, com a ouvida do Ministério Público e homologação da autoridade judiciária.

Entende-se por registro do casamento religioso, a inscrição do ato nupcial religioso no Registro Público da Comarca onde ocorreu o casamento.

A matéria assim foi retratada pelo novo Código Civil:

> **Art. 1.516.** O registro do casamento religioso submete-se aos mesmos requisitos exigidos para o casamento civil.
> § 1º O registro civil do casamento religioso deverá ser promovido dentro de 90 (noventa) dias de sua realização, mediante comunicação do celebrante ao ofício competente, ou por iniciativa de qualquer interessado, desde que haja sido homologada previamente a habilitação regulada neste Código. Após o referido prazo, o registro dependerá de nova habilitação.
> § 2º O casamento religioso, celebrado sem as formalidades exigidas neste Código, terá efeitos civis se, a requerimento do casal, for registrado, a qualquer tempo, no registro civil, mediante prévia habilitação perante a autoridade competente e observado o prazo do art. 1.532.
> § 3º Será nulo o registro civil do casamento religioso se, antes dele, qualquer dos consorciados houver contraído com outrem casamento civil.

Como se vê, o art. 1.516 e seus parágrafos trazem as hipóteses de validade e de registro de um casamento religioso.

Primeiro, a obediência estrita aos requisitos legais exigidos para o casamento civil, ou seja, a mesma documentação exigida para o casamento civil também o será para o registro do casamento religioso. Há um processo documental, manifestação do Ministério Público e decisão judicial que origina uma certidão. Esta é apresentada ao ministro religioso e o casamento pode ser realizado e depois registrado.

Segundo, bifurca-se a hipótese de registro, conforme o casamento tenha se realizado após o processo de habilitação, ou anteriormente a este.

O registro de casamento religioso após o regular processo de habilitação deve dar-se no prazo de 90 (noventa) dias contados da celebração do ato.

Pode ocorrer situação, porém, de os consortes terem-se casado no religioso, devidamente habilitados, mas por qualquer razão perderem o prazo para o registro civil (90 dias). Neste caso, o registro pode ser feito posteriormente, desde que haja *nova habilitação* e o "novo" registro ocorra em prazo de 90 dias, contado da emissão do certificado de habilitação (certidão judicial). Não registrado o casamento, há nova perda da habilitação, o que reafirma que aquele prazo (90 dias) é de caducidade.

Se o casamento religioso ocorrer sem a prévia realização do processo de habilitação, a lei permite que as partes sanem tal omissão, procedendo à habilitação perante a autoridade competente a qualquer tempo. O registro, porém, deve ocorrer no prazo de noventa dias contados da emissão do certificado de habilitação, como indica o art. 1.532, NCC. Neste caso, como anota Silvio Rodrigues, a união religiosa *ganha vida e se transforma em casamento, tendo sua validade retroagido à data da celebração.*[55]

Então, verificamos que existem casamentos religiosos válidos, que podem ser registrados com ou sem a prévia habilitação.

No mais, o casamento religioso deve seguir os requisitos exigidos para o casamento civil, inclusive quanto aos impedimentos matrimoniais. Mesmo que eventual religião permita o casamento entre parentes, p. ex., ele não poderá ser realizado sob a ótica civil. Se consumado, o Ministério Público deverá obstar a que seja homologado o processo de habilitação; se registrado, o Ministério Público ajuizará a competente ação de nulidade.

Os requisitos próprios ou inerentes à confissão religiosa que realizará o casamento são ignorados pela lei civil, exceto no que diz respeito à colheita da vontade livre e manifesta de ambos os consortes, que deve ser lavrada em assento e firmada pelo celebrante. Esta certidão será também levada ao ofício registral, em caso de habilitação posterior.

Depois de celebrado o casamento religioso, ele irá ser registrado, pelo que se lavra um *assento* no livro de registro civil, atendendo-se aos incisos do art. 1.536 do NCC.

A lei permite que, além do celebrante – ministro religioso –, o casal, ou outros interessados encaminhem o registro do casamento ao ofício civil. A providência é prática, porém, devemos observar que não é qualquer *interessado* que se legitima ao registro do casamento de terceira pessoa. Deve existir um *interesse jurídico* para tanto. Assim, devemos entender como legitimados ou interessados legítimos, além do casal e do celebrante, os filhos e outros parentes, diante da possibilidade de interesse sucessório ou alimentar.

Nada impede o registro civil dar-se através de procurador legitimamente constituído em instrumento público ou particular com firma reconhecida.

---

[55] Op. cit., p. 15.

O registro público de um casamento civil, obviamente, sobrepõe-se à pretensão de registro de um casamento religioso, o que é reafirmado no §3º do art. 1.516 do NCC.

A lei reconhece máxima validade ao ato do primeiro registro, quando dispõe que será considerado nulo – nulidade absoluta – o registro civil de um casamento religioso, quando, antes deste, qualquer dos consortes houver contraído com outrem um casamento civil. Em outras palavras: *se entre a celebração do matrimônio religioso e o seu registro civil, qualquer um dos nubentes contrair casamento civil com outrem, os efeitos daquele primeiro para fins civis serão nulos.*[56]

Precisamos observar que não é o casamento religioso que é nulo, mas o seu registro. O casamento religioso pode configurar uma união estável, um concubinato, mas não pode jamais ser registrado validamente, em face do registro anterior.

Essa disciplina de registro civil de um casamento religioso também deu-se com a união estável, quando a lei permite a conversão desta em casamento *mediante pedido dos companheiros ao juiz e assento no Registro Civil* (art. 1.726, NCC).

---

[56] Magalhães, Rui R.. Op. cit. p. 35.

2. A capacidade para o casamento

Sob a denominação de *capacidade para o casamento*, abre-se o Capítulo II do Subtítulo I (Do casamento) do Título que trata do direito pessoal de família.

Na lei antiga, a matéria relativa à idade dos contraentes vinha regulada nos impedimentos (art. 183, inc. XII, CC/16), arrolada dentre os impedimentos *relativamente dirimentes*, ou seja, aqueles que tornam apenas anulável o casamento, ou, no dizer de Pontes de Miranda: *de interesse particular de certa pessoa, e só suscetível de ser proposta a ação por quem a lei estatui.*[57]

A capacidade para o enlace é um pressuposto de validade do casamento, dizendo respeito não apenas à aptidão física dos contraentes, mas também psicológica, evitando-se que *pessoas sem relativo desabrochamento intelectual venham a casar-se.*[58]

Com a mudança da regra de maioridade civil, que passou dos 21 para 18 anos de idade (art. 5º, NCC), a disciplina codificada foi também atualizada, de sorte que, em princípio, não podem casar as pessoas que não tenham atingido a idade de 16 anos. Dissemos em princípio, porque excepcionalmente a pessoa pode casar-se com menos de 16 anos, como adiante veremos.

Art. 1.517. O homem e a mulher com 16 (dezesseis) anos podem casar, exigindo-se autorização de ambos os pais, ou de seus representantes legais, enquanto não atingida a maioridade civil.

O cerne da capacidade para o casamento – ou capacidade matrimonial –, reside não apenas na vontade livre e consciente dos contraentes, mas no atendimento dos requisitos *objetivos* previsto na lei civil codificada.

---

[57] *In: Tratado de Direito de Família*, V.1, atual. por Vilson Rodrigues Alves, Campinas-SP, Bookseller, 2001, p. 104.
[58] Rodrigues, Silvio. *Comentários*. Op. cit., p. 17.

Dentre eles, a idade ocupa o primeiro plano dos requisitos matrimoniais.[59] Aqui tratamos de *idade núbil*, ou seja, *aquela em que o sistema orgânico sexual do homem e da mulher atingiu a maturidade necessária para suportar as relações sexuais, fecundar e ser fecundado.*[60] A idade núbil, portanto, é de dezesseis anos, com a exceção que permite o casamento de quem não atingiu a idade núbil, *para evitar imposição ou cumprimento de pena criminal ou em caso de gravidez*, nos termos do art. 1.520 do NCC. Enquanto não atingida a maioridade civil (18 anos), a lei exige a autorização dos pais para o casamento, como veremos.

Em matéria de casamento, não se presume a aptidão dos contraentes, porque vige a regra de que *os nubentes têm de evidenciar a sua aptidão para o matrimônio*,[61] o que se dá pela regular habilitação perante o ofício competente. Através da habilitação é que se faz a prova da capacidade para o matrimônio.

Tal como antes ocorria, a lei civil considera especiais características do homem e da mulher e permite que os nubentes contraiam matrimônio em idade inferior àquela pela qual as pessoas podem livremente praticar os atos da vida civil (maioridade civil).

Determina a lei, em suma, que se os contraentes forem menores de dezoito anos, o limite mínimo para o casamento é o de dezesseis anos de idade. O CC/16 permitia o casamento *apenas da mulher* aos dezesseis (16) anos.

O homem menor de idade só poderia casar-se se tivesse o mínimo de dezoito anos de idade ou de forma excepcional, como referimos. Agora, no entanto, tanto o homem quanto a mulher podem casar-se aos dezesseis anos, desde que haja autorização de ambos os pais, ou de seus representantes legais.

Como se sabe, os filhos menores estão sujeitos ao *poder familiar* (antigo pátrio poder), o qual deve ser exercido por *ambos os pais* (art. 1.630 c/c 1.631, NCC). Assim, compete ao pai e à mãe conceder a autorização para o casamento de filho (filha) menor de dezoito anos, como dispõe o art. 1.634, inc. III, NCC: "Compete aos pais, quanto à pessoa dos filhos menores: (...) III - conceder-lhes ou negar-lhes consentimento para casarem".

A autorização dos pais é requisito que deve ser provado quando do processo de habilitação (art. 1.525, inc. II, do NCC). Embora não haja uma

---

[59] Pereira, Caio Mário da Silva. Op. cit., p. 52.
[60] Magalhães. Op. cit., p. 37.
[61] Pereira, Caio Mário da Silva. Op. cit., p. 53.

forma prevista em lei, a autorização dos pais ou representantes deve vir por escrito e com a firma dos pais reconhecida. Ademais, como disse Pontes de Miranda, *o assentimento deve designar a pessoa com quem se vai casar o nubente.*[62]

Relativamente à autorização dos pais, algumas situações podem ocorrer: a) os pais estão separados judicialmente ou divorciados; b) o filho está registrado apenas em nome da mãe; c) o filho é adotado; d) os pais têm opinião diversa a respeito do assentimento ou e) um dos pais se encontra em local incerto.

Na hipótese (a) desimporta a separação dos pais aos fins do exercício do poder familiar, porque mesmo o divórcio não modificará os direitos e deveres dos pais em relação aos filhos (art. 1.579, NCC). Assim, a autorização deve vir de ambos os pais.

No segundo caso (b), obviamente, a mãe exercerá o poder familiar plenamente e concederá a autorização.

Na terceira previsão (c), não havendo qualquer distinção entre os filhos, ambos os pais devem autorizar o (a) filho (a) ao casamento, ressalvado ao adotante o socorro à via do suprimento judicial.

Na hipótese de os pais, ou um deles, recusar a autorização (d), o outro genitor, ou o filho representado por Curador Especial, deve postular ao juízo da Comarca a autorização para o casamento, o que se fará pelo suprimento de outorga.

Se um (e) dos pais estiver em lugar incerto, deve ser postulado o suprimento judicial de consentimento, diante do simples fato de que ambos os pais detêm o poder familiar. Não basta a autorização apenas daquele que tiver a guarda.

Não se pode confundir o suprimento judicial de idade para o casamento, ou suplementação de idade, com o suprimento de consentimento para casar, ou outorga judicial de consentimento para o casamento. Naquele, os pais ou representantes legais do menor postulam ao juiz uma ordem para que o (a) adolescente possa casar, porque não possui a idade núbil. Mesmo que os pais concordem com o casamento do menor, necessita-se da autorização judicial.

No suprimento de consentimento, ou outorga judicial de consentimento para o matrimônio, um ou ambos os pais, ou responsáveis, não querem, ou não podem – por discordância ou até ausência de um deles- conceder a autorização para o casamento. Daí o interessado – o próprio menor ou um dos representantes – postula ao juiz que conceda a outorga

---

[62] Op. cit., p. 134.

para o casamento. O juiz analisará se o óbice é justo ou injusto, para deferir ou indeferir o pedido, possível recurso à superior instância. Obviamente, não realizado o matrimônio, fica sem efeito a outorga judicial concedida.

Pergunta-se: qual é o juiz competente para apreciar pedido de suprimento judicial do consentimento para casar?

O art. 148, parágrafo único, alínea "c", do ECA, refere que para suprir a capacidade ou o consentimento para o casamento, a competência é do Juizado da Infância e da Juventude. Isso deve ser bem entendido, porque só haverá competência desse juizado quando se tratar de adolescente em uma das situações previstas no art. 98 e incisos do ECA ou o adolescente estiver sob tutela ou curatela. Se o menor nubente estiver em situação familiar, pais vivos e presentes, a disputa não sairá do seio familiar, e a decisão compete a uma Vara de Família, na Justiça Comum.[63]

Relativamente ao casamento das pessoas sob tutela ou curatela, só podem casar-se na manifestação inequívoca de sua vontade e com a autorização expressa dos representantes legais: tutor ou curador, sob pena de o casamento tornar-se *anulável* (art. 1.550, inc. IV, NCC), ajuizada a ação no prazo de 180 dias contado da celebração (art. 1.560, inc. I, NCC).

Os tutores e curadores, além de não poderem casar-se com os tutelados ou curatelados, enquanto não cessar a tutela ou a curatela e não estiverem saldadas as respectivas contas (art. 1.523, inc. IV, NCC), podem revogar sua autorização até a celebração do casamento (vide art. 1.518). A revogação deve ser motivada, porque também pode ser levada ao crivo judicial.

Lembre-se, ademais, que os casamentos realizados com autorização judicial sujeitam-se, necessariamente, ao regime de separação de bens, tal como determina o art. 1.641, inc. III, NCC.

Assim, a realização de matrimônio sem a autorização do representante legal é causa de anulação do casamento (art. 1.550, inc. II, NCC), exceto se dele resultou gravidez (art. 1.551, NCC) ou for posteriormente confirmado (art. 1.553, NCC). Trata-se, pois, de nulidade relativa sanada pela confirmação, portanto.

Parágrafo único. Se houver divergência entre os pais, aplica-se o disposto no parágrafo único do art. 1.631.

Os pais podem discordar, entre eles, a respeito do casamento do (a) filho (a) menor, por qualquer motivação. Em tal caso, diz-se que há divergência entre os pais, o que pode ser dirimido na via judicial. A divergência gera a denegação do consentimento, como prevista no art. 1.519, NCC.

---

[63] No mesmo sentido: Liberati, Wilson Donizeti. *Comentários ao Estatuto da Criança e do Adolescente*. 5ª ed., São Paulo: Malheiros, 2000, p. 127.

Na hipótese, um dos pais tem uma motivação que é contrária à do outro. Motivação que pode ser justa ou injusta, desimporta. No entanto, como advertia Pontes de Miranda,[64] há de ser bastante forte a razão para denegar o consentimento, porquanto o ônus da prova cabe àquele que, tendo de assentir, recusou o assentimento, e seriam insuficientes fatos ou circunstâncias que tornassem duvidosa a conveniência do enlace. Em outras palavras: quem negou o consentimento deve *provar* motivos pelos quais o casamento não deve ser realizado. Há uma espécie de *inversão do ônus da prova*, porque o autor do pedido de suprimento judicial nada provará.

Nesse caso, determina a lei (art. 1.517, parágrafo único, NCC) que deve ser aplicado o disposto no parágrafo único do art. 1.631 do NCC, *verbis*: "divergindo os pais quanto ao exercício do poder familiar, é assegurado a qualquer deles recorrer ao juiz para solução do desacordo".

O pedido a respeito da divergência também é de *jurisdição voluntária*. Faz-se através de petição, assinada por advogado.

Qual seria o juiz competente para dirimir tal conflito?

Repetimos o raciocínio exposto anteriormente, a respeito do art. 148, parágrafo único, letra "c", do ECA.

Há necessária e obrigatória intervenção ministerial em tal procedimento, cujo agente pode apelar da decisão judicial.

Art. 1.518. Até à celebração do casamento podem os pais, tutores ou curadores revogar a autorização.

A nova lei apenas modificou a redação do art. 187 da lei codificada anterior, que se referia à retratação de consentimento, assim: *até a celebração do matrimônio podem os pais, tutores e curadores retratar o seu consentimento*.

Como se afirmou, os menores entre 16 e 18 anos de idade necessitam de autorização para casar, oriunda dos pais ou dos seus representantes legais.

Assim, mesmo que o processo de habilitação esteja concluído, e os jovens, prestes a se casarem, a lei possibilita a que os pais, tutores ou curadores, possam *revogar* a autorização antes concedida. A única exigência é que essa revogação se dê antes da celebração do casamento. Vê-se, portanto, que o *ato autorizativo é eminentemente revogável.*[65]

---

[64] Op. cit., p. 135.
[65] Fachin e Ruzyk. *Código Civil Comentado.* Vol. XV, São Paulo, Atlas, 2003, p. 55.

A revogação ou a cassação da autorização já concedida pode ser discutida em juízo pelos interessados, para aferir-se se a causa da revogação é justa ou injusta. Porém, é fato que, sem a autorização, porque cassada ou revogada, existe uma *circunstância impeditiva* do matrimônio e este não pode ser realizado. O casamento violador dessa regra pode ser anulado (art. 1.550, inc. II, NCC), porque a revogação da autorização tem o mesmo efeito da *falta de autorização*.

Celebrado o casamento, porém, não mais se revoga a autorização já concedida, uma vez que a lei é expressa ao permiti-la até o ato de celebração. Embora alguns entendam que a revogação pode dar-se até *a data da celebração*, a lei é clara ao permitir aquela até o *ato da celebração*.

Art. 1.519. A denegação do consentimento, quando injusta, pode ser suprida pelo juiz.

O presente dispositivo deve ser lido conjuntamente aos arts. 1.517 e 1.631, parágrafo único, NCC, antes visto. Ou seja: na divergência dos pais a respeito do casamento do (a) filho (a) menor, tal discussão deve ser levada para o juiz decidir.

A norma apenas repete parcialmente a lei antiga, que, no art. 188, CC/16, dispunha: *a denegação do consentimento, quando injusta, pode ser suprida pelo juiz, com recurso para a instância superior.*

Afinal, quando haverá *denegação justa ou injusta* de consentimento para casar?

A lei não o diz, porém, no ensinar de Pontes de Miranda,[66] trata-se da *injustiça apreciada diante dos fatos, tais como os que mostram o desregramento de costumes do noivo ou da noiva, os perigos para a saúde, a inaptidão para o sustento da família.*

Segundo Silvio Rodrigues,[67] o juiz é quem verificará se *a recusa se estriba em boas ou más razões; se ela se justifica na compreensível apreensão do pai pelo futuro de seu filho ou filha; ou se tem alicerce no mero espírito de emulação, em algum preconceito racial ou religioso, no ciúme desproposidato ou em outra razão menos nobre.*

Não se pode ignorar que o direito de os pais não consentirem com o casamento dos filhos pode ser visto sob o prisma do *abuso de direito*, isto é, *comete ato ilícito o titular de um direito que, ao exercê-lo, excede manifestamente os limites impostos pelo seu fim econômico ou social, pela boa-fé ou pelos bons costumes*, como dispõe o art. 187, NCC.

---

[66] Op. cit., p. 132.
[67] *Comentários*, op. cit., p. 19.

Silvio de Salvo Venosa,[68] também, arrola outros motivos para a justa denegação de consentimento: nubente com vida pregressa irregular, condenação criminal, vício em tóxicos, homossexualismo, grave risco à saúde e à eventual prole.

Enfim, nesse tipo de questão, o julgador há de possuir espírito aberto, não se deixando apaixonar pela motivação irracional ou preconceituosa. Afinal, *na dúvida tem o juiz de propender para o casamento*,[69] porque a negativa deve ser *sustentável e motivada*.[70]

O art. 188 do CC/16, como vimos, previa expressamente a possibilidade de *recurso* à instância superior, o que a norma atual omitiu. O raciocínio de que, agora, não mais se permite recurso está equivocado. Se é verdade que a insurgência recursal, muitas vezes, *tornava inócuo o pedido de suprimento ajuizado pelo nubente*,[71] também é verdade que, adotada tal exegese, se impossibilitaria o reexame de uma decisão judicial, às vezes equivocada, a respeito da própria vida futura das pessoas envolvidas.

Na verdade, estamos diante de um feito de jurisdição voluntária,[72] sendo que nesses é cabível o recurso de *apelação*, como consta no art. 1.110 do CPC. Ainda, não se pode olvidar que as decisões do Poder Judiciário devem ser fundamentadas e podem ser reapreciadas pela superior instância, como garantia do duplo grau de jurisdição. Não fosse assim, o juiz poderia conceder um suprimento completamente desarrazoado, que ficaria impedido de ser corrigido pela Corte Superior. Destarte, embora a lei não o diga, cabível é o recurso de apelação, no prazo de quinze dias.

A propósito, se o juiz conceder o suprimento de idade, o regime de bens desse casamento será o da separação de bens, tal como dispõe o art. 1.641, inc. III, NCC: *É obrigatório o regime da separação de bens no casamento: (...) III - de todos os que dependerem, para casar, de suprimento judicial*.

Ademais, em sede cautelar, também poder-se-á determinar o afastamento do menor autorizado a contrair casamento contra a vontade dos pais, nos termos do art. 888, inc. IV, do CPC.

São legitimados ao consentimento judicial: o nubente maior de idade; um dos pais, quando a recusa é do outro; o próprio filho menor, quando o

---

[68] *Direito de Família*. Op. cit., p. 69.
[69] Miranda, Pontes. Op. loc. cit., p. 135.
[70] Fachin e Ruzyk. Op. loc. cit., p. 57.
[71] Rodrigues, Silvio. Op. cit., p. 19.
[72] Tesheiner, José Maria da Rosa. *Jurisdição Voluntária*, Rio de Janeiro, Aide, 1992, p. 107.

juiz de Família deverá nomear curador especial para gestionar tal pedido. O adolescente é sujeito civil de direitos e pode postular providências a seu melhor interesse, levando sua inconformidade ao gabinete ministerial, ao Conselho Tutelar ou ao Juiz de Família ou da Infância e da Juventude.

> **Art. 1.520.** Excepcionalmente, será permitido o casamento de quem ainda não alcançou a idade núbil (art. 1.517), para evitar imposição ou cumprimento de pena criminal ou em caso de gravidez.

O artigo continua repetindo, parcialmente, o que dispunha o antigo art. 214, *caput,* CC/16, ou seja, os adolescentes sem a idade núbil podem casar, para evitar a imposição ou o cumprimento de pena criminal. Está-se diante, portanto, de suplementação da idade núbil.

Novamente, tem-se a necessária intervenção judicial para essa hipótese de casamento, ou seja, o juiz – após manifestação ministerial – decidirá se estão presentes os requisitos do dispositivo: denúncia contra o contraente, por crime contra os costumes; sentença condenatória penal ou atestado de gravidez da noiva menor de 16 anos.

Com relação à parte criminal do artigo, ela se dirige apenas aos maiores de idade, porque os adolescentes infratores não estão submetidos ao regime do Código Penal, mas do Estatuto da Criança e do Adolescente.

Sob essa motivação, isto é, para evitar a imposição ou o cumprimento de pena criminal, o adolescente não poderá obter ordem para casar, porque não se enquadra no requisito legal. Embora a lei não tenha expressamente declarado, parece-nos que também se aplica ao ato infracional, porque mesmas razões o justificam. No mesmo sentido, é a lição de Euclides de Oliveira.[73]

Em suma: *evitar imposição de pena é evitar que, em processo iniciado, se venha a condenar a pessoa; evitar o cumprimento é evitar que se cumpra a sentença condenatória.*[74]

Existem crimes que, por sua natureza, dificultam a consideração do art. 1.520, NCC. Dificilmente – não conhecemos nenhum caso em nossa vida funcional – um caso de estupro violento, *v.g.*, resultaria em feliz casamento.

Nas suas hipóteses penais, então, o artigo continua possibilitando o escondimento de criminosos, que podem reincidir em crimes contra os costumes. Evidente, existem comportamentos considerados delituosos que até oportunizam um casamento fundado no amor, como o de rapto consensual, por exemplo. Mas é preciso ficar bem claro que o dispositivo pode

---

[73] In: *União Estável. Do concubinato ao casamento.* 6ª ed., São Paulo, Método, 2003, p. 47.
[74] Miranda, Pontes. Op. cit., p. 141.

abrigar outros crimes e isso deve ser obstado pelo juiz, como na hipótese de o "noivo" ameaçar de morte a ofendida exigindo-lhe o casamento visando a obstar a pena criminal.

O Código Civil não especificou a espécie de crime que, praticado, poderia ensejar a aplicação do art. 1.520, NCC. O Código Penal é que, no art. 107, inc. VII, prevê como causa extintiva da punibilidade o casamento do agente do crime com a vítima, nos crimes contra os costumes (arts. 213 e ss., CP).

Por outro lado, pensamos que há necessidade de um processo penal em curso, por crime contra os costumes, ou a imposição de pena ao agente, porque não teria sentido conceder-se a autorização se o beneficiado não tem nenhum procedimento penal contra si.

Nota-se que o dispositivo, nas duas primeiras hipóteses, vincula a atividade do juiz cível à do juiz criminal e vice-versa, porque apenas diante da cópia da denúncia – ou da queixa-crime – ou da sentença penal condenatória é que o juiz cível ficará certo de que está autorizando o casamento, para evitar a imposição ou cumprimento de sanção penal. Por outro lado, apenas diante da certidão de casamento é que *o juiz criminal* poderá declarar extinta a punibilidade, evitando o cumprimento de pena ou a imposição de sanção penal.

Embora existam opiniões em contrário, o mero inquérito policial contra o nubente não basta para possibilitar casamento, diante da possibilidade de seu arquivamento. Afinal, como advertia Pontes de Miranda,[75] *se razão não havia para se temer a imposição de pena, ou o cumprimento dela, não há pensar-se em casamento para se evitar a imposição ou cumprimento da pena, porque só se evita o que é certo ou, pelo menos, provável.*

A rigor, nas duas primeiras hipóteses, a lei ainda reflete, veladamente, o velho ranço machista do Código antigo. Afinal, quando é que uma mulher sofrerá a imposição de pena criminal por crime contra os costumes praticado contra um homem, que possa lhe permitir com ele casar, para evitar a imposição ou o cumprimento da pena criminal? Difícil. Assim, nessa parte, o artigo beneficia apenas o agente do crime.

Com relação à gravidez, agiu acertadamente o legislador. Havia óbice de idade a muitas mulheres menores que, grávidas, ficavam impossibilitadas ao casamento regular. Para a aplicação do dispositivo, a gravidez deve ser provada ao juiz, por competente atestado médico, ou seja, não basta apenas a mera possibilidade de a adolescente ficar grávida. Enfim, não

---

[75] Op. loc. cit., p. 140.

basta atestar-se a possibilidade física de procriação e sim a própria gravidez.

Também cabível o recurso de apelação na espécie, legitimado o Ministério Público.

Tal como no dispositivo anterior, se o juiz conceder a autorização, o regime de bens desse casamento será o da separação total de bens, assim como dispõe o art. 1.641, inc. III, NCC.

No sistema revogado, permitia-se que o juiz ordenasse a separação de corpos, até que os cônjuges alcançassem a idade legal (art. 214, parágrafo único, CC/16). Isso foi corretamente extirpado no novo Código, porque era de completa inutilidade. Primeiro, não havia quem fiscalizasse e, segundo, porque, muitas vezes, os jovens já estavam vivendo sob o mesmo teto, e aquela proibição era um nada jurídico.

3. Dissolução da sociedade e do vínculo conjugal

A separação judicial e o divórcio surgiram depois que a Emenda Constitucional nº 9/77 deu nova redação ao art. 175, § 1º, da CF/69. Assim, possibilitou-se a edição da Lei nº 6.515, de 26-12-77, a chamada Lei do Divórcio (LD). Dita lei, criando o divórcio – por conversão e direto – não foi editada apenas para regular os casos de dissolução da sociedade conjugal, porque revogou inúmeros artigos (arts. 315 a 328) do Código Civil de 1916, ensejando o *modus* não apenas do fim da sociedade conjugal, pela separação dos cônjuges e cessação dos deveres matrimoniais, mas a própria extinção do vínculo do casamento.

O novo Código Civil (NCC – Lei nº 10.406, de 10-01-2002) trouxe para si a disciplina da separação judicial e do divórcio, localizando-a, acertadamente, no título que trata dos direitos pessoais e no subtítulo do casamento (arts. 1.571 a 1.582). Isso ocorreu na Parte Especial do NCC, no Capítulo X do Subtítulo I do Livro IV, quando se dispôs a respeito da *dissolução da sociedade e do vínculo conjugal*. Agora, então, praticamente, o legislador transferiu a dissolução do casamento da lei ordinária para o corpo do novo Código Civil.

Os alimentos decorrentes do rompimento do casamento e da união estável foram tratados em outro título, incluídos no Direito Patrimonial de Família (Título II – Subtítulo III – Dos alimentos), entre os arts. 1.694 a 1.710. Lá tratamos dessa matéria, portanto.

Há quem questione a validade da Lei do Divórcio (Lei 6.515/77), no que diz respeito às suas regras processuais, porque o Livro Complementar do novo Código Civil (arts. 2.028 a 2.046) não se referiu expressamente à revogação daquela lei.

Embora haja quem entenda que *o novel estatuto derrogou a Lei do Divórcio*, seja porque a *normatização nova é exauriente*[76] ou porque as

---

[76] Dias, Maria Berenice. Da separação e do divórcio. Artigo em *Direito de Família e o Novo Código Civil*. Op. cit., p. 98.

normas de processo já integram o Código de Processo Civil, temos de admitir que o legislador poderia ter revogado integralmente, se assim entendesse necessário, a Lei do Divórcio. Não o fez, seja não a arrolando, como fez com outras inúmeras leis, no seu Livro Complementar, seja porque já existe Projeto de Lei no sentido de manter algumas regras previstas na Lei do Divórcio.

Deu-se, portanto, uma revogação parcial, vigente apenas as regras de processo, naquilo em que não foram disciplinadas, nos termos do art. 2.043, NCC: *Até que por outra forma se disciplinem, continuam em vigor as disposições de natureza processual, administrativa ou penal, constantes de leis cujos preceitos de natureza civil hajam sido incorporados a este Código.*

Finalmente, a matéria da dissolução do casamento é por demais extensa e traz inúmeras reflexões, as quais têm comportado verdadeiros tratados. Nossa intenção, destarte, é apenas delinear as modificações havidas, propondo soluções iniciais para o debate doutrinário, enquanto não chega o rumo jurisprudencial.

> **Art. 1.571.** A sociedade conjugal termina:
> I – pela morte de um dos cônjuges;
> II – pela nulidade ou anulação do casamento;
> III – pela separação judicial;
> IV – pelo divórcio.
> § 1º O casamento válido só se dissolve pela morte de um dos cônjuges ou pelo divórcio, aplicando-se a presunção estabelecida neste Código quanto ao ausente.
> § 2º Dissolvido o casamento pelo divórcio direto ou por conversão, o cônjuge poderá manter o nome de casado; salvo, no segundo caso, dispondo em contrário a sentença de separação judicial.

Em princípio, a sociedade conjugal é constituída *como consórcio para toda a vida*.[77] Sob esse aspecto, realmente, o término da sociedade conjugal, a separação de um casal, ocasiona inúmeros reflexos, diretos e indiretos, na vida de relação entre as pessoas.

Essa dissolução repercute não apenas na vida amorosa da família, mas até em terceiros alheios ao casamento, trazendo conseqüências no plano dos negócios de cada um dos cônjuges, bem como eventual responsabilização civil de um ou de outro, pelo insucesso ou frustração da sociedade conjugal.[78]

---

[77] CAHALI, Yussef Said. *Divórcio e Separação*. 10ª ed., São Paulo, RT, 2002, p. 64.

[78] Doutrina Jones Figueirêdo Alves, que o insucesso conjugal por culpa de um dos cônjuges pode ensejar ao outro causa suficiente para a reparação civil, quando o casamento tenha contribuído para a frustração de êxito profissional do cônjuge inocente, do mesmo modo que pode render a este uma indenização adequada para efeito de readaptação profissional independente da pensão alimentícia (*Algumas questões controvertidas no novo Direito de Família*. Op. cit., p. 314).

Ofusca-se o plano dos direitos da personalidade, o direito dos filhos, o patrimônio que era comum, enfim, é uma das motivações de maior extensão no plano dos contratos. Afinal, segundo Atahualpa Fernandez,[79] *a dissolução de um casamento é um infortúnio; não pela dissolução em si, mas sim pela extinção de uma relação tão importante tanto para as pessoas envolvidas como para o bem estar social.*

O comportamento violador desse "contrato conjugal" encoraja uma atividade do cônjuge prejudicado, bem como do próprio Estado, que envia seus agentes (juízes e promotores) como apaziguadores e árbitros do conflito, no sentido de "resolver" a questão criada. Assim, a lei também disciplina as formas pelas quais a sociedade conjugal termina.

Os incisos do art. 1.571, NCC, repetem os do art. 2° da Lei n° 6.515/77. Todavia, o dispositivo apresenta certa extensão em seus parágrafos, no cotejo com outros artigos da Lei do Divórcio.

Inicialmente, façamos a necessária diferença entre *dissolução da sociedade conjugal* e dissolução *do vínculo conjugal*, até porque a nova lei assim o fez na abertura desse capítulo: Da dissolução da sociedade e do vínculo conjugal.

O casamento civil faz surgir um elo jurídico – um vínculo ou um estado conjugal – entre um homem e uma mulher, uma verdadeira sociedade entre os cônjuges, unida por laços de afeto e patrimônio, a que se denomina *sociedade conjugal* ou sociedade entre os cônjuges. A separação judicial dissolve essa sociedade. Enquanto não ultimado o divórcio, os cônjuges continuam unidos pelo vínculo do casamento, ou seja, terminam a *sociedade* que mantinham, cessam os deveres do casamento, mas não podem contrair novo matrimônio diante da persistência daquele vínculo. A possibilidade de outro matrimônio de um dos componentes da sociedade conjugal com terceira pessoa só surge quando se rompe o vínculo conjugal, o vínculo matrimonial. O término da sociedade conjugal, portanto, não significa o fim do vínculo matrimonial, isto é, os cônjuges separados judicialmente, mas não divorciados, ainda estão entre si casados, porque lhes subsiste o vínculo.

A extinção do vínculo matrimonial ocorre em *três hipóteses*: morte de um dos cônjuges (art. 1.571, § 1°, NCC), pelo divórcio (art. 1.571, § 1°, NCC) ou pela decretação de ausência (art. 1.571, § 1°, NCC). A dissolução da sociedade conjugal dá-se, além das formas citadas, pela nulidade ou anulação do casamento (inc. II, art. 1.571) e pela separação judicial (inc. III, art. 1.571).

---

[79] In: *A suportabilidade da vida em comum*. Porto Alegre, Fabris, 2003, p. 15.

Resumindo: o divórcio, a morte e a ausência judicialmente decretada dissolvem tanto a sociedade conjugal, quanto o vínculo do casamento, sendo que a separação judicial atinge a sociedade conjugal, apenas.

A doutrina tem criticado a interferência do Estado no término do casamento, defendendo-se a *tese da ruptura facilitada, sem promoção imotivada da intervenção estatal.*[80]

Não se pode olvidar, porém, que a disciplina do casamento envolve matéria de ordem pública, interesses indisponíveis, com repercussão na esfera legal de terceiros e na própria ordem jurídico-penal. Impõe-se, portanto, uma certa regulamentação legal no casamento, desde sua fase de formação e assunção de direitos e deveres, ao estabelecimento de seus efeitos. Afinal, pode-se imaginar o caos *que se instalaria se não fossem estabelecidos certos efeitos jurídicos ao casamento.*[81]

3.1. A morte de um dos cônjuges

O inc. I do art. 1.572, NCC, prevê que a sociedade conjugal termina pela *morte de um dos cônjuges.*

Sabemos que a existência da pessoa natural termina com a morte (art. 6º, NCC). Em sendo o casamento um contrato bilateral e de cunho personalíssimo, entre um homem e uma mulher, a morte de um deles faz extinguir-se o vínculo conjugal. Note-se: a morte dissolve o vínculo do matrimônio, permitindo que o cônjuge sobrevivo possa casar-se novamente. Como ensinava Pontes de Miranda:[82] *morto um dos cônjuges, cessa a sociedade conjugal e rompe-se o vínculo do matrimônio.*

A morte prova-se pela competente certidão de óbito, ou seja, sem esta nenhum efeito terá eventual afirmação em tal sentido. Para tal desiderato, descabe considerar a dita *morte cerebral*, mas só a morte efetiva, real, física. A denominada *morte presumida* já suscita problema de outra ordem, como veremos em seguida.

A rigor, teríamos de disciplinar um *estatuto do cônjuge sobrevivente*, porque os efeitos da morte de um dos cônjuges não ficam jungidos apenas ao Direito de Família, repercutindo no Direito das Obrigações, no Direito das Sucessões, no Direito Funerário e etc.

---

[80] Por todos: Fachin e Ruzyk. *Código Civil Comentado.* São Paulo, Atlas, 2003, p. 226.

[81] Silva, Regina Beatriz Tavares da. Dissolução da sociedade conjugal e do vínculo conjugal. Artigo doutrinário em *O novo Código Civil.* Op. cit., p. 1.290.

[82] In: *Tratado de Direito de Família*, vol. 1. Op. cit., p. 403.

No plano do Direito de Sucessões, *v.g.*, o cônjuge sobrevivo passa a ocupar a condição de herdeiro e herda com os descendentes e ascendentes, como dispõe o art. 1.845, NCC. Esse cônjuge, portanto, só pode ser privado da herança por indignidade ou deserdação e diante de ato motivado.

Mesmo com a morte, porém, alguns efeitos do casamento civil persistem. A mulher ou o homem continuam com o direito à utilização do nome de família adotado por ocasião do matrimônio, sendo que se mantém a afinidade em linha reta, como dispõe o art. 1.595, NCC.

A viúva ou o viúvo, que tiverem filho do cônjuge falecido, não devem casar, enquanto não fizerem o inventário dos bens e derem partilha aos herdeiros (art. 1.523, inc. I, NCC). A viúva não deve casar até dez meses depois do começo da viuvez (art. 1.523, inc. II, NCC), pois o filho que nascer nos 300 dias subseqüentes à morte do cônjuge será presumido concebido na constância do casamento (art. 1.597, inc. II, NCC).

A morte de um dos cônjuges repercute na esfera alimentar, considerando que a nova lei civil prescreve a transmissibilidade da obrigação de prestar alimentos aos herdeiros do devedor (art. 1.700, NCC).

O cônjuge sobrevivente tem direito a ser inventariante, na forma do art. 990, inc. I, do CPC.

No plano do Direito das Obrigações, a morte faz cessar de imediato todos os poderes de eventual procuração outorgada ao cônjuge sobrevivo, mas este pode administrar provisoriamente os bens do casal até a abertura do inventário.

3.2. A ausência como causa de dissolução do casamento

Como sabemos, a pessoa casada pode desaparecer do domicílio conjugal por pouco ou por longo tempo, sem deixar notícia do lugar onde se encontra ou mesmo sem ter deixado pistas a respeito do lugar onde possa ser encontrada. Dita situação gera não apenas efeitos no Direito de Família (dissolução do vínculo do casamento), como pode gerá-los no Direito das Sucessões (ausência provisória e definitiva).

É preciso não confundir o instituto jurídico da *ausência*, da mera ausência física da pessoa, afinal, *não há equiparação entre a ausência e mera não-presença, em que pese a sinonímia que pode haver entre ambas na linguagem comum.*[83]

---

[83] Santos Neto, José Antonio de Paula. *Da ausência.* Op. cit., p. 86.

Nesse campo, ao que nos parece, houve uma modificação substancial na nova lei civil, porque ao tempo do Código Civil revogado, discutia-se se *a ausência* (do Direito das Sucessões) do cônjuge poderia ser aproveitada, como "morte presumida", para os fins de dissolução da sociedade conjugal.

Ocorre que o antigo CC/16, no art. 315, parágrafo único, dispunha que a seus casos (tratava da dissolução do casamento válido) não se aplicava a presunção estabelecida no art. 10, 2ª parte, CC/16. Esse dispositivo, por seu turno, previa que a existência da pessoa natural termina com a morte. Presume-se esta, quanto aos ausentes, nos casos dos arts. 481 e 482.

A Lei n. 6.515/77, no art. 2º, parágrafo único, revogando expressamente o art. 315, CC/16, dispôs que o casamento válido somente se dissolve *pela morte de um dos cônjuges ou pelo divórcio*. Como não se fez alusão ao art. 10, CC/16, passou-se a discutir, então, se a *presunção de morte* poderia ser adotada, em face da declaração de *ausência física* de um dos cônjuges, para fins de extinção do vínculo matrimonial.

Caio Mário da Silva Pereira[84] doutrinou que *por mais prolongada que seja a ausência, não se considera equivalente à morte, senão para efeitos patrimoniais. Assim, o outro cônjuge não pode convolar a novas núpcias. Fica, pois, condenado a uma situação de 'semiviuvez', de que legalmente não se consegue desligar.*

O novo Código Civil, porém, "solucionando" de vez a antiga polêmica, parece ter trazido outra, ao dispor expressamente que se aplica a presunção estabelecida no Código *quanto ao ausente*, para fins de dissolução do casamento válido, assim:

> **Art. 1.571.** (...)
> § 1º O casamento válido só se dissolve pela morte de um dos cônjuges ou pelo divórcio, *aplicando-se a presunção estabelecida pelo Código quanto ao ausente.*

Destarte, diante do Código de 2002, o declarado ausente é considerado morto, rompendo-se o vínculo matrimonial, sendo que o cônjuge "sobrevivo" pode casar-se novamente. Na prática, pode-se afirmar que *a declaração de ausência* é entendida como *outra causa* para a dissolução do casamento civil válido.

Com essa previsão, a nova lei civil trouxe para a seara da extinção do vínculo matrimonial um instituto que sempre fomentou discussões no seio do Direito de Família. Discutia-se sobre a exata colocação do instituto da *ausência*, que era de *Direito Protetivo*, mas que tanto poderia estar no

---

[84] *In: Instituições de Direito Civil.* Op. cit., p. 272.

Direito das Sucessões, como na Parte Geral, relativamente às pessoas e direitos da personalidade. Afinal, *o escopo principal da declaração de ausência é a preservação do patrimônio da pessoa que desaparece*, como diz Arnaldo Rizzardo.[85]

Sob a luz da nova lei civil têm-se outras conseqüências, porque a declaração de ausência produz efeitos no plano do Direito das Sucessões, sendo que o "desaparecimento" do cônjuge pode configurar abandono do lar, que é causa de dissolução da sociedade conjugal, campo de Direito de Família.

É preciso observar-se que, no plano sucessório, com a declaração judicial de ausência o cônjuge "sobrevivo" torna-se *herdeiro* (art. 1.829, inc. III c/c 1.845, NCC) da totalidade dos bens da herança.

Na esfera do Direito de Família, a mera ausência física, o abandono do lar pelo cônjuge, pode ocasionar a separação judicial e até o divórcio, mas o cônjuge só pode tornar-se *meeiro*, ou seja, os bens subsistem como um patrimônio divisível pela meação.

A adoção do instituto da ausência, como causa de extinção do casamento, portanto, pode vir a prejudicar o cônjuge que se afasta do lar, porquanto, se estiver vivo e dele não se souber notícias por um ou dois anos (caso comum em nosso imenso país), o outro pode postular a decretação de ausência e aquele poderá perder sua meação. No mínimo, perderá a administração de seus bens (art. 25, § 1º, NCC).

A *solução* criada pelo novo Código, ainda, oportuniza novas polêmicas. Uma delas diz respeito à *morte presumida*, uma vez que a morte presumida não se confunde com a ausência e, agora, pode dar-se *sem a decretação de ausência*, nos termos do art. 7º, NCC:

"Pode ser declarada a morte presumida, *sem a decretação de ausência*, (inc. I) se for extremamente provável a morte de quem estava em perigo de vida; se alguém, desaparecido em campanha ou feito prisioneiro, não for encontrado até 2 (dois) anos após o término da guerra (inc.II). Parágrafo único. A declaração de *morte presumida*, nesses casos, somente poderá ser requerida depois de esgotadas as buscas e averiguações, devendo *a sentença* fixar a data provável do falecimento".

Daí advir a seguinte questão: *a morte presumida, sem a decretação de ausência, pode ser considerada causa legal a fundamentar a extinção do vínculo do casamento?*

Para responder tal indagação, é necessário alguma digressão.

---

[85] *In: Parte Geral do Código Civil*, 2ª ed. Rio de Janeiro, Forense, 2003, p. 225.

O novo Código Civil dispõe que *a existência da pessoa natural termina com a morte e presume-se esta, quanto aos ausentes, nos casos em que a lei autoriza a abertura de sucessão definitiva* (art. 6º).

Segundo Amorim e Oliveira,[86] *presume-se a morte do ausente desde que convertida a sua sucessão provisória em definitiva, conforme previsto no art. 10, segunda parte, do Código Civil de 1916 e no art. 6º, segunda parte, do Novo Código Civil.*

Todavia, como se viu do art. 6º, NCC, presume-se a morte *da pessoa natural*, ou seja, o fim da existência da pessoa, e não *a morte do ausente*, como se disse. A morte da pessoa natural, portanto, presume-se, no caso de *ausência*, em matéria de Direito das Sucessões (sucessão definitiva), ou seja, quando se der a abertura de sucessão definitiva.

Como se vê, agora, não é apenas pelo art. 6º, NCC (antigo art. 10, CC/16) que podemos falar em presunção de morte, porque podemos vislumbrar *duas hipóteses* legais de *morte presumida*: *uma*, que decorre da ausência judicialmente declarada, nos casos em que a lei autoriza a abertura da sucessão definitiva; *outra*, decorrente do art. 7º, incs. I e II, NCC, em que se dá a morte presumida *sem a decretação de ausência*.

Não resta dúvida acerca da distinção entre a *presunção de morte*, nos termos do art. 6º, NCC, muito mais ampla, diante da *morte presumida* decorrente das estritas hipóteses do art. 7º, NCC.

Isso ficou tão evidente que o art. 9º, inc. IV, NCC, possibilitou o registro de duas sentenças, ou seja, registram-se as sentenças decorrentes de um e de outro instituto.

Aliás, a *morte presumida* prevista no art. 7º, NCC, está mais próxima da justificação de óbito, como constava no art. 88 da Lei dos Registros Públicos (Lei 6.015/73), que agora restou praticamente esvaziada.

A nova lei civil, quanto à hipótese de extinção do vínculo matrimonial, foi muito clara: aplicando-se a presunção estabelecida pelo Código quanto ao ausente (art. 1.571, § 1º, NCC). Destarte, apenas *a decretação judicial de ausência* é que enseja a extinção do matrimônio. Isso porque se a morte presumida pode dar-se sem a decretação de ausência (art. 7º, NCC), significa que aquela, morte presumida sem a decretação de ausência, por si só, não justifica o rompimento do vínculo do casamento, este reservado apenas à *"morte"* pela declaração judicial de *ausência* e à *morte real*.

A declaração de ausência, por seu turno, só surge mediante *sentença* (art. 22, NCC), ou seja, por meio do procedimento previsto nos arts. 1.159

---

[86] *In: Inventários e Partilhas.* 15ª ed. São Paulo, Leud, 2003, p. 229.

a 1.169, do CPC, sendo que o eventual retorno do declarado ausente não possibilita o reatamento do vínculo conjugal já extinto. Como ensina Yussef Cahali:[87] *a declaração judicial de ausência de um dos cônjuges produz os efeitos de morte real do mesmo no sentido de tornar irreversível a dissolução da sociedade conjugal*

Enfim, das lições de José Antonio de Paula Santos Neto,[88] ao tempo da lei civil revogada: *Portanto, de morte presumida só se pode falar nos casos do art. 10 do Código Civil. Ou seja: quando há lugar para aquilo que, em nossa legislação, se denomina "sucessão definitiva".*

Outra dúvida que fatalmente irá surgir é: a partir de qual momento se considera a ausência para os fins da extinção do vínculo conjugal? Será da sentença que declara a ausência e nomeia o curador, da sentença de abertura da sucessão provisória ou da sentença que declara a sucessão definitiva?

A questão é digna de nota, porquanto a ausência exige uma decisão judicial, sendo que no procedimento civil de ausência temos várias etapas para sua decretação.

Com efeito, trata-se de processo de *jurisdição voluntária*, mas nele se pode identificar três fases procedimentais distintas: uma, da declaração de ausência propriamente dita, em que se nomeia um curador para gerir os bens e negócios do suposto ausente (arts. 1.159 e 1.160 do CPC); outra, de abertura de sucessão provisória (art. 1.163, CPC) e uma fase final de sucessão definitiva (art. 1.167, CPC), na qual tem-se a sentença final declarando que o desaparecido está mesmo ausente. Como ensina Tesheiner:[89] *a cada uma corresponde um processo próprio.*

No caso de adotar-se a preliminar decretação da ausência, como passível de amparar a dissolução do vínculo, podemos vislumbrar a possibilidade de locupletamento nos bens do cônjuge dado como "desaparecido", que pode até ter simplesmente abandonado o lar comum.

Vejamos.

O cônjuge abandona o lar por um ano e não dá mais notícias. Isso é causa de separação judicial litigiosa. Todavia, o cônjuge que ficou no lar desfeito, devidamente informado, aguarda mais um tempo e, ao invés de ajuizar a separação judicial litigiosa, ajuíza o pedido de decretação de ausência. Fica clara a conseqüência prática desse pedido, porque, na hipótese da separação judicial litigiosa, o cônjuge teria de resguardar a meação

---

[87] *Divórcio e Separação.* Op. cit., p. 70.
[88] *In: Da Ausência.* São Paulo, Juarez de Oliveira, 2001, p. 150.
[89] Tesheiner, José Maria Rosa. *Jurisdição Voluntária*, Rio de Janeiro, Aide, 1992, p. 101.

do "desaparecido" e com isso se tornaria apenas *meeiro*, mas optando pela decretação de ausência, além de administrar totalmente os bens do ausente, viria a tornar-se *herdeiro* diante da decretação de ausência.

Assim, parece-nos que apenas a declaração de *ausência definitiva* é que possibilita a dissolução do casamento. Embora se trate de hipótese mais demorada e de processo mais complicado, é a via que não permite *desvio de finalidades* na intenção do cônjuge que a maneja. Afinal, *pecam pela base os autores que pretendem vislumbrar morte presumida ao ser aberta a chamada sucessão provisória.*[90]

3.3. Nulidade ou anulação do casamento

Os processos de anulação e de nulidade de casamento não são comuns na lide forense. Aliás, eles tendem a ficar mais raros, porque, como já advertia Silvio Rodrigues,[91] existem *dificuldades de obter-se uma sentença proclamando a ineficácia de um casamento* e *enorme facilidade de obter um divórcio*.

O novo Código não repetiu a classificação dos impedimentos do casamento, para os fins da nulidade, como estava na lei civil revogada. Adotou-se, porém, os impedimentos absolutos da lei antiga para a nulidade do casamento. Os impedimentos relativos passaram a ser considerados como *causas suspensivas* do casamento, causas de sua anulação.

Apesar desse novo *sistema*, manteve-se o Código fiel no que diz respeito à nulidade e à anulação do casamento, conforme a desobediência se refira a uma ou a outra espécie de norma violada. Em outras palavras: o casamento só é nulo ou anulável diante de regra jurídica prevista no Direito de Família, porque, como dizia Pontes de Miranda,[92] *os princípios gerais sobre atos jurídicos e contratos não incidem quanto ao casamento, salvo onde o permita a natureza desse.*

Ambas reclamam processo judicial e sentença transitada em julgado, ou seja, não se pode falar de anulação ou nulidade de casamento de ofício, sendo *erronia dizer que se pode cancelar um registro de casamento por mero despacho judicial.*[93]

---

[90] Neto, José Antonio de Paula Santos. Op. loc. cit., p. 150.
[91] *In: Direito de Família*. Vol. 6. São Paulo, Saraiva, 2002, p. 80.
[92] *Tratado*, vol. 1. Op. cit., p. 335.
[93] Rodrigues, Silvio. *Direito de Família. Direito Civil.* Vol. 6, São Paulo, Saraiva, 2002, p. 86.

Por outro lado, embora comezinho, não podemos confundir nulidade de casamento – casamento nulo – com anulação de casamento – casamento anulável.

Na nulidade, há violação de impedimento, isto é, as pessoas não podiam casar-se e o fizeram, violando um dos incisos do art. 1.548, NCC. Nesse caso, o casamento nenhum efeito gera – exceto se contraído de boa-fé –, a nulidade é absoluta. Na anulação do casamento, há violação de uma causa prevista nos incisos do art. 1.550, NCC ou na hipótese de *erro essencial* (arts. 1.557 e 1.558, NCC). A anulação gera efeitos, sendo relativa. Na nulidade, há imprescritibilidade e interesse público, *sem tempo definido para o decreto sentencial de nulidade;*[94] na anulação, o vício pode ser convalidado, e o interesse é privado, *ferindo apenas o interesse das pessoas que o legislador quer proteger,*[95] havendo prescritibilidade.

Do casamento nulo ou anulável, devemos distinguir, também, o *casamento inexistente*, que não produz qualquer efeito, porque lhe falta um ou mais elementos necessários à sua formação. O casamento inexistente nem chega a existir, por isso não pode ser reputado como putativo – contraído de boa-fé pelos cônjuges – e nem se exige sentença para proclamar a sua ineficácia. Nesses casos, o juiz pode declarar de ofício, e a parte pode postular uma declaração nesse sentido, sem necessidade da via anulatória. Na prática, evidentemente, restando algum registro civil, faz-se necessária a manifestação do Poder Judiciário, porque a nulidade dos registros públicos exige sentença. Não se pode falar, v.g., em face do atual sistema legal, em casamento de pessoas do mesmo sexo, uma vez que a diversidade de sexos é elemento essencial à sua formação ou um casamento em que não haja a manifestação de vontade dos nubentes, também é inexistente.

As causas que, violadas, dão ensejo à ação de *nulidade* do casamento estão arroladas no art. 1.548, incs. I e II, do NCC, ou seja, quando o casamento é contraído pelo enfermo mental sem o necessário discernimento para os atos da vida civil e por infringência de impedimento, estes elencados no art. 1.521, incs. I a V, do NCC. Não há decretação de nulidade de casamento por outra causa que não as elencadas na lei.

As causas de anulabilidade estão previstas no art. 1.550, incs. I a VI, do NCC: falta de idade mínima para casar, falta de autorização do representante legal para o casamento do menor, vício de vontade, casamento do incapaz de consentir, realizado pelo mandatário, sem que ele ou o outro contraente soubesse da revogação do mandato e por incompetência da autoridade celebrante (novidade).

---

[94] Silva, Paulo Lins e. Da nulidade e da anulação do casamento. *Apud Direito de Família e o novo Código Civil.* Op. cit., p. 36.
[95] Rodrigues, Silvio. *Direito de Família.* Op. cit., p. 80.

Legitimados à ação de nulidade: o Ministério Público e qualquer outra pessoa que tenha interesse moral, econômico ou social na dissolução do casamento. A legitimação do terceiro deve demonstrar o seu inequívoco interesse.

Os legitimados à ação de anulabilidade não são os mesmos, dependendo da hipótese a ser considerada, sendo certo que o Ministério Público não o é em nenhum caso de anulabilidade, mas sua presença no processo é obrigatória, sob pena de nulidade absoluta.

Faz-se possível a ação de anulação do casamento cumulada com a de separação judicial, bem como reconvenção entre um e outro pedido.[96]

O § 1º do art. 1.571, NCC, estranhamente, não menciona a nulidade ou a anulação do casamento como causas de extinção do vínculo matrimonial. Tais hipóteses estão na lei apenas como causas de término da sociedade conjugal (art. 1.571, inc. II, NCC).

Devemos entender, todavia, que, pronunciada judicialmente a anulabilidade ou a nulidade de um casamento, as pessoas retornam ao estado de solteiros, como doutrina Pontes de Miranda:[97] *Decretada a nulidade, o casamento desfaz-se por completo. (...) A anulação do casamento põe termo à sociedade conjugal e produz efeitos iguais à decretação de nulidade, salvo onde a lei civil abriu explícita exceção.*

O procedimento das ações é o de rito ordinário, sendo que a separação judicial ou o divórcio não constituem óbices à ação de anulação do casamento.

Não mais se nomeia Curador ao vínculo nas ações de anulação ou nulidade do casamento, pois revogado o art. 222, CC/16.

A presença do Ministério Público nos feitos de nulidade ou de anulação é obrigatória, como dispõe o art. 82, inc. II, CPC.

Não há mais necessidade de reexame necessário da sentença que anula o casamento, por força da Lei 10.352/01, que modificou o art. 475 do CPC.

3.4. A separação judicial e o divórcio

Embora se entenda a separação judicial como *anacrônico instituto*,[98] os incs. III e IV do art. 1.571, NCC, arrolam a *separação judicial e o*

---

[96] Cahali, Yussef. *Divórcio e Separação*. Op. cit., p. 72.
[97] *In: Tratado de Direito de Família*, vol. 1. Op. cit., p. 405.
[98] Santos, Luiz Felipe Brasil. *A separação judicial e o divórcio no novo Código Civil*. Revista do MPRS-49/143.

divórcio, respectivamente, como causas de dissolução da sociedade conjugal, tal como estava no art. 2º da Lei do Divórcio (Lei 6.515/77).

O divórcio, no entanto, mais amplo, dissolve o próprio vínculo do casamento (art. 1.571, § 1º, NCC). De qualquer forma, ambos extinguem o que restou de jurídico em um relacionamento amoroso.

Como sabemos, a Lei 6.515/77 criou as expressões *separação judicial e separação consensual* para substituírem o antigo *desquite litigioso* (fundado em causas reveladas e provadas) *e o desquite por mútuo consentimento* (desquite amigável). As respectivas sentenças terminam com a sociedade conjugal que havia entre os cônjuges, sendo que, repetimos, o *vínculo do casamento* só se extingue pelo divórcio, o que tem sido considerado incongruente e causador de perplexidade.[99]

Com a separação judicial cessam os deveres de coabitação, fidelidade recíproca e o regime de bens, nos termos do art. 1.576, NCC, o que será analisado adiante.

O novo Código manteve a separação judicial consensual ou por mútuo consentimento e a separação judicial litigiosa, esta com ou sem causa culposa. Em outras palavras: ela pode dar-se por causas objetivas ou subjetivas. Os arts. 1.572 e 1.573 do NCC prevêem as causas da separação judicial litigiosa com causa culposa, sendo que o art. 1.574 do NCC dispõe acerca da separação judicial por mútuo consentimento.

A separação judicial repercute em outros institutos, como a guarda de filhos, alimentos e nome dos cônjuges, como veremos no decorrer deste trabalho.

Critica-se, com razão, a mantença desses dois sistemas, separação e divórcio, não apenas em face do duplo incômodo burocrático àqueles que não mais se amam, mas porque perfeitamente dispensável a previsão de dois caminhos para terminar o casamento. Como adverte Maria Berenice Dias:[100] *Duplicidade que se poderia chamar de verdadeiro 'pleonasmo jurídico'*.

O inc. IV do art. 1.571 dispõe que o *divórcio* termina a sociedade conjugal, sendo que o § 1º, mesmo artigo, acresce que o instituto também é causa de extinção do vínculo do casamento. Como se disse, o divórcio é mais amplo do que a separação judicial, seja consensual, seja litigiosa. Ademais, apenas recordando, a Carta Federal de 1988 terminou com a

---

[99] Como anota Maria Berenice Dias: "Afirmar que a sociedade conjugal 'termina' pela morte, pelo divórcio e pela separação, mas que o casamento só se 'dissolve' pela morte ou pelo divórcio causa, no mínimo, certa perplexidade" (Da separação e do divórcio. *Apud Direito de Família e o novo Código Civil*. Op. cit., p. 74).
[100] Op. loc. cit., p. 74.

unicidade do pedido de divórcio, que agora pode ser concedido mais de uma vez. Como quer que seja, é, na Constituição Federal, que se encontra a linha mestra do divórcio.

O divórcio, assim como o casamento, é a consagração do exercício de um ato de liberdade, ou seja, não há como obstar-se o divórcio quando atendidos seus pressupostos ou requisitos legais. Como estamos diante de um direito potestativo,[101] fica sem sentido um dos cônjuges afirmar ao outro que não irá lhe conceder o divórcio.

O novo Código, seguindo o alargamento proposto pela CF/88, manteve o divórcio direto e o divórcio indireto, ou por conversão, podendo ser consensual ou litigioso, conforme haja ou não acordo entre os cônjuges.

O divórcio indireto (art. 1.580, NCC), ou divórcio por conversão, *visa à extinção do vínculo de sociedade conjugal já finda por separação, após o transcurso de um ano. É uma forma indireta de divórcio, porque exige a prévia separação judicial*[102] *e não se menciona a causa da separação* (art. 1.580, § 1º, NCC).

O divórcio por *conversão litigiosa* ocorre quando um dos cônjuges não quer "dar o divórcio", e o outro busca o Poder Judiciário para obter tal declaração; no divórcio por *conversão consensual*, os separandos estão de acordo com a dissolução do vínculo matrimonial, sendo que ambos submetem seu pedido ao juiz de família.

O divórcio direto (art.1.580, § 2º, NCC) dá-se quando os cônjuges já estão separados de fato há mais de dois anos, sem possibilidade de reconciliação. É originado do art. 226, §6º, da CF/88, podendo ser consensual ou litigioso, conforme haja ou não acordo entre as partes. Note-se: há possibilidade de ajuizada uma ação de divórcio litigioso, ela ser convertida em divórcio consensual.

O divórcio não modifica os direitos e deveres dos pais em relação aos filhos, nos termos do art. 1.579, NCC.

Pode o divórcio ser concedido sem que haja a prévia partilha de bens (art. 1.581, NCC).

O pedido de divórcio só compete aos cônjuges, mas se ele for incapaz para propor a ação ou defender-se, poderá fazê-lo o curador, o ascendente ou o irmão (art. 1.582 e parágrafo único, NCC).

---

[101] Palestra de Luiz Edson Fachin, no Congresso de Direito de Família, Cepad, Rio de Janeiro, outubro/2003.
[102] Amorim, Sebastião; Oliveira, Euclides. *Separação e Divórcio*, 6ª ed. São Paulo, Leud, 2001, p. 282.

Art. 1.571. (...)
§ 2º Dissolvido o casamento pelo divórcio direto ou por conversão, o cônjuge poderá manter o nome de casado; salvo, no segundo caso, dispondo em contrário a sentença de separação judicial.

O presente dispositivo diz respeito ao nome dos cônjuges, para o que remetemos o leitor para nosso estudo individual, sob o título *O nome dos cônjuges no novo Código Civil*

Art. 1.572. Qualquer dos cônjuges poderá propor a ação de separação judicial, imputando ao outro qualquer ato que importe grave violação dos deveres do casamento e torne insuportável a vida em comum.
§ 1º A separação judicial pode também ser pedida se um dos cônjuges provar ruptura da vida em comum há mais de 1 (um) ano e a impossibilidade de sua reconstituição.
§ 2º O cônjuge pode ainda pedir a separação judicial quando o outro estiver acometido de doença mental grave, manifestada após o casamento, que torne impossível a continuação da vida em comum, desde que, após uma duração de 2 (dois) anos, a enfermidade tenha sido reconhecida de cura improvável.
§ 3º No caso do § 2º, reverterão ao cônjuge enfermo, que não houver pedido a separação judicial, os remanescentes dos bens que levou para o casamento, e se o regime dos bens adotado o permitir, a meação dos adquiridos na constância da sociedade conjugal.

O art. 1.572 e §§, NCC, trata da separação judicial litigiosa, ou seja, daquela que resulta de pedido formulado por um cônjuge contra o outro, independentemente do tempo de casamento e fundada ou não em alguma causa culposa. Como dizem Amorim e Oliveira,[103] *a expressão culpa, que serve de fundamento à separação litigiosa, está relacionada ao mau comportamento do marido ou da mulher.*

A lei se refere a uma *imputação* (*rectius*: imputando), *para com isso deixar claro que se trata de responsabilidade baseada na culpa.*[104] É a separação judicial litigiosa por causa subjetiva.

Temos, assim, três espécies de separação judicial litigiosa:

1) por ato que importe em grave violação dos deveres do casamento e torne insuportável a vida em comum, ou separação com culpa, ou separação-sanção (art. 1.572, *caput*, NCC);

2) pela ruptura da vida em comum há mais de um ano e impossibilidade de sua reconstituição, ou separação sem culpa, ou separação-falência (art. 1.572, § 1º, NCC) e

3) separação judicial por doença mental grave, manifestada após o casamento, também sem culpa e chamada de separação-remédio (art. 1.572, § 2º, NCC).

---
[103] Idem, p. 199.
[104] Oliveira e Muniz. Op. cit., p. 456.

Não houve apenas uma mudança redacional no art. 1.572 e §§, na comparação com a Lei do Divórcio (art. 5º), mas se manteve a disciplina anterior da separação judicial litigiosa com causa culposa e sem causa culposa.

A separação judicial litigiosa ou com causa culposa é contenciosa e segue o rito ordinário, cabendo reconvenção, nos termos do Código de Processo Civil. É uma separação-sanção, isto é, *sanção a uma violação de algum dos deveres conjugais ou a uma conduta desonrosa que torne a vida em comum insuportável.*[105]

Tem-se, portanto, audiência e ouvida de testemunhas, para a prova da causa culposa da separação. Não há separação com causa culposa sem a prova da existência da causa culposa. Improvada esta, como invocada na inicial, a ação deve ser julgada improcedente, sob pena de chancelarmos ofensas gratuitas ao outro cônjuge, como se tivessem ocorrido. Não se olvide que causa ofensiva não provada pode gerar responsabilidade civil.

A separação litigiosa, como sabemos, pode ser convertida em separação consensual, quando as partes poderão emendar a inicial na própria audiência de conciliação, dispondo a respeito das demais cláusulas da separação consensual, em obediência aos arts. 1.120 e ss. do CPC.

O *caput* do art. 1.572, NCC, dispõe, primeiro, a respeito da *legitimidade* para o ajuizamento da separação judicial, ou seja, *qualquer um dos cônjuges* poderá propor a ação de separação judicial contra o outro, o que não apenas acerta o *caráter personalíssimo* da ação, mas a igualdade conjugal. No mesmo sentido, indica o parágrafo único do art. 1.576: *o procedimento judicial da separação caberá somente aos cônjuges, e, no caso de incapacidade, serão representados pelo curador, pelo ascendente ou pelo irmão.*

Quando o cônjuge invoca uma das causas para embasar a separação, estamos diante das chamadas *causas facultativas* de dissolução da sociedade, ou seja, causas onde *é requisito, em todas as suas espécies, a impossibilidade de continuação ou reconstituição da vida em comum.*[106]

Obviamente, o pedido fundado na culpa *supõe réu imputável, isto é, que tenha discernimento e possibilidade de autodeterminação livre.*[107]

Se houver o falecimento de um dos cônjuges no curso da ação, ela deve ser extinta. Como adverte Caio Mário da Silva Pereira:[108] *não have-*

---

[105] Fachin e Ruzyk. *Código Civil Comentado.* Op. cit., p. 234.
[106] Silva, Beatriz Regina Tavares da. Op. loc. cit., p. 1.292.
[107] Oliveira e Muniz. Op. cit., p.456.
[108] *In: Instituições de Direito Civil,* vol. 5, Rio de Janeiro, Forense, 1996, p. 143.

ria *interesse no seu prosseguimento, uma vez que as finalidades perseguidas são alcançadas com a morte, que vai além e põe termo ao próprio vínculo conjugal.*

Ao demais, não poderá o filho, o sobrinho ou o irmão do cônjuge ajuizar a separação judicial, dado seu caráter personalíssimo.

O antigo art. 5º, *caput,* da Lei do Divórcio, dispunha que a separação *pode ser pedida por um só dos cônjuges quando imputar ao outro conduta desonrosa ou qualquer ato que importe em grave violação dos deveres do casamento e torne insuportável a vida em comum.*

Agora, a nova lei *moveu* a expressão *conduta desonrosa,* como causa suficiente para dissolver a sociedade conjugal, levando-a como causa da *impossibilidade da comunhão de vida,* no art. 1.573, inc. VI, do NCC. A conduta desonrosa diz respeito a atos atentatórios à moral do outro cônjuge, atingindo os conceitos de boa fama e moralidade, como veremos oportunamente.

A propositura de uma ação de separação judicial litigiosa, nos termos do art. 1.572, *caput, NCC,* obviamente, pressupõe *um fato,* reputado como violador do matrimônio. Essa é a causa culposa. Aliás, temos visto o processar de ações fundadas apenas na *incompatibilidade de gênios* entre o casal, o que não é e nem nunca foi causa legal para a separação judicial. Esse tipo de ação, se não emendada no prazo legal, deve ser extinta, sob pena de processarmos um monstrengo jurídico de difícil término. Daí por que se exige a imputação (*rectius:* a acusação) de um cônjuge ao outro de violação de uma ou mais das causas ou atos que importem ofensa grave dos deveres do casamento e que torne(m) insuportável a vida em comum.

Como é curial, a convivência do casal pode trazer pequenos desacertos no dia-a-dia, os quais dependem da maleabilidade de cada um, do *jogo de cintura,* para que a sociedade conjugal prossiga como um acerto feliz e duradouro. Afinal, como lembra Kaspary,[109] *as contradições do dia-a-dia só podem desconcertar as pessoas sem experiência.* Destarte, não é qualquer ato que pode ser considerado como violador do matrimônio, a justificar o final da sociedade conjugal, mas apenas uma *violação grave,* a tornar *insuportável* a vida em comum.

A *insuportabilidade da vida em comum,* por seu turno, não é causa autônoma de separação conjugal, pelo que não pode ser invocada como *fundamento único* na petição inicial. A insuportabilidade da vida em co-

---

[109] Kaspary, Adalberto J. *Habeas Verba. Português para juristas.* Porto Alegre: Livraria do Advogado, 2002, p. 79.

mum *serve de balizamento à decisão judicial sobre o caso em concreto*,[110] isto é, ela é o resultado de outro fundamento violador do matrimônio invocado na inicial. Portanto, não basta que os cônjuges não mais se suportem, não mais queiram viver juntos, enfim, como disse Arnaldo Rizzardo:[111] *não se pode requerer a separação simplesmente porque os cônjuges não mais se toleram ou suportam a vida conjugal. Mas funda-se no fato, que é tão ilícito ou vulnerador das obrigações que não mais podem os cônjuges permanecer juntos.*

A insuportabilidade da vida em comum torna a convivência, *pelo menos para um dos cônjuges, irremediavelmente intolerável.*[112]

Não é de hoje que se critica a adoção do princípio da culpa na separação judicial. Um dos fundamentos é o de que fica muito difícil saber-se, num relacionamento a dois, quem é o verdadeiro culpado.[113] Fala-se, então, em *princípio da ruptura*, ou *objetivação da ruptura*,[114] a fundamentar as separações judiciais nas quais se invoca uma causa culposa que não foi provada. Diz-se que a verificação da culpa ingressa num terreno escorregadio em que, via de regra, se volta apenas contra a condição feminina.

Não vamos adentrar nessa polêmica, porque não é o objeto de nosso trabalho. No entanto, calha expressarmos que a supressão completa do critério da culpa *acabaria também por provocar injustiças, uma vez que se passaria a valorizar positivamente, ainda que inconscientemente, atitudes negligentes, culposas e dolosas de um cônjuge em relação ao outro.*[115] Por outro lado, devemos observar que o novo Código, embora tenha conservado as causas de dissolução culposas, *eliminou as inadequações que existiam na legislação anterior quanto às suas conseqüências,* como adverte Regina Beatriz Tavares da Silva.[116]

Os atos que, atingidos, em princípio, importam em *grave violação dos deveres do casamento e tornam insuportável a vida em comum* são aqueles elencados no art. 1.566 e incs., acrescidos de outros previstos no art. 1.573 e incs. todos do NCC. Ademais, cabível outro *fato* não invocado

---

[110] Magalhães, Rui Ribeiro de. Op. cit., p. 122.
[111] In: Separação e Divórcio, *apud* Direito de Família Contemporâneo. Op. cit., p. 374.
[112] Fernandez, Atahualpa. *A suportabilidade da vida em comum.* Op. cit., p. 58.
[113] Por todos: Rodrigo da Cunha Pereira. A culpa no desenlace conjugal. *Repertório de Doutrina sobre direito de família,* vol. 4, São Paulo, RT, 1999.
[114] Como disse Fachin: "Constatada a impossibilidade da manutenção da vida em comum cumpre ao Estado-Juiz acolher o fim da união conjugal, zelando, é claro, pelos interesses dos filhos menores e para que um dos cônjuges não sobreponha ao outro seus interesses" (Conferência citada).
[115] Fernandez, Atahualpa. Op. cit., p. 45.
[116] *In: O novo Código Civil.* Artigo: Dissolução da sociedade e do vínculo conjugal. LTr, p. 1.299.

pelas partes, mas desnudado pelo julgador no curso da instrução, que torne evidente a impossibilidade da vida em comum, como está no parágrafo único do art. 1.573, NCC. Em outras palavras: o juiz pode invocar outra causa fática para *amparar* a separação judicial com causa culposa, sem haver violação a qualquer princípio processual.

Evidente, não há uma espécie de *responsabilidade objetiva* na prática dos atos arrolados como violadores do casamento, no sentido de que a sua mera e simples ocorrência implique término da sociedade conjugal. Afinal, o casamento é uma relação humana e, muitas vezes, o cônjuge perdoa, convive com a violação de um ou de algum (uns) dos deveres do casamento. Outras tantas, na própria audiência, as partes reconciliam-se, sendo que *a reconciliação apaga a causa da dissolução; ela é de ordem pública, pois tende a consolidar o vínculo matrimonial.*[117] Isso faz com que o ato se torne *suportável*, não grave o suficiente para fundamentar a separação judicial por causa culposa.

Afirma-se, portanto, que ao ato violador deve seguir a prova de que há *insuportabilidade da vida em comum*, o que é facilmente perceptível pelo juiz durante o transcorrer da audiência.

> **Art. 1.572.** (...)
> § 1º A separação judicial pode também ser pedida se um dos cônjuges provar ruptura da vida em comum há mais de 1 (um) ano e a impossibilidade de sua reconstituição.

A presente hipótese já era prevista na Lei do Divórcio (art. 5º, § 1º) e trata da chamada separação pela ruptura da vida em comum, separação sem culpa ou com causa objetiva. Essa separação pode dar-se forma consensual ou litigiosa, vindo a solucionar aquela hipótese na qual um dos cônjuges, por espírito de vingança, se nega a conceder a separação judicial, mesmo já não existindo vida em comum.

Suprimiu-se da lei antiga a palavra *consecutivo*, que estava ligada à ruptura da vida há mais de um ano, como constava do § 1º do art. 5º da Lei do Divórcio (*... provar a ruptura da vida em comum há mais de um ano consecutivo, e a impossibilidade de sua reconstituição*), mantendo-se igual no restante do texto. Apesar da supressão, entende-se que a ruptura da vida em comum deve ser *por mais de um ano*, subentendendo-se consecutivo. A ruptura de vida de que trata este artigo *entende-se um tipo de separação de fato,* sem a vida afetiva nesse período.[118] Não se pode confundir ruptura da vida em comum há mais de um ano com abandono do lar.

---

[117] Fernandez, Atahualpa. Op. cit., p. 88.
[118] Rizzardo, Arnaldo. Op. cit., p. 382.

Discute-se em sede doutrinária se a separação do casal deve ser em residências diversas, porque, para uns, *a ruptura da vida em comum não exige afastamento físico ou material. Tal seja o ambiente doméstico e o relacionamento pessoal dos cônjuges, que será lícito configurar a ruptura, não obstante permaneçam os cônjuges residindo sob o mesmo teto.*[119]

Em princípio, as partes devem ficar separadas por mais de um ano, não apenas de teto, mas também de leito, de modo a comprovar-se a cessação da *plena comunhão de vida.* Se os cônjuges, mesmo separados, residirem sob o mesmo teto, a prova de ruptura ficará mais difícil, porque restará a impressão não apenas de que não houve qualquer ruptura, mas de que pode haver reconstituição da vida em comum a qualquer momento.

Discute-se em sede doutrinária e jurisprudencial a respeito do prazo de separação fática, isto é, se o prazo de mais de um ano pode consumar-se durante a tramitação do processo ou deve já estar consumado ao ajuizamento da inicial. A orientação técnica é a de que tal prazo (mais de ano) já deve estar consumado ao ajuizamento da inicial, porque se trata de prazo de direito material. Tem-se entendido, porém, pela moderna processualística da efetividade do processo, se considera o curso do prazo processual para o efeito da separação fática. Há polêmica a respeito, pelo que o Ministério Público pode até interpor recurso. Assim, o melhor é não arriscar e aguardar o decurso do prazo material.

O que deve ser provado, porém, por prova testemunhal ou documental é que o casamento não subsiste há mais de um ano, tanto que resta impossível a sua reconstituição. As partes podem conviver civilizadamente, mas não se amam, porque quebrada a comunhão plena de vida, ou as partes não convivem e nem se suportam, sendo que, em qualquer caso, a separação pode ser concedida.

Na hipótese, não se discute a respeito da culpa de um ou de outro cônjuge, ou seja, prova-se apenas o tempo de separação (mais de um ano). Assim, *tanto pode ser postulada pelo cônjuge que é vítima da separação, como por aquele que é o responsável pelo rompimento,*[120] mas nem de longe se menciona na petição inicial a circunstância que, eventualmente, ocasionou a separação.

> § 2º O cônjuge pode ainda pedir a separação judicial quando o outro estiver acometido de doença mental grave, manifestada após o casamento, que torne impossível a continuação da vida em comum, desde que, após uma duração de 2 (dois) anos, a enfermidade tenha sido reconhecida de cura improvável.

---

[119] Pereira, Caio Mário da Silva. *Op. cit.*, p. 150.
[120] Idem, p. 150.

Aqui temos a chamada *separação-remédio*, fundada em grave doença mental, sem causa culposa. Era e é de rara ocorrência na vida forense, porque existe a possibilidade de se obter a separação ou o divórcio sem a invocação de tão grave motivação.

Como temos visto, na vida prática, tem-se utilizado, equivocadamente ao nosso sentir, a expressão *separação-remédio* para outras hipóteses que não a do § 2º ora em estudo.

Sob os pontos de vista de solidariedade, de humanidade, de religiosidade e de caridade, realmente, é criticável o dispositivo. Aliás, até porque a *mútua assistência* é um dos deveres do casamento (art. 1.566, inc. III, NCC).

Ocorre, porém, que ninguém deve ser compelido a assumir indefinidamente a doença mental de outra pessoa. Temos observado que as doenças mentais realmente graves e crônicas, que são aquelas que fundamentam a separação judicial, tornam insuportável não apenas a vida em comum, mas a própria vida individual de um e de outro dos cônjuges. O cônjuge sadio, tão envolvido pela doença do(a) esposo(a), acaba adoentado mentalmente. Muitos cônjuges acabam contraindo outras doenças (depressão, estresse etc.), em virtude do diário acompanhamento ao mentalmente enfermo, tornando-se enfermeiras(os) práticas(os) e freqüentadores contumazes de salas de clínicas e de hospitais.

A lei faz referência apenas à *doença mental*, e não a outras moléstias, sendo que aquela deve ser de *gravidade comprovada*.

A hipótese também já estava prevista na lei antiga (art. 5º, § 2º, LD), mas agora se reduziu o prazo de duração da enfermidade mental, que era *de cinco para dois anos*.

São requisitos da incidência da regra:

a) surgimento de doença mental grave, ou seja, devidamente atestada; b) doença mental grave surgida depois do casamento; c) duração mínima de dois anos; d) cura improvável e e) impossibilidade da continuação da vida em comum.

Como se vê, não é qualquer desvio mental que justifica a separação-remédio, afinal, existem muitas e muitas doenças mentais que podem absorver um adequado tratamento médico. Também, não é a doença mental momentânea, nem a doença física. Exige a lei que a doença seja *mental e grave*, de cura improvável e prolongada, tais como: esquizofrenia, psicose maníaco-depressiva, oligofrenia, personalidades psicopáticas e outras atestadas por perícia médico-psiquiátrica. A propósito, não é qualquer médico que pode atestá-la, mas somente o profissional com especialidade na área da Psiquiatria. Se a Comarca não possuir tal facultativo, a perícia deve ser realizada em centro maior, mas não se pode dispensar a palavra de um *expert*.

Não se consideram doença mental grave os vícios em geral, tais como: a embriaguez e a utilização de substâncias psicotrópicas, as quais podem configurar outras hipóteses de rompimento da sociedade conjugal – conduta desonrosa, por exemplo.

Não é necessário existir *prova* de que os cônjuges eram sadios à época do casamento, ou seja, que não havia qualquer resquício de doença mental no cônjuge agora doente. Mesmo que o cônjuge tenha se casado com alguém que se encontrava em tratamento de doença mental, poderá invocar licitamente essa causa como fundamento da separação litigiosa. A lei exige que, em tal caso, o cônjuge ainda faça o acompanhamento ao outro pelo prazo de dois anos, até constatar que a doença não tem reversão. A interrupção desse prazo de dois anos, por períodos de melhora, não o interrompe e nem o suspende, porque, como se afirmou, a doença mental grave abala também a saúde mental do cônjuge que está próximo.

A prova pericial é de rigor, não podendo o juiz louvar-se apenas em prova testemunhal e muito menos em seu "conhecimento" pessoal.

A impossibilidade de continuação da vida em comum pode ser presumida, isto é, *o juiz não pode ser rigoroso no exame da circunstância.*[121] Com efeito, existem casos onde resta estampada a falta de convivência que decorre da doença mental grave.

> § 3º No caso do § 2º, reverterão ao cônjuge enfermo, que não houver pedido a separação judicial, os remanescentes dos bens que levou para o casamento, e se o regime dos bens adotado o permitir, a meação dos adquiridos na constância da sociedade conjugal.

De forma similar, mas não igual, o § 3º do art. 5º da Lei do Divórcio dispunha que, *nos casos dos parágrafos anteriores, reverterão, ao cônjuge que não houver pedido a separação judicial, os remanescentes dos bens que levou para o casamento, e, se o regime de bens adotado o permitir, também a meação nos adquiridos na constância da sociedade conjugal.*

A nova lei complicou, desnecessariamente, ao fazer expressa referência ao cônjuge enfermo e ao vincular-se o § 3º ao § 2º do art. 1.572.

Ocorre que o § 2º do art. 1.572, NCC, trata *apenas* da separação ajuizada pelo cônjuge *sadio* (autor) contra o cônjuge mentalmente *enfermo* (réu): *a separação pode ser pedida quando o outro estiver acometido de doença mental grave.*

---

[121] Rodrigues, Silvio. *Comentários ao Código Civil.* Vol. 17, São Paulo, Saraiva, 2003, p. 157.

O § 3º, então, ao dispor que, *no caso do §2º*, isto é, quando o cônjuge sadio ajuíza a ação contra o adoentado (réu), reverterão ao cônjuge *adoentado (enfermo-réu), que não houver pedido a separação judicial*, os remanescentes dos bens...

Ora, o cônjuge adoentado é o réu, que jamais poderá pedir a separação judicial contra o cônjuge sadio, amparado pela hipótese do § 2º, tal como consta do §3º. Então, em qual hipótese se aplicaria o §3º?

O que se deve entender, embora a dubiedade de redação da lei, é que o parágrafo deve ser considerado como *uma sanção*, no caso de o cônjuge sadio ajuizar a separação contra o enfermo, havendo prevalência de proteção aos bens deste. Como diz Silvio de Salvo Venosa:[122] *a lei procura punir o cônjuge requerente, protegendo o outro com tudo o que remanescer dos bens que trouxe para o casamento, além de sua meação.*

No fundo, o dispositivo tem sua razão de ser, porque a falta de proteção aos bens do mentalmente enfermo, pode propiciar um enriquecimento ilícito do cônjuge sadio.

Art. 1.573. Podem caracterizar a impossibilidade da comunhão de vida a ocorrência de algum dos seguintes motivos:

A lei utiliza diferentes expressões que dão a entender igual significado. Afinal, qual a diferença entre um ato que torna *insuportável a vida em comum* (art. 1.572, *caput*) de outro que caracteriza a *impossibilidade da comunhão de vida* (art. 1.573, *caput*)? Na verdade, parece-nos que um ato que torna insuportável a vida de um casal caracteriza a impossibilidade da sua comunhão de vida.

Por outro lado, o motivo que *torna impossível a continuação da vida em comum* (art. 1.572, § 2º, NCC), fatalmente, torna *impossível a sua reconstituição* (art. 1.572, § 1º, NCC). O *fato que torna evidente a impossibilidade da vida em comum* (art. 1.573, parágrafo único, NCC) torna *insuportável a vida em comum*. Como se vê, tais conceitos não resultam muito claros na lei codificada, mas são equivalentes.

Nesse artigo, a lei arrola motivos ou atos facultativos, ou seja, verdadeiras *cláusulas gerais*, que *podem* caracterizar a impossibilidade de o casal viver em comum. Não se trata de um rol taxativo, mas *exemplificativo*,[123] porque outros atos podem existir e caracterizarem violação aos deveres do casamento. Não fosse assim, não teria sentido o parágrafo único do art. 1.573, NCC: *O juiz poderá considerar outros fatos, que tornem evidente a impossibilidade da vida em comum.*

---

[122] *Direito Civil, Direito de Família*. Op. cit, p. 231.
[123] No mesmo sentido: Fachin e Ruzyk. *Código Civil Comentado*. Op. cit., p. 237.

São atos cuja clareza e objetividade os esgota em si mesmo, como causa ensejadora da separação judicial litigiosa. No entanto, não se descaracterizam as hipóteses de reconciliação, tolerância ou perdão, como afastadoras das hipóteses violadoras dos deveres do casamento.[124]

I – adultério;

Na Lei do Divórcio, o adultério não figurava como causa explícita de separação judicial litigiosa, mas ele ingressava no amplo rol de *conduta desonrosa ou ato violador dos deveres do casamento.*

Como ensinam Muniz e Oliveira,[125] *entende-se por adultério a prática voluntária de relações sexuais com pessoa pertencente ao sexo oposto que não seja o cônjuge.*

O adultério, de fato, viola o *dever de fidelidade* que deve existir entre os cônjuges, viola a fidelidade conjugal, a fidelidade mútua ou recíproca. Em sendo o casamento monogâmico, o consorte deve abster-se de praticar relações sexuais com terceiros.

A fidelidade recíproca é o primeiro dos deveres do casamento (art. 1.573, inc. I, NCC), sendo que *o dever de fidelidade pode ser conceituado como a lealdade, sob o aspecto físico e moral, de um dos cônjuges para com o outro, quanto à manutenção de relações que visem satisfazer o instinto sexual dentro da sociedade conjugal.*[126]

Obviamente, não podemos deixar de sopesar o *animus* do cônjuge traidor e do cônjuge traído, porque apenas a prática consciente e repudiada do ato sexual com terceiro é que configura a motivação de adultério. Por isso se diz que é ato voluntário, uma vez que, provada a falta de voluntariedade, o adultério pode ser descaracterizado. Afinal, *o perdão e a conivência do outro cônjuge são fatores a darem ao adultério inconsistência para dissolver a vida conjugal,* como advertia Edgard de Moura Bittencourt.[127]

A traição recíproca, suscitada em reconvenção, embora possa ser invocada, não ampara nenhum dos cônjuges na separação judicial por motivo de adultério.

O Código Penal ainda prevê o adultério como crime (art. 240, CP), cuja pena varia de 15 dias a 6 meses de detenção, sendo que a ação penal é personalíssima, do cônjuge ofendido, através de queixa-crime, que *somen-*

---

[124] A propósito, ver o excelente estudo de Atahualpa Fernandez, referido na bibliografia.
[125] Op. loc. cit., p. 457.
[126] Silva, Regina Beatriz Tavares da. *Novo Código Civil Comentado.* Op. cit., p. 1.365.
[127] *In: Família.* 5ª ed. São Paulo, Millennium Editora, 2003, p. 80.

te pode ser intentada dentro de 1 (um) mês após o conhecimento do fato (§ 2º).

Evidentemente, as maiores dificuldades existem no campo probatório, porque a prova *nem sempre se revela de certeza absoluta e, por vezes, decorre de elementos indiciários, presuntivos e circunstanciais, aceitáveis como em casos de fatos praticados às ocultas.*[128]

Fala-se, também, do *quase-adultério*, como causa suficiente para a separação judicial, que é a traição, *quando não consumado o encontro amoroso; pela exteriorização de atos que identificam a aproximação afetiva entre o cônjuge e a terceira pessoa.*[129] Inclui-se aqui uma novidade a ser considerada, que é o *adultério virtual*, que se dá pela rede de computadores e pode ensejar separação judicial.

O denominado *adultério casto, resultante de inseminação artificial* não é grave violação dos deveres do casamento, porque na inseminação artificial não existe relações sexuais com pessoa diversa do cônjuge.[130]

II – tentativa de morte;

O atentado contra a vida do outro cônjuge é causa de separação judicial litigiosa, porque, além de se tratar de um ataque à vida da pessoa, atenta contra o respeito e a consideração mútuos, que devem existir entre os cônjuges, como deveres do casamento. Resta, também, violado o inc. V do art. 1.566, NCC, portanto.

Não se confunde o atentado contra a vida do cônjuge com as lesões corporais, que podem configurar sevícias, atos de tortura, maus-tratos físicos ou injúria grave. Claro, tanto uns, quanto outros violam direitos da personalidade, da integridade física e configuram causa de separação judicial, mas aquela (tentativa de morte) é mais grave, dizendo respeito à agressão atentatória contra a vida do outro cônjuge.

Para o inc. II exige-se o dolo de matar do agente, ou seja, a vontade livre e deliberada de matar o outro cônjuge. É preciso observar-se, porém, que a prova desse dolo só será aferida para o fim de capitulação no inc. II, ora em estudo, pois, mesmo não provado o dolo direto, mas provada a agressão física, podemos estar diante de outra causa de separação, que o julgador poderá considerar para a decretação do fim da sociedade conjugal.

Não se exige que a tentativa seja pronunciada pela justiça criminal, seja pela desnecessidade de instauração do inquérito policial, seja pela

---

[128] Idem, p. 82.
[129] Amorim e Oliveira. Op. cit., p. 201.
[130] Pereira, Áurea Pimentel. Op. cit., p. 43.

desnecessidade de competente ação penal ou sentença de pronúncia. Claro que, havendo esta, independe de sua manutenção, restará clara a tentativa de morte.

Ademais, como se disse alhures, *a violação está presente mesmo quando se tenta levar o outro cônjuge à morte sob forma penalmente distinta de homicídio, como, por exemplo, na tentativa de levar o outro ao suicídio.*[131]

III – sevícia ou injúria grave;

Tanto na sevícia, quanto na injúria grave, são atingidos também os deveres de respeito e consideração mútuos que devem vigorar no casamento. Há o atingimento do art. 1.566, inc. V, NCC.

A *sevícia* é a ofensa física ou moral praticada por um cônjuge contra o outro. Trata-se de termo técnico emprestado do Direito Penal, quando significa toda ordem de maus-tratos contra a pessoa, as agressões em geral, as lesões corporais, enfim, atos que atingem a integridade física ou mental do cônjuge agredido. Ela abarca a tortura, os maus-tratos, enfim.

Injúria grave é termo amplo, que absorve todas as demais formas de agressão de um cônjuge contra o outro, que não estiverem enquadradas nas demais hipóteses. Pode ocorrer uma agressão qualquer, que não se enquadre em sevícia ou maus-tratos, mas com *animus injuriandi*, que configura a injúria grave.

Através da injúria grave *são atingidas a honra, a dignidade, a boa fama, a honestidade e a própria personalidade do cônjuge,* como adverte Arnaldo Rizzardo.[132] Enfim, através dela o cônjuge sente-se menosprezado, humilhado, atingido na boa fama.

Na avaliação da gravidade da injúria, o juiz deve mover-se com certo cuidado, porque deve ter em conta o meio em que vive o cônjuge ofendido, como adverte Áurea Pimentel Pereira:[133] *há que se levar em conta a sensibilidade do cônjuge que se diz ofendido, seu grau de educação, o meio social em que vive.*

Não há necessidade da reiteração dos atos, tanto para a sevícia, como para a injúria grave. Todavia, os atos injuriosos anteriores ao casamento não podem ser invocados como causa atualizada de separação, porque foram abrangidos pelo perdão ou pela reconciliação.

A embriaguez habitual ou vício em substância tóxica, *v.g.*, não configura doença mental, para tipificar eventual separação-remédio, mas pode

---

[131] Oliveira e Muniz. Op. loc. cit., p. 460.
[132] Op. cit., p. 367.
[133] *Divórcio e Separação Judicial*. Op. cit., p. 48.

ser entendida como ato de injúria grave, a caracterizar a impossibilidade da comunhão de vida.

Outros atos que importam em injúria grave: recusa ao dever de coabitação, recusa ao débito conjugal, contaminação por doença venérea, ofensa irrogada nos autos de processo judicial ou na via pública, dentre outros.

IV – abandono voluntário do lar conjugal, durante 1 (um) ano contínuo.

Como se sabe, outro dos deveres do casamento é a *vida em comum, no domicílio conjugal* (art. 1.566, inc. II, NCC). É o dever de convivência sob o mesmo teto. Apenas em situações excepcionais é que os cônjuges se casam e ficam residindo em locais diversos.

Na hipótese, dá-se a *deserção* do lar, isto é, o abandono desejado (voluntário), com o *animus* de não mais retornar ao lar comum durante o prazo de um ano contínuo. Destarte, a separação involuntária (casos de certas profissões, *v.g.*) não pode ser invocada para este fim, dure o tempo que durar.

O prazo não pode sofrer qualquer interrupção, ou seja, exige-se a continuidade por um ano. Eventual interrupção, com o retorno ao lar, por exemplo, determina um recomeço de contagem no prazo.

É preciso observar-se que, muitas vezes, ocorre um abandono voluntário, mas justo, seja porque a mulher sente-se ameaçada pelo homem, amedrontada, com medo de recorrer à justiça e de buscar os seus direitos, seja porque foi expulsa de casa pelo marido. Nesse caso, o varão não pode invocar o abandono pela mulher.

Finalmente, não se confunda abandono voluntário do lar, que é a não-presença, com a hipótese de ausência, esta também causa de término da sociedade conjugal e dissolução do vínculo matrimonial, como vimos no art. 1.571, §1º, NCC. No abandono do lar está presente a voluntariedade do agente, o que não se percebe na ausência; no abandono, geralmente, sabe-se o local onde se encontra o cônjuge, assim como se sabe que está vivo, o que inocorre na ausência.

V – condenação por crime infamante;

O inciso prevê hipótese de *condenação*, isto é, a existência de uma sentença penal condenatória transitada em julgado, por *crime infamante*, contra o cônjuge, que é o demandado na separação judicial. A condenação, obviamente, prevê sentença transitada em julgado, diante do princípio constitucional da presunção de inocência.

Nesse caso, não se exige que a condenação tenha sido por crime praticado contra o cônjuge inocente, porque a lei civil se refere à natureza do crime, que deve ser *infamante,* ou seja, desimporta o sujeito passivo.

Como a lei não conceitua *crime infamante*, parece ter ficado tal interpretação a cargo do magistrado, o que trará certa dificuldade como todo conceito aberto. *Crime infamante é aquele que, pelos meios empregados pelo agente e pelas circunstâncias de sua realização, provoca no meio social enorme reprovação, pela repulsa que vem a causar.*[134]

Na espécie, a difícil missão será do juiz de família, que terá de vislumbrar, diante de uma sentença penal condenatória, se está à frente de um *crime infamante*, mesmo que a sentença não o diga expressamente. Afinal, não é da tradição penal brasileira fazer uso do conceito de *crime infamante*.

Num lado mais simples, toda condenação penal é infamante, porque a infâmia é um dano feito à reputação social de alguém, é uma desonra à pessoa. Sob este aspecto, qualquer condenação criminal estaria apta a atingir a boa fama não apenas do réu, mas também a de seus familiares e, dentre eles, o cônjuge.

Segundo Áurea Pimentel,[135] *não haverá maior dificuldade para caracterizar-se um delito como crime infamante se tiver presente, para fins de caracterização, o grau de infâmia, no ato delituoso contido, isto é, a ignomínia, a torpeza, que o tenha cercado, facilmente identificáveis nos chamados crimes contra os costumes (...).*

É preciso certa atenção, porém, uma vez que a parte pode não ter a seu favor uma sentença penal condenatória por crime infamante, como exige a lei, e, mesmo assim, ter havido quebra dos deveres do matrimônio. A absolvição por um crime contra os costumes, p. ex., pode motivar a autora ao ajuizamento da ação por adultério, por quebra do dever de mútuo respeito, por conduta desonrosa ou por injúria grave. Em outras palavras: o cônjuge não precisa esperar a demorada tramitação de um processo penal para ter a seu favor uma causa de separação judicial.

VI – conduta desonrosa.

Essa hipótese constava do *caput* do art. 5º da Lei 6.515/77 – conduta desonrosa – sendo que a nova lei civil a trouxe como item V do art. 1.573, NCC, mas com igual sentido.

Diz-se que *conduta desonrosa* é todo o procedimento do cônjuge que atinja, direta ou indiretamente, a moralidade comum, ou com ferimento à honra, à boa fama, à dignidade do outro cônjuge. Vê-se, pois, a proximidade deste item com os anteriores, como lá referimos.

---

[134] Diniz, Maria Helena. *Dicionário Jurídico*, Vol. 1, São Paulo, Saraiva, 2001, p. 946.
[135] Op. cit., p. 59.

Segundo Yussef Cahali,[136] *configura-se a conduta desonrosa no ato ou comportamento imoral, ilícito ou anti-social de um dos cônjuges que, infringindo os deveres implícitos do matrimônio, provoca no outro cônjuge um estado ou situação de constrangimento, humilhação, desprestígio moral ou social, desconsideração no ambiente da família, do grupo ou da sociedade.*

Para Caio Mário da Silva Pereira,[137] para a conduta desonrosa *é de se considerar todo comportamento de um dos cônjuges que implique granjear menosprezo no ambiente familiar ou no meio social em que vive o casal.* Seriam exemplos: o alcoolismo, o homossexualismo, a prática de crime que não fique abrangida no inciso V deste, o vício ou a utilização de substâncias tóxicas, a aversão ao trabalho, o envolvimento do cônjuge em indiciamentos policiais, o exercício de lenocínio, enfim, atos que atinjam a instituição familiar fazendo com que o cônjuge ofensor perca o amor próprio, perca o amor do cônjuge ofendido e o respeito dos filhos.

É preciso uma advertência, uma vez que, para muitos comportamentos de cunho penal poderá restar alguma dúvida, sendo necessário descobrir *em que medida tal comportamento possa ter causado ao cônjuge inocente desonra, investigação que deve ser feita levando em conta o meio social dos cônjuges, sua educação e a delicadeza de seus sentimentos.*[138]

Novamente, podemos enquadrar a expressão *conduta desonrosa* como *cláusula geral*, isto é, *um comportamento desonesto que torna ao cônjuge impossível a vida em comum, constatação a que se chega mediante uma valorização judicial concreta, sem que para isso haja um paradigma ideal.*[139]

Parágrafo único. O juiz poderá considerar outros fatos que tornem evidente a impossibilidade da vida em comum.

O dispositivo permite ao magistrado considerar *outros fatos* para justificar a separação judicial, o que nos permite afirmar que estamos diante de outra *cláusula geral* do novo Direito de Família.

Trata-se de uma novidade na lei civil, a qual pode ser de grande auxílio no reforço das causas culposas invocadas quando da separação ou uma *senda* pela qual *deverá enveredar a jurisprudência, mantendo a tendência de abstração da culpa.*[140]

---

[136] *Divórcio e Separação.* Op. cit., p. 391.
[137] Op. cit., p. 147.
[138] Pereira, Áurea Pimentel. Op. cit., p. 60.
[139] Silva, Clóvis do Couto. Conferência cit., p. 149.
[140] Santos, Luiz Felipe Brasil. Art. cit., p. 144.

É preciso não confundirmos, porém, *fatos simples* com *fatos jurígenos*, que, eventualmente, não tenham sido invocados na inicial, mas que são adotados pelo juiz para demonstrar evidente a impossibilidade de vida em comum.

Como se sabe, *o direito nasce dos fatos*. Como bem ensina Milton Paulo de Carvalho,[141] *nem todo fato é jurígeno; há fatos simples*. Parece-nos que, no caso, a lei se referiu a *fatos jurígenos*, ou seja, *carregados de efeito pelo ordenamento jurídico, fato que é causa eficiente de uma pretensão processual*.

O que a lei permite é que o juiz possa considerar ou *fundamentar* a separação judicial com *outros fatos jurígenos* que, embora não mencionados na inicial, *corroborem* a motivação invocada, no sentido de que as partes não mais poderão viver sob o mesmo teto, porque impossibilitada a vida em comum.

A quebra da comunhão plena de vida, *v.g.*, é fato jurígeno suficiente a motivar a decretação da separação, porque é um pressuposto do casamento.

Evidentemente, ditos fatos devem restar provados no processo e não serem adotados por mera suposição judicial.

> **Art. 1.574.** Dar-se-á a separação judicial por mútuo consentimento dos cônjuges se forem casados por mais de 1 (um) ano e o manifestarem perante o juiz, sendo por ele devidamente homologada a convenção.
> **Parágrafo único.** O juiz pode recusar a homologação e não decretar a separação judicial se apurar que a convenção não preserva suficientemente os interesses dos filhos ou de um dos cônjuges.

O presente artigo trata da denominada separação consensual, por mútuo consentimento ou separação amigável, o qual se encontra *perdido entre as regras que regulamentam a separação litigiosa*.[142]

Já havia previsão anterior, no art. 4º da Lei 6.515/77 (Lei do Divórcio), sendo que o art. 34, § 2º, mesma lei, previa a possibilidade de o juiz recusar a homologação da separação consensual, tal como se encontra no parágrafo único do art. 1.574, NCC.

A separação por mútuo consentimento dá-se quando os cônjuges estão firmes e decididos a se separarem, uma vez que, na relação, não resta rancor e nem amor. Como diz Rizzardo: *ambos os cônjuges exprimem, de comum acordo, a vontade de se separarem, não invocando nenhuma causa legal para embasar o pedido; representa um modo mais racional e obje-*

---

[141] *In: Do pedido no processo civil.* Porto Alegre, Fabris, 1992. p. 81.
[142] Dias, Maria Berenice. *Da Separação e do Divórcio.* Op. loc. cit., p. 79.

tivo de dissolução da sociedade conjugal, por determinar o silêncio sobre as causas e motivos determinantes.[143]

A lei revogada (Lei 6.515/77) exigia que, para os cônjuges postularem a separação consensual, o casamento tivesse ocorrido há mais de dois anos. Agora o prazo ficou reduzido a um ano. Aqui pode ocorrer igual polêmica a respeito desse prazo, mas se exigência do direito material e o tempo de casamento deve ser rigidamente obedecido. Se o Ministério Público constatar tal violação relativa ao prazo deve apontá-la ao magistrado, para que não se homologue a separação.

O procedimento legal para essa separação está previsto nos arts. 1.121 a 1.124 do Código de Processo Civil. O juiz ouvirá as partes, e o Ministério Público analisará as condições do acordo e a documentação acostada; se nenhum óbice for encontrado, o acordo poderá ser homologado.

No acordo que é submetido ao julgador, os separandos dispõem a respeito da guarda dos filhos, da pensão alimentícia e do nome dos cônjuges. Não há necessidade de apresentarem plano de partilha dos bens, mas é conveniente que o façam.

Assegura-se ao juiz, no parágrafo único do art. 1.573, NCC, a faculdade de não homologar o acordo, quando apurar que a convenção não preserva com suficiência os interesses dos filhos ou de um dos cônjuges. Dificilmente ocorre a incidência desse dispositivo. De qualquer forma, fica o magistrado com essa possibilidade de não homologar o acordo, antes que suas cláusulas fiquem devidamente esclarecidas. Muitas vezes, surgem cláusulas dúbias, pessimamente redigidas, que possibilitam algum litígio posterior e isso pode ser evitado pela não-homologação do acordo.

Se um dos cônjuges se arrepender e quiser *rediscutir* as cláusulas já homologadas, para tanto não serve a apelação. O único caminho é a ação de nulidade contra o ato sentencial, porque as partes estavam devidamente acompanhadas do(s) seu(s) advogado(s) e não podem alegar terem sido lesadas em ato meramente homologatório da própria vontade.

No atual parágrafo único, substituiu-se da lei antiga a frase *se comprovar (...)* para *se apurar que a convenção não preserva suficientemente os interesses dos filhos ou de um dos cônjuges*, com o que não houve modificação digna de nota.

Os interesses dos filhos menores de idade são amplos e inseridos na política do seu melhor interesse. Por isso, não se deve homologar acordos que lesem os interesses da criança, cabendo ao Ministério Público fiscalizar devidamente as questões relativas aos alimentos, à guarda e à visitação.

---

[143] Op. loc. cit., p. 302.

Da decisão do juiz que não homologa a convenção e determina o encerramento e arquivamento do processo é cabível o recurso de apelação. Se o juiz negar a homologação e houver apelo, o Tribunal examinará o mérito e pode reformar a sentença, homologando a separação, ou anulá-la, *mandando que o juiz profira nova, com a reabertura de provas ou reapreciação das existentes.*[144]

Os efeitos da sentença homologatória são *ex tunc*, ou seja, retroagem desde o acordo celebrado pelos separandos.

Não há litígio nesse tipo de separação, e a jurisdição é voluntária.

Faz-se necessária a intervenção do Ministério Público, que pode interpor qualquer recurso, porque age como *custos legis*. Os efeitos da apelação eventualmente interposta são o devolutivo e o suspensivo.

Art. 1.575. A sentença de separação judicial importa a separação de corpos e a partilha de bens.
Parágrafo único. A partilha de bens poderá ser feita mediante proposta dos cônjuges e homologada pelo juiz ou por este decidida.

A experiência forense possibilitava a separação judicial sem a partilha de bens. Agora, porém, o dispositivo transcrito traz certa perplexidade diante do disposto no art. 1.581, NCC, *verbis*: o divórcio pode ser concedido sem que haja prévia partilha de bens.

O art. 1.575, NCC, não tem uma redação das mais escorreitas, porque não é *a sentença de separação* que *importa* a separação de corpos do casal, uma vez que esta tanto pode ser obtida em procedimento autônomo – via cautelar –, como decorrer de mera separação de fato. Ademais, já há previsão de que a separação judicial põe termo aos deveres de coabitação (art. 1.576, NCC). Todavia, a regra como que *separa* a dimensão pessoal da dimensão patrimonial da vida em comum: uma coisa são os bens amealhados pelo casal, e outra é o regime de convivência que finda pela separação judicial e pelo divórcio.

A redação do art. 1.575, NCC, parece dar a entender que a partilha de bens é consectário lógico e necessário da sentença de separação judicial e isso inocorre. A leitura adequada do dispositivo *é a de importar a separação em partilha, quando ela decorrer de consenso ou de decisão judicial.*[145]

A separação judicial faz cessar a *sociedade* que havia entre os cônjuges, ou seja, determina a cessação do consórcio patrimonial existente entre o casal. Nesse aspecto – patrimonial –, o dispositivo analisado nem

---
[144] Idem, p. 154.
[145] Fachin e Ruzyk. Op. loc. cit., p. 239.

tem relevância, uma vez que, como já dissemos, o art. 1.581, NCC, permite que o divórcio seja concedido *sem que haja prévia partilha de bens*. Destarte, se o divórcio faz-se possível sem a prévia partilha dos bens, *evidente que a separação judicial pode ser decretada sem essa partilha*,[146] o que fará com que esta seja discutida posteriormente, pela ritualística do inventário de bens. Em outras palavras: tanto a separação, quanto o divórcio podem dar-se sem a prévia partilha de bens.

Claro, o artigo possibilita o aparecimento de certa dificuldade posterior, seja ao permitir uma situação condominial indefinida, como uma continuação *sui generis* do casamento, ou esconder uma litigiosidade latente e prestes a explodir. Afinal, depois da separação e do divórcio, muitas vezes, torna-se árdua a busca pelos bens que foram amealhados durante o casamento e/ou administrados por apenas um dos cônjuges depois da separação. Como se diz alhures, a expressão afável "meu bem", transforma-se na contundente questão: "onde estão os meus bens?!".

A previsão desse dispositivo constava na Lei do Divórcio, no art. 7º e §§ 1º e 2º, tratando-se dos efeitos da sentença de separação. A sentença é *constitutiva negativa, na medida em que produz a extinção de um estado jurídico existente operando a dissolução da sociedade conjugal.*[147]

Como sabemos, a separação de corpos do casal pode ser obtida em procedimento cautelar autônomo (art. 1.562, NCC), mas a separação *judicial* só se consolida depois da sentença. Com o trânsito em julgado desta é que se passa a contar o prazo para o divórcio por conversão (art. 1.580, NCC).

A sentença transitada em julgado deve ser levada (inscrita) no Registro Civil, sendo que, a partir daí, passa a ter força constitutiva em relação a terceiros.

Art. 1.576. A separação judicial põe termo aos deveres de coabitação e fidelidade recíproca e ao regime de bens.
Parágrafo único. O procedimento judicial da separação caberá somente aos cônjuges e, no caso de incapacidade, serão representados pelo curador, pelo ascendente ou pelo irmão.

No mesmo sentido, dispunha o art. 3º, *caput,* da Lei do Divórcio, ou seja, a separação judicial, tanto faz qual seja, termina com importantes deveres oriundos do casamento: coabitação, fidelidade recíproca e regime de bens, que são deveres recíprocos. O dever de alimentos – mútua assistência – pode persistir, dependendo da necessidade de um dos cônjuges.

---

[146] Silva, Regina Beatriz Tavares da. Op. cit., p. 1.379.
[147] Cahali, Yussef. *Divórcio e Separação*. Op. cit., p. 682.

Com a separação judicial, as partes não mais precisam ter vida em comum sob o mesmo teto, tal como determinou o art. 1.566, inc. II, NCC. O dever de coabitação decorre da mera união conjugal e é um eufemismo, para designar a convivência sexual entre os casados.

A *fidelidade recíproca*, dever imposto pelo art. 1.566, inc. I, NCC, ou seja, a necessidade de que cada um dos cônjuges só mantenha os olhos de amor para o outro, também cessa.

Obviamente, a separação judicial importa, também, no fim do *regime de bens*, aliás, até na partilha dos bens amealhados durante a união (art. 1.575, NCC). A partilha dos bens pode ser obtida mediante proposta dos cônjuges (ou de um deles) e homologada pelo juiz ou por este decidida (vide comentários), bem como ser adiada até para depois do divórcio. Embora se diga que o regime de bens inicia-se e mantém-se enquanto houver sociedade conjugal, precisamos ressalvar os casos de separação fática, ou cautelar, nos quais os bens ali adquiridos não se comunicam.

A propósito, é preciso distinguirmos separação de fato, separação judicial e separação de corpos. Aquela se dá quando os cônjuges não mais convivem, por vontade própria e sem a interveniência do Estado-Juiz, diante da decisão comum de não mais conviverem, sendo que *a separação judicial* dá-se por decreto do juiz. A separação de corpos – art. 1.562, NCC – decorre da vontade dos próprios cônjuges, chancelada pelo Estado, como conseqüência do decreto de separação ou por via cautelar. Ela importa, como o nome o diz, na separação fática do casal, apenas juridicizada. O prazo para o divórcio conta-se da medida cautelar deferida, da separação judicial ou da separação de fato.

Em se tratando de *ação personalíssima*, a via judicial de separação é reservada aos cônjuges. Isso já vimos nos comentários ao art. 1.572, NCC.

Apenas no caso de um dos cônjuges ser incapaz ou estar acometido de doença mental, é que se reserva a terceiros (curador) ou a parentes (ascendente e irmão) o ajuizamento ou a defesa na ação de separação judicial. Isso sem necessidade de decretação de interdição, que pode ser providenciada posteriormente, até pelo Ministério Público. Há regra similar em caso de divórcio, a teor do art. 1.582, parágrafo único, NCC: *Se o cônjuge for incapaz para propor a ação ou defender-se, poderá fazê-lo o curador, o ascendente ou o irmão.*

É preciso observar-se que a separação judicial não extingue a obrigação do cônjuge de prestar alimentos ao ex-cônjuge necessitado, como está disciplinado pelo art. 1.704, NCC. Mesmo que haja prova da *culpa pela separação*, ainda assim, atendidos os pressupostos do parágrafo único do art. 1.704, NCC, os alimentos serão prestados.

O separado judicialmente não pode casar-se até que ultimado seu divórcio, mas, mesmo separado de fato, pode constituir uma união estável.

> **Art. 1.577.** Seja qual for a causa da separação judicial e o modo como esta se faça, é lícito aos cônjuges restabelecer, a todo tempo, a sociedade conjugal, por ato regular em juízo.
> **Parágrafo único.** A reconciliação em nada prejudicará o direito de terceiros, adquirido antes e durante o estado de separado, seja qual for o regime de bens.

Mesmo separados judicialmente, forma consensual ou litigiosa, os ex-cônjuges podem desejar retornar ao estado anterior de casados, porque o casamento resulta da união de pessoas, e estas podem arrepender-se a respeito da decisão tomada ou mesmo reconciliarem-se. Por isso se diz que a sentença da separação judicial não produz coisa julgada material.

Destarte, sem previsão de prazo, desde que não ocorrido o divórcio, os cônjuges podem restabelecer a sociedade conjugal, com o que desaparecem os efeitos da sentença da separação. Trata-se, pois, do instituto da *reconciliação*, o qual *retoma a sociedade conjugal cujo vínculo não houvera, ainda, sido extinto*.[148]

Resumidamente, o *caput* do dispositivo analisado exige que assim como o juiz desfez a sociedade, o juiz a restabeleça por sentença homologatória da vontade das partes, em nada prejudicando o direito de terceiros que eventualmente tenha negociado com um ou outro dos cônjuges. Note-se: restabelecimento da sociedade conjugal e não se fala nisso em caso de divórcio. Neste (divórcio), apenas com novo casamento a sociedade conjugal pode ser reatada.

Tal previsão já constava da Lei do Divórcio (art. 46, Lei 6.515/77), sendo que o pedido se processa nos autos da separação judicial antes homologada.

O restabelecimento da sociedade conjugal *torna a convalidar o casamento nos estritos termos que antes vigiam, com o mesmo regime de bens e o mesmo nome que a mulher usava, não se admitindo qualquer condicionamento à observância de cláusulas ou condições*.[149] No mesmo sentido é a lição de Silvio Rodrigues.[150]

Ocorre, porém, que a nova lei civil permite a troca de regime de bens do casamento (art. 1.639, § 2º, NCC). Não vemos por que opor óbice à

---

[148] Fachin e Ruzyk. Op. cit., p. 241.
[149] Rizzardo, Arnaldo. Op. loc. cit., p. 412.
[150] *In: Comentários ao Código Civil.* Vol. 17. Op. cit., p. 183.

troca do regime de bens, em atenção à vontade dos cônjuges, uma vez que a própria lei toma suas cautelas: pedido motivado ao magistrado, procedência das razões invocadas e ressalva a direitos de terceiros. Nessa matéria, embora a precaução do legislador, não mais podemos ter os cônjuges como se agissem de má-fé, fossem débeis mentais ou não pudessem entender o que fazem com seu próprio patrimônio.

Quanto aos *efeitos da reconciliação*, diz-nos Áurea Pimentel Pereira:[151] *é evidente que se operam "ex nunc" a partir daquela, resguardando sempre direitos de terceiros que hajam contratado com o casal no período de separação judicial.*

> **Art. 1.578**. O cônjuge declarado culpado na ação de separação judicial perde o direito de usar o sobrenome do outro, desde que expressamente requerido pelo cônjuge inocente e se a alteração não acarretar:
> I – evidente prejuízo para sua identificação;
> II – manifesta distinção entre o seu nome de família e o dos filhos havidos da união dissolvida;
> III – dano grave reconhecido na decisão judicial.
> § 1º O cônjuge inocente na ação de separação judicial poderá renunciar, a qualquer momento, ao direito de usar o sobrenome do outro.
> § 2º Nos demais casos caberá a opção pela conservação do nome de casado.

O art. 1.578, incisos I a III e §§ 1º e 2º, do NCC, trata da disciplina do nome dos cônjuges na dissolução do casamento. Recomendamos a leitura de nosso título específico a respeito: o nome dos cônjuges no novo Código Civil.

> **Art. 1.579**. O divórcio não modificará os direitos e deveres dos pais em relação aos filhos.
> **Parágrafo único**. Novo casamento de qualquer dos pais, ou de ambos, não poderá importar restrições aos direitos e deveres previstos neste artigo.

A partir desse dispositivo, iniciamos o tratamento da matéria relativa ao divórcio, diante de previsão similar ao art. 27 e par. único da Lei 6.515/77.

Como se disse alhures, o casamento determina a assunção de direitos e deveres pelos cônjuges, seja entre um e outro, seja com relação aos filhos e a terceiros. Através do divórcio se extingue o vínculo do matrimônio, mas não finda os direitos e deveres dos pais em relação aos filhos, já consolidados quando da separação judicial. Obviamente, em sendo os filhos menores de idade, ainda continuam sob o *poder familiar* dos pais divorciados; em sendo filhos maiores, ainda restam os deveres de solidariedade familiar, principalmente, relativamente a eventual auxílio alimentar.

---

[151] *In: Divórcio e Separação Judicial no NCC*. Op. cit., p. 92.

Parece-nos que dos poucos direitos-deveres a serem atingidos pelo divórcio diz respeito à guarda dos filhos menores, que deve ser adequada para um dos ex-cônjuges, seja pela consensualidade ou por decisão judicial, mas sempre atendendo ao *best interest*. Veja-se a hipótese de o cônjuge que tem a guarda dos filhos desposar pessoa de má reputação ou cujo comportamento representa ameaça à formação da criança. O juiz pode privar aquele da guarda do filho, seja conferindo-a ao outro cônjuge ou até a terceiros, se for necessário.[152]

Com o divórcio, já se disse, os ex-cônjuges podem reconstruir a vida sentimental, inclusive, mediante novo casamento com terceira pessoa. Este novo casamento de qualquer dos pais, igualmente, não importa restrição em relação aos filhos. Em tal sentido dispõe o art. 1.588, NCC: o pai ou a mãe que contrair novas núpcias não perde o direito de ter consigo os filhos, que só lhe poderão ser retirados por mandado judicial, provado que não são tratados convenientemente.

A regra do parágrafo único do art. 1.573, NCC, porém, não é absoluta. Veja-se que com o divórcio de um dos cônjuges pode ocorrer novo casamento. Deste, decorrem outros encargos e podem nascer outros filhos, os quais têm direito a igual tratamento àqueles do leito anterior. A valer uma leitura apressada, não se poderia obter a diminuição dos alimentos anteriormente obrigados com os demais filhos e isso é equivocado.

Ainda, relativamente ao divórcio, manteve-se o divórcio direto, consensual e litigioso e o divórcio indireto ou por conversão (divórcio à brasileira), consensual ou litigioso, como veremos. Em qualquer caso, não se modificam os direitos e deveres dos pais em relação aos filhos.

Art. 1.580. Decorrido 1 (um) ano do trânsito em julgado da sentença que houver decretado a separação judicial, ou da decisão concessiva da medida cautelar de separação de corpos, qualquer das partes poderá requerer a sua conversão em divórcio.
§ 1º A conversão em divórcio da separação judicial dos cônjuges será decretada por sentença, da qual não constará referência à causa que a determinou.
§ 2º O divórcio poderá ser requerido, por um ou por ambos os cônjuges, no caso de comprovada separação de fato por mais de 2 (dois) anos.

Os arts. 25, 35, 36 e 40, da Lei 6.515/77, já retratavam a matéria do art. 1.580, NCC. Estamos diante da *regra mais importante da legislação relativa ao divórcio*, como anota Silvio Rodrigues.[153]

---

[152] Rodrigues, Silvio. *Comentários*. Op. loc. cit., p. 191.
[153] Idem, p. 192.

Trata-se, no *caput* e no § 1º, do art. 1.580, do *divórcio indireto ou por conversão*, sendo que no § 2º tem-se o denominado *divórcio direto*.

Na disciplina do divórcio, estamos diante de *causas peremptórias*, porque ele deve ser decretado, sem discutirmos sobre a gravidade do fato que lhe deu origem ou se perquirir a respeito de eventual insuportabilidade da vida em comum, *bastando que o motivo previsto em lei seja provado*.[154]

A *conversão da separação em divórcio* pode ser consensual, por acordo das partes, que submetem seu pedido à homologação do juízo; ou litigiosa, quando um dos cônjuges não quer acordo, obrigando o outro a postular o divórcio. É a previsão do art. 226, § 6º, primeira parte, da CF/88: *o casamento civil pode ser dissolvido, após prévia separação judicial por mais de um ano nos casos expressos em lei*. A separação judicial surge como um *estágio intermédio entre o casamento e a ruptura do vínculo, na modalidade do divórcio indireto*.[155]

Nessa hipótese – conversão da separação judicial –, as partes que pretendem o divórcio já devem possuir consigo uma sentença transitada em julgado, seja em processo de separação judicial (litigiosa ou amigável), seja em processo cautelar de separação de corpos.

O dispositivo também abriga o divórcio direto litigioso, na medida em que permite *a qualquer das partes* tal requerimento, em procedimento ordinário e impossibilitada a reconvenção.

Como se sabe, com o *trânsito em julgado* a sentença não mais se submete à via do recurso, o que ocorre depois de transcorrido o prazo de quinze dias de sua publicação. Se a sentença contiver vícios e houver transitado em julgado, só pode ser atacada na via da ação rescisória (em até dois anos contados do trânsito em julgado) ou por ação anulatória.

Para os fins da conversão há de existir prova do decurso temporal da separação, por certidões judiciais ou pela postulação de tramitação em apenso do pedido de divórcio com a anterior ação de separação judicial.

Não foi previsto um rito para o divórcio por conversão consensual, pelo que se aplica a Lei 6.515/77, quando trata do divórcio consensual (art. 40, § 2º), *o que leva à admissão, ainda por paralelismo com a separação judicial por mútuo consentimento, daquela forma de procedimento para a conversão*.[156]

Na espécie, os cônjuges assinam petição conjunta para este tipo de procedimento, sendo que não se fará qualquer referência às causas da

---

[154] Silva, Regina Beatriz Tavares da. Op. cit., p. 1.292.
[155] Fachin e Ruzyk. Op. loc. cit., p. 244/5.
[156] Amorim e Oliveira. Op. cit., p. 282.

conversão, ou seja, *o legislador quis referir-se às causas determinantes da separação judicial, que na sentença de conversão não devem ser reveladas, por não estarem sendo mais, é claro, discutidas no processo de conversão.*[157] A falta de menção às causas da separação aplica-se tanto ao § 1º quanto ao § 2º do art. 1.580, NCC.

Ao pedido de conversão não pode ser cumulado nenhum outro de alteração de cláusula da separação já havida, até porque transitada em julgado. Eventual alteração de cláusula deve ser postulado de forma autônoma em rito ordinário.

Na *conversão litigiosa da separação em divórcio*, ou divórcio indireto litigioso, as partes não se acertaram, pelo que um dos cônjuges pede a citação do outro para aquele fim. É processo de natureza contenciosa, portanto. Há citação e contestação. Não cabe reconvenção. Ainda vige a Lei do Divórcio, no sentido de que a contestação só pode versar sobre a falta do decurso do lapso temporal. A jurisprudência tem afastado qualquer outra discussão, que possa ser vertida em procedimento autônomo (execução de acordo, p. ex.).

O § 2º do art. 1.580, NCC, trata do denominado *divórcio direto*, isto é, havendo apenas a separação fática (separação de fato) do casal, que dure *mais de dois anos*, ambos podem postular a decretação do divórcio (divórcio direto consensual) ou apenas um deles o fará, pedindo a citação do outro cônjuge (divórcio direto litigioso).

Embora seja criticável o tempo excessivo para o divórcio, concretizou-se na lei civil o que já estava disposto no art. 226, § 6º, da CF/88, segunda parte: *(...) ou comprovada a separação de fato por mais de dois anos.* O requisito temporal deve estar presente tanto na forma litigiosa, quanto na consensual, obviamente, porque se tem em vista apenas o *princípio da ruptura*, não se discutindo acerca da eventual culpa de um ou de outro cônjuge.

No divórcio direto consensual, o procedimento é similar ao da separação consensual (arts. 1.120 e ss. do CPC); no litigioso, o procedimento é o ordinário, havendo contestação, mas sem reconvenção. No pedido de divórcio litigioso, mesma forma, pode haver sua conversão para divórcio direto consensual.

Art. 1.581. O divórcio pode ser concedido sem que haja prévia partilha de bens.

A Lei 6.515/77 dispunha que *não se decretará o divórcio se ainda não houver sentença definitiva de separação judicial, ou se esta não tiver decidido sobre a partilha de bens (art. 31).*

---

[157] Pereira, Áurea Pimentel. Op. cit., p. 181.

A Súmula nº 197 do STF previa que *o divórcio direto pode ser concedido sem que haja prévia separação de bens.*

Como se vê pela redação do artigo em comento, a situação foi modificada. Não que se dispense a partilha, mas esta não é mais impeditiva do divórcio, nem óbice ou requisito da separação judicial. Nesse passo, adotou-se o rumo marcado pela forte jurisprudência, uma vez que a partilha, tratando de direitos patrimoniais, vinha sendo relegada para fase posterior.

Os bens ficam numa espécie de condomínio, podendo ser protegidos ou reclamados por cada um dos cônjuges, individual ou conjuntamente. A qualquer tempo os separados judicialmente ou divorciados podem exigir a divisão dos bens comuns.

Todavia, é de se estranhar a disposição no cotejo com o art. 1.575, *caput,* NCC, quando se dispõe que *a sentença de separação judicial importa a separação de corpos e a partilha de bens.* Ou seja: para o divórcio não se exige a prévia partilha de bens, mas se a exige para a separação judicial? Isso deve ser bem entendido, porque tanto na separação judicial, quanto no divórcio, não se faz obrigatória ou necessária a prévia partilha de bens.

Embora essa desnecessidade, sabe-se que o divorciado não deve casar-se *enquanto não houver sido homologada ou decidida a partilha dos bens do casal* (art. 1.523, inc. III, NCC). Como isso – a prova de homologação ou decisão a respeito da partilha de bens –, será exigido por ocasião de outro eventual enlace, quando do processo da habilitação para o casamento, o recomendável é fazer-se a partilha de bens previamente. Só assim o divorciado poderá casar-se e evitar problemas futuros, como sói acontecer.

A sentença do divórcio deve ser averbada no Registro Civil e dissolve definitivamente o vínculo matrimonial, quando os divorciados assumem outro estado civil – divorciado – e podem casar-se novamente.

A partilha posterior será processada na forma do inventário judicial, como prevê o parágrafo único do art. 1.121 do CPC.

Art. 1.582. O pedido de divórcio somente competirá aos cônjuges.
Parágrafo único. Se o cônjuge for incapaz para propor a ação ou defender-se, poderá fazê-lo o curador, o ascendente ou o irmão.

A Lei do Divórcio dispunha a respeito da *legitimidade* para o pedido de divórcio, no art. 24, parágrafo único (Lei 6.515/77). O novo dispositivo apenas tornou mais claro aquele artigo da lei revogada, mas igual previsão de exceção existe para o caso de separação judicial, a teor do art. 1.576, parágrafo único, NCC.

Como já afirmamos, a ação de separação e a de divórcio têm caráter personalíssimo, pessoal, onde apenas marido e mulher podem manejá-la livremente. Assim, segue-se o disciplinamento já estabelecido quanto à separação judicial litigiosa (art. 1.572, *caput*, NCC) e consensual (art. 1.574, NCC). No falecimento de um dos separandos, o feito se extingue e não mais se discute a respeito, porque sobrevem o estado de viuvez antes da decretação do estado de separado judicialmente.

O problema surge quando um dos cônjuges padece de enfermidade mental. No mais das vezes, o cônjuge adoentado é que figura como demandado, até porque a lei tem previsão especial a respeito (art. 1.572, § 2º, NCC). Nesse caso, o Oficial de Justiça deve certificar no mandado de citação o estado mental que se encontra o citando, quando o juiz ou o agente ministerial verificarão a necessidade de nomear um curador especial ao cônjuge, ou determinar a intimação do ascendente, ou de um irmão, para, se quiserem, defender o cônjuge demandado.

O Ministério Público tem especial participação neste tipo de processo, jamais devendo deixar tudo a cargo do Curador Especial. Assim, deve tomar as providências legais a respeito da situação jurídica e patrimonial do cônjuge adoentado mentalmente, até providenciando-lhe a interdição ou adotando medidas de resguardo ao seu patrimônio.

Parece-nos bem claro que a lei civil forneceu a ordem de legitimidade, isto é, primeiro o curador; na falta deste, legitima-se o ascendente, e, por fim, o irmão do cônjuge.

4. O nome dos cônjuges no novo Código Civil

Como se sabe, o nome é atributo da personalidade e serve de elemento-base de identificação do ser humano. Forma a própria individualidade da pessoa e é um bem que não pode ser negociado, sendo considerado, por muitos autores, *o único direito realmente da personalidade, pois inerente à pessoa, à identificação pessoal e à cidadania.*[158]

Com o casamento, muitas vezes, o nome do cônjuge sofre alteração e isso tem ensejado discussões nos tribunais e na vida cotidiana.

Nossa intenção, longe de aprofundado estudo científico, é a de tecer rápidas considerações comparativas a respeito do nome das pessoas casadas diante da nova codificação civil.

4.1. A disciplina do nome dos cônjuges

O novo Código Civil, realmente, fez uma verdadeira *miscelânea*[159] relativamente ao nome dos cônjuges, seja quando da formação da sociedade conjugal, seja quando de sua dissolução.

Na verdade, não apenas perdeu-se o pouco da sistematização que havia na Lei do Divórcio (Lei nº 6.515/77) – o que certamente irá contribuir para aumentar o debate a respeito, como se aumentou a falta de clareza – o que irá ensejar diversa interpretação jurisprudencial.

O regime anterior da legislação codificada – art. 240 do CC/16 – previa que *a mulher* devia assumir, pelo casamento, os apelidos do marido, diante da condição de sua companheira, consorte e auxiliar nos encargos da família. Para tal justificativa, dizia-se que *a adoção do nome era um*

---

[158] Vide meu trabalho: Anotações aos direitos da personalidade, RT-715/50.
[159] Cahali, Yussef. *Divórcio e Separação.* 10ª ed., São Paulo, RT, 2002, p. 725.

costume, que *não significava que a mulher ficasse com a sua personalidade absorvida.*[160]

Nos primórdios, discutiu-se acerca da obrigatoriedade ou não da adoção do nome do marido, o que veio a ser solvido posteriormente, quando se *facultou à mulher* acrescer aos seus os apelidos do esposo (art. 240, parágrafo único do CC/16, redação da LD). Ficou, pois, uma *opção* da mulher, que poderia manter o seu nome de solteira, se quisesse.

A Lei dos Registros Públicos, por seu turno, emana a ordem de que o assento do matrimônio traga *o nome, que passa a ter a mulher, em virtude do casamento (art. 70, item 8º, Lei 6.015/73).*

O Código Civil de 2002 (Lei 10.406), no Capítulo que trata da eficácia do casamento, dispôs acerca da *possibilidade* de um cônjuge adotar o sobrenome do outro, assim:

> **Art. 1.565.** (...)
> § 1º Qualquer dos nubentes, querendo, poderá acrescer ao seu o sobrenome do outro.

Com isso, confortou o princípio constitucional da igualdade dos cônjuges, ou seja, atualiza a legislação civil aos termos do art. 226, § 5º, da CF/88, oportunizando a que tanto o homem, quanto a mulher, ao enlace matrimonial, na mudança do seu estado civil, possam acrescer ao seu o sobrenome do outro. Como lembra Silvio Rodrigues:[161] *(...) para tratar igualmente os cônjuges, mister se fez dar ao marido a mesma prerrogativa de adotar o nome da família de sua esposa. É uma imposição derivada do senso de igualdade, refletida na noção de igualdade, que orientou o princípio constitucional.* Manteve-se, portanto, o *arbítrio* de qualquer dos contraentes a respeito da matéria, solvendo-se já antiga discussão a respeito de o homem poder assumir o sobrenome da mulher.

Como advertimos, a atual disposição, fatalmente, irá trazer algumas polêmicas, desacertos ou diversos entendimentos, principalmente, registrais. Dentre eles, podemos questionar: a) pode haver acréscimo concomitante de sobrenome, ou seja, na ocasião do casamento o homem adota o sobrenome da mulher e esta o daquele, numa espécie de *troca*? e b) qual o sobrenome que seguirá, logo em seguida do prenome(?), ou seja, a mulher pode manter *o seu* sobrenome ao final do nome, pode suprimi-lo, ou o sobrenome adotado deve vir ao final do seu nome completo?

Primeiramente, tem-se que a lei nos parece clara quando permite o acréscimo do sobrenome de um cônjuge ao outro: *poderá acrescer ao seu o*

---

[160] Bevilácqua, Clóvis. *Código Civil dos EUB*, vol. 1, p. 601.
[161] *In: Comentários ao Código Civil*, Vol. 17, São Paulo, Saraiva, 2003, p. 123.

sobrenome do outro. Assim, deve ser mantido no nome do cônjuge o sobrenome original, de família, sem qualquer supressão de patronímico, ou seja, *o sobrenome original do cônjuge ficará sempre revelado, disfarçado, apenas, com o acréscimo do nome de família do consorte*.[162]

Relativamente à questão (a), se a mulher chamar-se Mara Vertha dos Santos e o marido Flávio Ricardo Bonsucesso, aquela pode adotar o nome de Mara Vertha dos Santos Bonsucesso, e o homem pode adotar o nome de Flávio Ricardo Bonsucesso dos Santos. Entendemos que pode haver troca, porque não há impedimento legal quanto a isso, desde que se faça por ocasião do enlace, e não posteriormente. Ademais, se há prevalência do princípio da igualdade conjugal, este deve prevalecer na vontade dos cônjuges, que não é vedada em lei.

No caso (b), se a mulher chamar-se Mara Vertha dos Santos, seu nome não poderá ser Mara Vertha Bonsucesso dos Santos e nem o homem ser chamado de Flavio Ricardo dos Santos Bonsucesso, porque a lei determina que se pode acrescer *ao seu* o sobrenome do marido, o que pressupõe certa ordem lógica, de posterioridade ou acréscimo.

A propósito, como ficaria o nome dos filhos, ou seja, há obrigatoriedade de a mesma ordem dos nomes dos pais ser seguida quanto aos filhos? Explicamos. Os pais podem chamar um filho de José Flávio dos Santos Bonsucesso e o outro de Carlos Moacir Bonsucesso dos Santos?

Essa dúvida tem pertinência, porquanto já tivemos um caso assim, em embargos por nós interposto, quando o Des. Rui Portanova e a Desa. Maria Berenice Dias, no 4º Grupo de Câmaras Cíveis do TJRS, ficaram vencidos no julgamento de Grupo. Os votos vencidos permitiam que um filho agregasse o sobrenome da mãe em último lugar do nome, ou seja, desimportando a ordem de colocação dos sobrenomes em filho anterior (EI-70002555779). O acórdão assim ficou ementado:

EMBARGOS INFRINGENTES. FORMAÇÃO DO NOME. De acordo com o sistema registral vigente, e na conformidade dos costumes, o nome deve ser formado, após o prenome, de elementos do nome da mãe, e, depois, de elementos do nome do pai, ou somente deste. Interesse público na identificação do tronco familiar de cada pessoa. Inocorrência de infração ao princípio constitucional da igualdade dos gêneros. Acolheram os embargos.

---

[162] *In: Comentários ao Código Civil*, Vol. 17, op. cit., p. 123.

4.2. O nome dos cônjuges diante da dissolução do casamento

Num segundo momento, devemos analisar o nome dos cônjuges diante da *dissolução* da sociedade conjugal pela separação judicial e pelo divórcio.

Como no regime antigo, a sociedade conjugal *termina*, dentre outros motivos, pela *separação judicial e pelo divórcio* (art. 1.571, incs. III e IV, do NCC), mantido que apenas *a morte e o divórcio* é que *dissolvem* o casamento válido (art. 1.571, § 1º, NCC), ou seja, depois do solteiro (a), apenas o(a) viúvo(a) ou o(a) divorciado(a) podem contrair novo casamento.

Independente das críticas que, com fundadas razões, ocorreram a respeito dessa dicotomia,[163] o fato é que a nova codificação praticamente reproduziu a Lei do Divórcio (art. 2º, Lei nº 6.515/77).

Os dispositivos *processuais* da lei divorcista continuam em vigor, até que outra lei os modifique (art. 2.043, NCC).[164]

Assim, manteve-se a separação judicial *como gênero* (art. 226, § 6º, CF), a separação judicial por mútuo consentimento (art. 1.574, NCC) – também chamada de separação amigável ou consensual – e a separação litigiosa (art. 1.572, NCC) *como espécies*.

Lamentavelmente, vai manter-se a polêmica a respeito da culpa dos cônjuges também quando da discussão do nome, porque a separação judicial litigiosa pode ser *com causa culposa* (art. 1.572, *caput*, NCC) ou *sem causa culposa* (art. 1.572, §§ 1º e 2º, NCC).

4.2.1. Na separação judicial litigiosa com causa culposa

O Código Civil de 1916 sancionava a mulher condenada na ação de desquite com a perda do direito de usar o nome do marido (art. 324, CC/16), o que foi melhor sistematizado e abrandado pela Lei nº 6.515/77 (arts. 17, 18 e parágrafo único do art. 25).

Se a separação fosse amigável, os cônjuges estabeleciam livremente acerca do nome da mulher: conservação do nome de casada ou retorno ao nome de solteira. Mantido o nome de casada, ao nome acrescido ela poderia renunciar a qualquer tempo. Mas, retornando ao nome de solteira, a mulher não mais poderia reivindicar o nome de casada.

---

[163] Dias, Maria Berenice. *Da separação e do divórcio*. Op. cit., p. 66.
[164] No mesmo sentido: Áurea Pimentel Pereira, *Divórcio e Separação Judicial no Novo Código Civil*. Op. cit., p. 5 e 177.

Os arts. 17 e 18 da Lei do Divórcio dispunham três *situações* relativamente ao uso do nome do marido, pela mulher, quando da dissolução da sociedade conjugal. Isso dependendo da separação, se amigável ou litigiosa.

Se a separação fosse litigiosa, tínhamos uma situação se a mulher fosse *vencida* na ação de separação judicial (art. 17); outra, se ela fosse *vencedora* na ação (art. 18), bem como uma terceira (art. 17, §1º), se a mulher tivesse a *iniciativa da ação* com fundamento nos §§ 1º e 2º do art. 5º da Lei 6.515/77 (separação-falência e separação-remédio). Deixavam-se *os demais casos* na opção da mulher pela conservação do nome de casada (art. 17, § 2º, Lei 6.515/77).

Em a mulher restando *vencida* na ação de separação judicial, ela necessariamente voltaria a usar o nome de solteira (art. 17, *caput*, LDi). Por ocasião do divórcio, mesma forma, só conservaria o nome do marido nas hipóteses do parágrafo único do art. 25 da lei divorcista (hoje levados como incisos ao art. 1.578, NCC). Em a mulher sendo a *vencedora* na ação de separação judicial, ela *poderia renunciar*, a qualquer momento, ao direito de usar o nome do marido (art. 18, Lei do Divórcio).

A nova codificação, novamente, trouxe à discussão a culpa do cônjuge *responsável* pela separação, não mais se impondo apenas à mulher (vencida ou culpada) a perda do nome. Sanciona-se, também, o varão *culpado* pela separação. Embora *retrógrada a mantença da necessidade de identificação de um culpado para ser concedida a separação*,[165] de fato, não parece que erradicar pura e simplesmente o sistema da culpa resolva todos os problemas no tema da separação judicial.[166]

Assim, se é verdade que qualquer dos cônjuges pode adotar o sobrenome do outro, ambos podem perdê-lo na hipótese de culpa, de um ou de outro, pela separação. Agora, como advertiu Cahali,[167] *em linha de princípio, tanto o homem quanto a mulher, vencido na separação judicial, perde o direito de usar o nome do outro*. Destarte, *a sentença* da ação de separação judicial litigiosa deverá definir o *cônjuge culpado* pela separação do casal, impondo-lhe a sanção da perda do sobrenome.

A lei nada dispôs a respeito da *culpa recíproca*, mas oportunizou a que o magistrado perquira *motivação diversa* da invocada na inicial, como se vê pela redação do art. 1.573, parágrafo único, do NCC. Se o juiz nada decidir a respeito da culpa invocada por um ou por ambos os cônjuges,

---

[165] Maria Berenice Dias. Op. loc. cit., p. 70.

[166] Oliveira, José Sebastião de. *Fundamentos Constitucionais do Direito de Família*, São Paulo, RT, 2002, p. 141.

[167] Cahali, Yussef. *Divórcio e Separação*, 10ª ed., São Paulo, RT, p. 725.

não se pode negar que a sentença não prestou a integral jurisdição e pode motivar recurso ministerial a respeito.

A perda do nome, porém, só será declarada se o cônjuge inocente a houver *postulado expressamente e se a alteração não acarretar outros prejuízos previstos na própria lei* (art. 1.578, *caput,* NCC).

Em que pesem as críticas que vão surgindo, alguns alertando a respeito de inconstitucionalidade nessa matéria,[168] o pedido deve ser *expresso*, ou seja, pode constar não apenas na petição inicial, mas também em sede de contestação ou, obviamente, em sede de reconvenção.

Parece-nos claro na lei que, sem o pedido expresso de perda do nome, a supressão não será concedida, o que é criticável. Afinal, na hipótese de manifesta distinção entre o nome de família e o dos filhos havidos da união dissolvida, por exemplo, estaremos atingindo direitos da personalidade daqueles que não são partes no litígio. Fatalmente, haverá temperamento jurisprudencial a respeito.

Os pressupostos para a mantença do nome, mesma forma, além de *invocados* devem ser *provados* por aquele que, inocente, pretender conservar o nome na separação judicial com causa culposa. O dano deve ser provado, porque aferido pela sua *gravidade* e ainda afirmado pela sentença, como define o art. 1.578, inc. III, do NCC: *dano grave reconhecido na decisão judicial*.

Vê-se, portanto, que a conservação do nome pelo cônjuge vencedor ou a perda do nome pelo cônjuge vencido, obviamente, *não é direito absoluto*. No primeiro caso (conservação do nome), sobrevindo justo motivo, como o cônjuge que enxovalha socialmente o nome do outro, *v.g.*, pode vir a ser demandado (ação ordinária) e ser condenado à perda do nome de casado; no segundo caso (perda do nome), o cônjuge vencido, apesar de culpado, poderá conservar o nome de casado (a), desde que não tenha havido pedido expresso e naquelas hipóteses dos incisos do art. 1.578 do NCC.

Assim está redigido o art. 1.578 e incs. do NCC:

Art. 1.578. O cônjuge declarado culpado na ação de separação judicial perde o direito de usar o sobrenome do outro, desde que expressamente requerido pelo cônjuge inocente e se a alteração não acarretar (I) evidente prejuízo para a sua identificação; (II) manifesta distinção entre o seu nome de família e o dos filhos havidos da união dissolvida e (III) dano grave reconhecido na decisão judicial.

---

[168] Consultar: Maria Beatriz P. F. Câmara. *O Novo Código Civil. Do Direito de Família*. Rio de Janeiro, Freitas Bastos, 2002, p. 135.

Vê-se, a propósito, que os incisos do art. 1.578 do NCC são cópias daqueles constantes do parágrafo único do art. 25 da Lei do Divórcio (LDi). A inovação é a de que, na nova lei, agora se exige *manifestação expressa* do cônjuge que se reputa inocente a respeito do nome. Sem ela, em princípio, não se poderá suprimir sobrenome. Em outras palavras: mesmo reconhecendo o(a) cônjuge culpado pela separação, o juiz não pode atuar de ofício em tal assunto e decretar a perda do nome.

O cônjuge *reconhecido inocente* na ação de separação judicial, seja homem ou mulher, por seu turno, poderá renunciar ao nome de casado (a), nos termos do art. 1.578, § 1º, *verbis*:

Art. 1.578. (...)
§ 1º O cônjuge inocente na separação judicial poderá renunciar, a qualquer momento, ao direito de usar o sobrenome do outro.

Novamente a questão da *inocência* pela separação.

Esse direito de renúncia ao nome era concedido apenas à mulher pela Lei nº 6.515/77 (art. 18 da Lei do Divórcio). Adaptou-se o texto legal, portanto, ao princípio da igualdade conjugal. Agora, na petição inicial, na contestação, na reconvenção e até depois da sentença, o cônjuge inocente pode abrir mão da utilização do nome de casado. Na verdade, entendemos que até por ocasião da audiência, o juiz pode ouvir o(s) cônjuge(s) a respeito da mantença ou não do nome de casado e com isso suprir eventual falta das partes.

4.2.2. Na separação judicial litigiosa sem causa culposa

Como referimos, duas outras separações de cunho litigioso podem ser pedidas de um cônjuge contra o outro, sem que se invoque qualquer causa culposa: 1) ruptura da vida em comum há mais de um ano e impossibilidade de sua reconstituição (art. 1.572, § 1º, NCC) e 2) doença mental grave e de cura improvável, manifestada após o casamento, com duração mínima de dois anos (art. 1.572, § 2º, NCC). São as chamadas separação-falência (§ 1º) e separação-remédio (§ 2º).

Nesses casos, como doutrinam Amorim e Oliveira,[169] *a separação pode ser requerida pelo simples fato objetivo da separação fática ou da moléstia grave, sem a explicitação de outros fundamentos.*

Assim dispõe a lei civil:

Art. 1.572. (...)
§ 1º A separação judicial pode também ser pedida se um dos cônjuges provar ruptura da vida comum há mais de 1 (um) ano e a impossibilidade de sua reconstituição.

---

[169] *Separação e Divórcio*, 6ª ed., São Paulo, Leud, 2001, p. 209.

§ 2º O cônjuge pode ainda pedir a separação judicial quando o outro estiver acometido de doença mental grave, manifestada após o casamento, que torne impossível a continuação da vida em comum, desde que, após uma duração de 2 (dois) anos, a enfermidade tenha sido reconhecida de cura improvável.

O novo Código Civil repetiu as motivações da Lei do Divórcio (Lei 6.515/77 – art. 5º, §§ 1º e 2º), mas com algumas modificações de fundo.

A Lei do Divórcio dispunha que se *a mulher* tivesse a iniciativa (autora) da separação judicial sem causa culposa ela retornaria ao nome de solteira (art. 17, § 1º, Lei 6.515/77). A nova codificação civil não repetiu regra a respeito do nome da mulher na hipótese de separação judicial sem causa culposa.

Apesar disso, *mutatis mutandis* o cerne do entendimento anterior parece ter sido mantido, uma vez que, diante da igualdade dos cônjuges, se o homem ou a mulher for vencido na ação de separação judicial sem causa culposa perderá o direito de usar o nome do outro.

Como adverte Yussef Cahali:[170] *A preservação do direito do homem ou da mulher de "usar o nome do outro", diz respeito exclusivamente ao cônjuge vencido na ação de separação judicial, embora as exceções enumeradas no art. 1.578, I, II e III, consubstanciam simples reprodução do parágrafo único do art. 25 da Lei nº 6.515/77.*

Claro, será também aferido o fato de ter havido pedido expresso e ausência de prejuízo pela supressão do nome, como define o art. 1.578 e incisos do NCC.

4.2.3. Na separação judicial consensual

Na separação judicial por mútuo consentimento, os cônjuges dispõem a respeito da conservação ou não dos nomes adotados por ocasião do casamento, tal como ocorria anteriormente, mas amparados na regra do art. 1.578, §2º, do NCC:

Art. 1.578. (...)
§ 2º Nos demais casos caberá a opção pela conservação do nome de casado.

Assim, em cláusula específica da separação, as partes resolvem essa questão *por acordo*, sendo que o juiz não pode imiscuir-se e decretar de ofício a perda do nome.[171] Obviamente, isso não impede o magistrado de provocar o assunto, até porque a sentença da separação pode (deve) nortear a questão do nome dos cônjuges, na ocasião do divórcio por conversão (*art. 1.571, § 2º, última parte, NCC*).

---

[170] Op. cit., p. 726.
[171] Cahali, Yussef. *Divórcio e Separação*, op, cit., p. 719.

4.3. O nome dos cônjuges no divórcio

Relativamente ao nome dos cônjuges quando do divórcio, *o § 2º caiu de pára-quedas* no art. 1.571, do NCC, porque ali não ficou em situação confortável. Melhor teria sido que a questão do nome das partes no divórcio fosse disciplinada mais claramente em dispositivo à parte, como se fez com a separação judicial.

Ademais, a possibilidade de permanência do nome de casado após o divórcio já está sendo qualificada de *erro do Novo Código*.[172]

A propósito, refere Sílvio Venosa[173] que o divórcio *representa o rompimento completo do vínculo do casamento e a manutenção do sobrenome somente poderia ser admitida, por exceção, quando sua supressão representasse efetivamente um prejuízo para a pessoa no campo negocial. Basta avaliar a situação do cônjuge divorciado que se recasa, e se sujeitará a ter duas mulheres (ou dois homens) com seu sobrenome, o que socialmente se nos afigura totalmente inconveniente.*

Tal como na lei divorcista, o novo Código Civil manteve o *divórcio por conversão* (art. 1.580, *caput*, NCC) e o *divórcio direto* (art. 1.580, § 2º, NCC), inferindo-se a subdivisão: *consensual ou litigioso*.

Na Lei do Divórcio, havia outra disciplina relativa ao nome, quando da conversão da separação em divórcio, uma vez que a sentença deveria determinar que *a mulher* retornasse ao nome *que tinha antes de contrair matrimônio* (art. 25, parágrafo único, LD), exceto se a supressão lhe acarretasse prejuízo evidente para a sua identificação; houvesse manifesta distinção entre o seu nome de família e o dos filhos ou grave dano reconhecido em decisão judicial (*art. 25, parágrafo único e incs., da LD*).

Agora, no *divórcio por conversão consensual*, em princípio, segue-se a regra-base de que os cônjuges dispõem livremente a respeito, exceto se a sentença da separação judicial dispôs diferentemente; no *divórcio por conversão litigioso* – quando um cônjuge ingressa em juízo contra o outro –, o art. 1.571, § 2º, do NCC, também, soluciona a questão:

Art. 1.571. (...)
§ 2º Dissolvido o casamento pelo divórcio direto ou por conversão, o cônjuge poderá manter o nome de casado, salvo, no segundo caso, dispondo em contrário a sentença de separação judicial.

---

[172] Pereira, Sérgio Gischkow. *O Direito de Família e o novo Código Civil: principais alterações.* RT-804/47.
[173] Op. cit., p. 209.

No *divórcio por conversão, litigioso ou consensual*, em princípio, *devemos obediência ao que se decidiu na sentença de separação judicial*. Se esta determinou que o(s) cônjuge(s) não manteria(m) o nome de casado, *vexata quaestio,* nada se pode discutir, e o nome não será mantido por ocasião da conversão da separação em divórcio. Nem mesmo que as partes entrem em consenso a respeito da mantença do nome de casado. O acordo não pode tocar no decidido anteriormente, porque já se deu a coisa julgada.

Pode ocorrer, no entanto, de nada ter sido disciplinado quanto ao nome, até porque esse divórcio pode dar-se pelo decurso do tempo advindo pela cautelar de separação de corpos. Nessa hipótese, aplicar-se-ia, por analogia, a regra dos incisos do art. 1.578 do NCC, ou seja, suprime-se o nome apenas se houver requerimento do cônjuge e se a alteração não acarretar os prejuízos ali mencionados. Ainda, no caso de omissão da sentença anterior, se o divórcio for convertido na forma consensual, as partes devem ficar livres para decidirem a respeito.

O *divórcio direto* (art. 226, § 6°, CF) pode ser postulado nas separações de fato ocorridas há mais de dois anos (art. 1.580, § 2°, NCC). Nesse divórcio, tal como no outro, pode ou não existir acordo entre os cônjuges. Se houver, estamos diante do *divórcio direto consensual*; se não houver acordo sobre o divórcio, um dos cônjuges postula a medida contra o outro e estamos diante do *divórcio direto litigioso*.

Ao tempo da Lei do Divórcio, consolidou-se o entendimento de que o advento da Lei 8.408/92, que acrescentou ao art. 25 da Lei 6.515 o parágrafo único, estabeleceu a *perda automática* do patronímico do marido, como conseqüência necessária do decreto de divórcio *em qualquer de suas modalidades*, como doutrinou Cahali: *pois, embora a determinação da lei tenha sido inserida em sede de conversão da separação judicial em divórcio (art. 25 e parágrafo único), ninguém tem dúvida de que a nova regra tem aplicabilidade inconteste em qualquer outra forma de divórcio (divórcio direto consensual e divórcio direto litigioso).*[174]

Agora, porém, a lei dá-nos a entender que o art. 1.571, §2°, do NCC, permitiu que qualquer dos cônjuges mantenha o nome de casado, *independentemente do tipo de divórcio direto* (consensual ou litigioso), porque não se fez nenhuma distinção a respeito.

Obviamente, e conseqüentemente, diante de divórcio direto litigioso, não havendo disciplina anterior relativa ao nome dos cônjuges na sentença de separação judicial, teremos de admitir a aplicação analógica do art. 1.578 e §§ do novo Código Civil.

A matéria relativa ao nome dos cônjuges ainda é tratada de forma superficial pela doutrina, sendo sabido que o nome da pessoa não é tema

---

[174] Idem, p. 1.293.

apenas de direito da personalidade, mas também matéria registral, que interessa sobremodo à cidadania.

Se é verdade que o novo estatuto civil *exaure o tema referente ao uso do nome*,[175] a codificação não foi feliz quando tratou da perda de tal direito, porque fez uma *miscelânea* que ainda ensejará muita discussão. O legislador teve a chance de resolver mais amplamente a questão do nome dos cônjuges, na separação e no divórcio, mas omitiu-se em muitos aspectos.

Sabe-se que tramitam inúmeros projetos e proposições de alteração legislativa no Direito de Família, sendo que, relativamente ao nome, há proposta de revogação dos §§ 1º e 2º do art. 1.578, bem como outro versando sobre a aplicação do art. 1.578 nos casos de divórcio direto ou por conversão.

A Lei dos Registros Públicos, ademais, também precisa ser atualizada, de modo a permitir que o registro dos nomes se faça de acordo com a nova ordem civil.

Lei nº 6.515/77 – Lei do Divórcio	Lei nº 10.406/02 – Novo Código Civil
Capítulo I – Da dissolução da sociedade conjugal. (...) Seção III – Do uso do nome Art. 17. Vencida na ação de separação judicial (art. 5º, *caput*), voltará a mulher a usar o nome de solteira. § 1º Aplica-se, ainda, o disposto neste artigo, quando é da mulher a iniciativa da separação judicial com fundamento nos §§ 1º e 2º do art. 5º. § 2º Nos demais casos, caberá à mulher a opção pela conservação do nome de casada. Art. 18 Vencedora na ação de separação judicial (art. 5º, *caput*), poderá a mulher renunciar, a qualquer momento, ao direito de usar o nome do marido. Art. 25. (...) Parágrafo único. A sentença de conversão determinará que a mulher volte a usar o nome que tinha antes de contrair matrimônio, só conservando o nome de família do ex-marido se a alteração prevista neste artigo acarretar: I – evidente prejuízo para a sua identificação; II – manifesta distinção entre seu nome de família e o dos filhos havidos da união dissolvida; III – dano grave reconhecido em decisão judicial.	Título I – Do Direito Pessoal Subtítulo I – Do Casamento Capítulo IX – Da eficácia do casamento Art. 1.565. (...) § 1º Qualquer dos nubentes, querendo, poderá acrescer ao seu o sobrenome do outro. (...) Capítulo X – Da dissolução da sociedade e do vínculo conjugal Art. 1.571. (...) § 2º Dissolvido o casamento pelo divórcio direto ou por conversão, o cônjuge poderá manter o nome de casado; salvo, no segundo caso dispondo em contrário a sentença de separação judicial. Art. 1.578. O cônjuge declarado culpado na ação de separação judicial perde o direito de usar o sobrenome do outro, desde que expressamente requerido pelo cônjuge inocente e se a alteração não acarretar: I – igual ao inc.I – art. 25, LD.. II – igual ao inc.II – art. 25, LD. III – igual ao inc.III – art. 25, LD. § 1º O cônjuge inocente na ação de separação judicial poderá renunciar, a qualquer momento, ao direito de usar o sobrenome do outro. § 2º Nos demais casos caberá a opção pela conservação do nome de casado.

---

[175] Dias, Maria Berenice. *Direito de Família e o Novo Código Civil*. Ed. 2001, p. 73.

5. A adoção no novo Código Civil

A rigor, não podemos mais chamar alguém de *filho adotivo,* uma vez que a Constituição Federal de 1988 aboliu a distinção que havia entre os filhos (art. 227, § 6º). A regra constitucional foi repetida expressamente pelo novo Código Civil de 2002, no art. 1.596: *os filhos, havidos ou não da relação de casamento, ou por adoção, terão os mesmos direitos e qualificações, proibidas quaisquer designações discriminatórias relativas à filiação.* Obviamente, porém, mantém-se a adoção, como instituto, forma ou procedimento para alguém adquirir uma filiação *que busca imitar a filiação natural.*[176]

A adoção *é ato jurídico solene pelo qual, observados os requisitos legais, alguém estabelece um vínculo de filiação, trazendo para sua família, na condição de filho, alguém que lhe é estranho,*[177] constituindo *espaço em que a verdade socioafetiva da filiação se manifesta com ênfase inegável.*[178]

Como advertiu Luiz Edson Fachin,[179] *é na adoção que os laços de afeto se visibilizam desde logo, sensorialmente, superlativando a base do amor verdadeiro que nutrem entre si pais e filhos.*

Nos dizeres do Estatuto da Criança e do Adolescente, *a adoção atribui a condição de filho ao adotado, com os mesmos direitos e deveres, inclusive sucessórios, desligando-o de qualquer vínculo com pais e parentes, salvo os impedimentos matrimoniais* (art. 41, *caput*, ECA). Daí por que se a chama de *filiação civil*, instaurando o denominado *parentesco civil*.

---

[176] Venosa, Silvio de Salvo. *Direito de Família.* São Paulo, Atlas, 2002, p. 305.

[177] Leite, Eduardo de Oliveira. *Síntese de Direito Civil. Direito de Família*, Curitiba, JM Ed., 1997, p. 234.

[178] Fachin, Luiz Edson. *Comentários ao novo Código Civil.* Vol. XVIII, Rio de Janeiro, Forense, 2003, p. 151.

[179] *In: Elementos Críticos de Direito de Família*, Rio de Janeiro, Renovar, 1999, p. 216.

No Código Civil de 1916, a matéria estava amparada em onze (11) artigos (arts. 368 a 378), no Capítulo V do Título V – Das relações de parentesco (CC/16). Ela surgiu porque não era devidamente regulada pelas leis anteriores ao Código Civil, pelo que Clóvis Bevilaqua[180] entendeu de *suprir a lacuna com o direito romano interpretado e modificado pelo uso moderno.* O sistema civilista (adoção civil) vigorava concomitantemente ao da Lei 8.069/90 (adoção estatutária ou plena).

O novo Código Civil (Lei nº 10.406/10-1-2002) disciplina a adoção no Capítulo IV do Subtítulo II – Das relações de parentesco –, no Título I – Do Direito Pessoal –, constante em doze (12) artigos (arts. 1.618 a 1.629). Essa é a temática de nossos comentários.

Obviamente, nos momentos adequados, as anotações também farão referência à adoção prevista no Estatuto da Criança e do Adolescente, dado à proximidade íntima dos dois sistemas. Deixamos ao largo a adoção por estrangeiro, considerando que o novo Código determina que ela *obedecerá aos casos e condições que forem estabelecidos em lei (art. 1.629, NCC).*

5.1. A disciplina da adoção

Quando o tema relativo à adoção foi tratado pelo Código Civil de 1916 (CC/16), não se possuía qualquer sistematização e se visava, precipuamente, a atender aos interesses dos adotantes. Sem dúvida, isso *dava ao instituto uma restrita possibilidade de utilização, refletindo a cultura dominante no início do século passado.*[181]

Através da Lei nº 3.133, de 8-5-1957, no entanto, atualizou-se o instituto como se encontrava no CC/16, dando-se nova redação aos arts. 368, 369, 372, 374 e 377, dispondo-se, também, acerca dos apelidos do adotado (art. 2º). Essa lei *alterou a estrutura tradicional da adoção (atender o interesse pessoal dos adotantes) de um sentido pessoal a uma finalidade assistencial (meio de melhorar a condição do adotado).*[182] Assim, expressou-se que o interesse protegido era do adotado, e não mais do adotante, como estava no sistema anterior.

Nos anos 60, sobreveio a Lei nº 4.655, de 2-6-1965, que introduziu o instituto da *legitimação adotiva*, a qual veio a tornar-se a conhecida *adoção plena* do Código de Menores e do ECA.

---

[180] *In: Direito da Família*, São Paulo, Freitas Bastos, 1943, p. 355/6.

[181] Azambuja, Maria Regina Fay de. A adoção sob a perspectiva da Doutrina da Proteção Integral. *Apud Aspectos Psicológicos na Prática Judiciária*. Campinas, Millennium, 2002, p. 303.

[182] Leite, Eduardo de Oliveira. *Síntese de Direito Civil*. Op. cit., p. 233.

Permitiu-se a legitimação adotiva de infante *exposto*,[183] filhos de pais desconhecidos ou que hajam declarado por escrito que pode ser dado, bem como do menor abandonado até 7 anos de idade, ou cujos pais tenham sido destituídos do pátrio poder (art. 1º). A rigor, com a legitimação adotiva misturaram-se características de adoção e da legitimação, estabelecendo-se um liame de parentesco de primeiro grau, em linha reta entre adotante e adotado, sendo igual ao que liga o pai ao filho natural.

A Lei nº 6.697, de 10-10-1979, instituiu o chamado Código de Menores (CM). Revogou-se expressamente a Lei nº 4.655/65 (art. 123), trazendo-se duas espécies de adoção (art. 17, IV e V): a simples (arts. 27 e 28) e a plena (arts. 29 a 37). A adoção simples, para menor em situação irregular (art. 2º) e maiores de idade, dava-se pela lei civil, acrescida das modificações do CM; a adoção plena, que atribuía a situação de filho ao adotado, desligando-o de qualquer vínculo com pais e parentes (art. 29, CM). A adoção plena, portanto, passou a ser a versão *modernizada* da legitimação adotiva; a adoção civil ou comum era a adoção tradicional, do CC/16.

A Constituição Federal de 1988,[184] no art. 227, § 6º, deu verdadeira guinada na disciplina da filiação, acabando com as distinções entre os filhos, legítimos ou ilegítimos, naturais ou adotivos, regulando-se a matéria de adoção pelo chamado Estatuto da Criança e do Adolescente.

O advento da Lei n. 8.069, de 13-7-1990, o Estatuto da Criança e do Adolescente (ECA), extinguiu a distinção entre adoção simples e adoção plena. Revogou o Código de Menores, assim *instituindo um novo paradigma: crianças e adolescentes reconhecidos como titulares de interesses juridicamente protegidos, podendo subordinar a família, a sociedade e o Estado.*[185]

Alguns doutrinadores entenderam que o ECA havia revogado os arts. 368 a 378 do CC/16,[186] sendo que, para outros, a adoção de maiores de idade, que não estivessem sob a guarda ou tutela dos adotantes, na forma do art. 40 do ECA, ainda estava disciplinada pelo CC/16.[187]

---

[183] Segundo Vicente Sabino Júnior, exposto são os menores abandonados em determinados locais, quando se ignora quem sejam seus pais e parentes. *O Menor*, BED, p. 113.

[184] Como refere Eduardo de Oliveira Leite, a singeleza ilusória de apenas dois artigos da CF, os arts. 226 e 227, gerou efeitos devastadores no Direito de Família (*In: Famílias Monoparentais*, 2ª ed., São Paulo, RT, p. 7).

[185] Paula, Paulo Afonso Garrido de. *Direito da Criança e do Adolescente e tutela jurisdicional diferenciada*. São Paulo, RT, p. 20.

[186] Liberati, Wilson Donizeti. *Comentários ao ECA*, 5ª ed., p. 31.

[187] Monteiro, Washington de Barros. *Curso de Direito Civil*, São Paulo, Saraiva, 1997, p. 271.

O recente Código Civil de 2002 (NCC), aparentemente, mantém viva a velha polêmica acerca da adoção, porque se *aproxima* da adoção estabelecida no Estatuto da Criança e do Adolescente (Lei 8.069/90), ao exigir processo judicial e sentença, *v.g.*, mas faz persistirem diferenças – sérias – entre a adoção civil e a estatutária.[188] Como ensina Silvio Venosa,[189] *o novo Código Civil não revoga nem expressa nem tacitamente o ECA, o que trará alguns problemas interpretativos.*

Embora já se esteja dando como certo o desaparecimento da distinção que resultou da convivência entre o Estatuto e o Código Civil anterior,[190] a questão não pode ser enfrentada sem uma detida análise. Afinal, se é verdade que foram *unificadas* as antigas formas da adoção, pelo ECA, não se justifica que às crianças e aos adolescentes sejam aplicados alguns dispositivos do novo Código Civil, que podem ser-lhes francamente desfavoráveis, como veremos no decorrer deste estudo.

Segundo Jones Figueirêdo Alves,[191] *o novo Código Civil não rege somente a adoção de pessoas de capacidade civil plena, mas de todos aqueles que podem ser adotados, suficiente que sejam dezesseis anos mais novo que o adotante.*

Para nós, s.m.j., ainda persiste a adoção do Estatuto, aplicável às crianças e adolescentes, como dispõe o art. 39 do ECA,[192] sob as regras da proteção integral e de cunho eminentemente protetivo do adotado, bem como *sobrevive uma adoção civil*, para pessoas maiores de idade, que não estiverem sob guarda ou tutela. A adoção de maiores de idade será regida pelo novo Código Civil acrescida de dispositivos do Estatuto, que não forem contrariados expressamente pelo código ou pela especificidade do procedimento.

5.2. Natureza jurídica da adoção

Discutiu-se muito a respeito da natureza jurídica da adoção, que *tem-se amoldado aos tempos, evoluindo com o passar dos anos.*[193]

---

[188] Cambi, Eduardo. *A relação entre o adotado, maior de 18 anos, e os parentes do adotante*, RT-809/28.

[189] Op. loc. cit., p. 306.

[190] Lobo, Paulo Luiz Netto. *Código Civil Comentado*, São Paulo, Atlas, 2003, p. 147.

[191] *In: Algumas questões controvertidas no novo Direito de Família*. Op. loc. cit., p. 324.

[192] Art. 39. A adoção de criança e adolescente reger-se-á segundo o disposto nesta Lei.

[193] Marmitt, Arnaldo. *Adoção*. Rio de Janeiro, Aide, p. 9.

Admitia-se o instituto ora como *negócio unilateral e solene,*[194] ora como *instituto de ordem pública,*[195] entendendo-se que a adoção prevista no CC/16 *realçava a natureza negocial do instituto, como contrato de Direito de Família*[196] e na adoção estatutária haveria um *ato jurídico com marcante interesse público*[197] ou um *instituto de ordem pública.*[198]

Firmou-se o entendimento, porém, de que se trata de *ato complexo*, ou seja, um *ato jurídico em sentido estrito,*[199] que *se desenvolve em duas etapas, sendo que, na primeira, temos uma emissão volitiva, que não é bastante, e que se concretiza na segunda, quando, após processo regular, a pretensão é acolhida, e o juiz exara sentença constitutiva.*[200] Pela adoção constitui-se a situação de filho, o qual *pode exigir todos os direitos que lhe são pertinentes.*[201] Há transferência do poder familiar aos pais adotivos, que passam a exercê-lo em sua plenitude.

Agora, com a edição do novo Código Civil, exigidos processo judicial (art. 1.623, *caput)*, sentença (art. 1.621, § 2º) e assistência efetiva do Poder Público (art. 1.623, parágrafo único), mais se comprova o acerto de que estamos diante de um *ato complexo.*

A adoção pode ser *singular* ou unilateral e *conjunta*. Na adoção *singular*, apenas um é o adotante, podendo formar a dita família monoparental; a *conjunta* dá-se nos casos de adoção por casais, em matrimônio ou união estável.

5.3. Juízo competente para a adoção

Como decorrência das opiniões anteriores, isto é, da convivência de dois disciplinamentos de adoção – Código Civil de 2002 e ECA – surge-nos o problema do juízo competente para o processo de adoção.

Nesse caso, parece-nos acertado o entendimento de que a adoção de pessoas com mais de 18 anos de idade devam ser processadas e julgadas pelo Juízo da Família do foro de domicílio do adotando, sendo que a adoção de crianças e adolescentes continua afeta ao Juizado da Infância e

---

[194] Rodrigues, Silvio. *Direito Civil,* vol. 6, São Paulo, Saraiva, 2002, p. 381.
[195] Marmitt. Op. cit., p. 9.
[196] Venosa, Silvio de Salvo. *Direito de Família,* op cit., p. 310.
[197] Idem.
[198] Silva, José Luiz Mônaco da. *Estatuto da Criança e do Adolescente. Perguntas e Respostas,* São Paulo, Juarez de Oliveira, 2000, p. 63.
[199] Lobo, Paulo Luiz Netto. *Código Civil Comentado.* Op. cit., p. 145.
[200] Viana, Marco Aurélio. *Da Guarda, da Tutela e da Adoção,* p. 75.
[201] Elias, Roberto João. *Comentários ao ECA,* São Paulo, Saraiva, 1994, p. 24.

da Juventude da comarca do domicílio dos pais ou responsáveis do adotando (arts. 146 e 147, ECA).

Silvio Rodrigues[202] manifesta que a adoção do Código Civil (para maiores), processo gracioso e com a presença necessária do órgão ministerial, deve ser desenvolvido *perante a Vara de Família*.

O art. 148, inc. III do ECA, determina que a justiça da Infância e da Juventude é a competente para conhecer os pedidos de adoção e seus incidentes, sendo que o art. 2º, parágrafo único do ECA, refere a aplicação das normas estatutárias apenas a crianças e adolescentes. Destarte, em matéria de adoção, as regras da lei civil aplicam-se aos maiores; as regras do ECA, às crianças e adolescentes, *havendo que se compatibilizar ambos os diplomas.*[203]

Evidentemente, a adoção de maiores de idade não exige o mesmo acompanhamento sociopsicológico para a adoção de crianças e adolescentes, porque estes são seres hipossuficientes e objeto de proteção integral. Afinal, como adverte nossa Colega Procuradora de Justiça no RS, Maria Regina Fay de Azambuja,[204] *a decisão sobre a manutenção ou não dos vínculos biológicos de uma criança não pode prescindir da contribuição da equipe interdisciplinar, a permitir que a criança seja avaliada nos aspectos sociais, físicos, cognitivos e afetivos, assim como os grupos familiares que litigam no processo, sob pena de nos afastarmos dos princípios que norteiam a Doutrina da Proteção Integral.* Assim, não incide a Proteção Integral na matéria de adoção de pessoas adultas, daí resultando a exigência de maior aparato técnico na proteção dos infantes, o que a Vara da Infância e da Juventude há de proporcionar.

5.4. Dos adotantes ou quem pode adotar

A adoção pressupõe a inexistência de qualquer vínculo biológico ou jurídico entre adotante e adotado. Embora uma ou outra dissensão, nada impede que se reconheça a filiação depois da adoção, pela qual, se ocorrer, *a adoção caduca (perde a eficácia),*[205] bem como não há óbice a que se adote um filho natural.[206]

Para a adoção de crianças e adolescentes, o art. 50 e §§ da Lei nº 8.069/90 determina que a autoridade judiciária mantenha um registro de

---

[202] *In: Direito Civil,* vol. 6, São Paulo, Saraiva, 2002, p. 388.
[203] Venosa, Silvio de Salvo. Op. cit., p. 317.
[204] Op. cit., p. 308.
[205] Miranda, Pontes de. *Tratado de Direito de Família,* p. 221.
[206] Marmitt, Arnaldo. Op. loc. cit., p. 31.

pessoas que podem adotar, ou seja, uma listagem de pessoas previamente habilitadas e consideradas aptas pelo Juizado à adoção. Destarte, se a pessoa estiver na lista de pretendentes à adoção, observada a ordem de inscrição, está apta a adotar.

Ocorre, porém, que para constar na ordem de habilitados, a pessoa deve atender outros requisitos legais, sem os quais não se deferirá a inscrição, como dispõe o art. 50, § 2º, do ECA. Assim, na análise desses requisitos é que, também, inserem-se as novas regras da legislação civil.

No tocante *à idade* dos pretendentes, por exemplo, a regra do NCC dispõe que só as pessoas, homens e mulheres, maiores de dezoito anos podem adotar (art. 1.618): *só a pessoa maior de 18 (dezoito) anos pode adotar*. Pelo CC/16 só os maiores de 30 anos de idade podiam adotar (art. 368) e, nesse aspecto, houve uma evolução na matéria.

Não há discriminação quanto ao estado civil ou social do adotante, ou seja, podem adotar os solteiros, casados, viúvos, em união estável, separados, desquitados ou divorciados, pobres ou ricos.

A lei civil anterior exigia um prazo de cinco anos de casamento, se os pretendentes à adoção fossem casados (art. 368, parágrafo único, CC/16). Agora não há mais tal exigência, podendo-se entender que basta a prova da *estabilidade da família* (art. 1.618, parágrafo único, NCC).

O art. 42 do ECA dispõe que *podem adotar os maiores de 21 anos de idade, independentemente de estado civil*.

Sem dúvida, a nova lei civil afastou a aplicação do Estatuto (art. 42, ECA), no tocante à idade mínima para adotar crianças e adolescentes, ou seja, reduziu-se a idade do adotante de 21 anos para 18 anos de idade. Neste ponto, encontra-se derrogado o art. 42 do ECA, consagrando-se uma evolução nessa disciplina relativa à idade dos adotantes.

À luz do novo Código Civil a menoridade cessa aos dezoito anos, pelo que está justificada a solução do legislador. Se a pessoa é maior de idade aos 18 anos e já pode casar (agora aos 16 anos), não há razão para se manter a idade de 21 anos na adoção, o que seria um entrave às inúmeras crianças e adolescentes que poderiam ser adotadas.

Todavia, isso não significa que por ter atingido a idade núbil – 16 anos – possa o adolescente, sozinho, adotar. Daí por que se o adotante tiver menos de 18 anos *a adoção será nula e não poderá ser sanada*.[207] Não se descarta a hipótese, porém, de uma adoção realizada por um casal, na qual um dos adotantes tenha 16 anos, desde que o outro tenha 18 anos de idade.

---

[207] Lobo, Paulo Luiz Netto. Op. cit., p. 148.

Da mesma forma, os emancipados não podem adotar, porque o requisito para a adoção é também etário – 18 anos completos e com a diferença de 16 anos entre adotante e adotado.

Existem algumas críticas com relação a essa "evolução", relativamente à idade de quem pode adotar, como bem argumenta o Min. Oscar Dias Corrêa:[208] *(...) irrecusável que sua experiência é ainda inicial, e não a tem para si próprio, menos ainda para assumir a responsabilidade da paternidade do adotado. Aos dezoito anos a pessoa está aprendendo a lidar consigo própria, e não há como pretender já possa assumir os cuidados de outra, mais jovem em pelo menos dezesseis anos (art. 1.619 do novo Código), de menos de dois anos, quando carece de zelos especiais.*

Tanto na adoção de maiores, quanto na de crianças e adolescentes, exige-se que o adotante tenha uma diferença de 16 anos para com o adotado, isto é, uma criança de quatro anos só poderá ser adotada se o adotante, ou um deles, tiver vinte anos de idade. Uma pessoa com 18 anos de idade, só poderá ser adotada por pessoa com 34 anos de idade e assim por diante.

Realmente, impõe-se procedimento atento na apuração dos requisitos para a adoção de crianças e adolescentes, porque aos dezoito anos, via de regra, o pretendente à adoção recém está formando sua personalidade e, muitas vezes, nem estabeleceu-se profissionalmente. Como a adoção tem em vista o *exclusivo benefício do adotando*, não podemos jogá-lo em uma aventura, nas mãos de alguém que não tem personalidade formada, sem firmeza de caráter ou não esteja estabelecido em uma profissão, a fim de poder *sustentar*, objetiva e subjetivamente, o filho adotivo. Sob tal aspecto, portanto, existe um *pressuposto subjetivo* para a adoção, aferido pelo juiz, pelo seu prudente arbítrio e bom-senso, em cada caso sob sua apreciação.

Se o *adotando* for maior de idade, como dissemos, a adoção será regulada pelo novo Código Civil. Neste caso, leciona Silvio Rodrigues:[209] *embora não expresso, a idade mínima para a adoção passa a ser de 34 anos (18 anos o adotante, com diferença mínima de 16 anos para com o adotado).*

O *tutor ou curador* podem adotar o pupilo ou o curatelado, desde que tenham prestado contas de sua administração, como dispõe o art. 1.620, NCC. Essa regra já existia no CC/16 (art. 371), designando regra protetiva do pupilo ou do curatelado. Isso se justifica, porquanto a adoção extingue o poder familiar (art. 1.635, inc. IV, NCC). O detentor do poder familiar é o administrador dos bens do filho (art. 1.689, incs. I e II, NCC). Admi-

---

[208] *Breve nota sobre a adoção no novo Código Civil*. Op. cit., p. 493.
[209] Op. cit., p. 390.

tindo-se que o tutor/curador pudessem adotar sem a prestação de contas, estaria facilitada a fraude e a apropriação dos bens do filho adotado. A prestação de contas, portanto, *tem o escopo ético-jurídico de preservar o interesse do tutelado e do curatelado*. Em outras palavras: *ausente a prestação de contas, inviável será a adoção*.[210]

Se o adotante vier a falecer no curso do procedimento, desde que tenha sido colhida sua inequívoca manifestação de vontade, a adoção poderá ser-lhe deferida, nos termos do art. 42, § 5º, do ECA c/c 1.628, NCC. É a hipótese do deferimento de *adoção ao morto*, que se aplica tanto na adoção de crianças e adolescentes, quanto na adoção de maiores de idade. Alguns chamam tal adoção de *adoção post mortem*.

Não se fez qualquer distinção de sexo para a adoção, exigindo-se apenas a maioridade civil, ou seja, tanto o homem quanto a mulher, desde que maiores de 18 anos, podem adotar. Diante disso, questiona-se: *o homossexual pode adotar?*

A questão tem sido polêmica, mas a lei não veda tal adoção.

Evidentemente, podemos entender que, se a adoção é uma das formas de colocação em *família substituta* (art. 28, ECA), a adoção por homossexuais estaria vedada, porque, por enquanto, companheiros homossexuais não formam entidade familiar. Todavia, também, poder-se-ia entender em caso de impedimento dessa adoção a existência de preconceito de sexo, discriminação sexual ou um ferimento à igualdade de todos perante a lei, o que é vedado constitucionalmente (art. 5º, *caput, CF)*. Apesar disso, parece-nos possível tal adoção, porque outros princípios a norteiam.

A Carta Federal admite a existência de *família monoparental*, não havendo qualquer óbice à sua formação pela via da adoção. A Constituição Federal proíbe a discriminação de sexos. Por outro lado, a adoção deve ter em vista *os interesses do adotando*, ou seja, se a adoção servir para tornar possível e digna a vida do adotando, não há qualquer impedimento à adoção por homossexuais e lésbicas. Evidentemente, não podemos jogar o adotando em antros de promiscuidade, seja com heterossexuais, seja com homossexuais. Mas isso será definido pelos estudos sociais e técnicos do caso, decidido pelo prudente arbítrio do juiz. Afinal, como adverte José Luiz Mônaco da Silva,[211] *o que importa é a idoneidade moral do candidato e a sua capacitação para assumir o ônus resultante de uma paternidade afetiva.*[212] Em outras palavras: *o que impedirá, pois, o acolhimento do*

---

[210] Fachin, Luiz Edson. *Comentários ao novo Código Civil*. Op. cit., p. 166.
[211] Silva, José Luiz Mônaco da. *A família substituta*. Op. cit., p. 117.
[212] Estatuto. Op. cit., p. 72.

pedido de colocação em família substituta será, na verdade, o comportamento desajustado do homossexual, jamais a sua homossexualidade.

Relativamente à adoção por *avós e irmãos do adotando*, ela é vedada pelo Estatuto da Criança e do Adolescente (art. 42, § 1º), sendo que o Novo Código Civil a ela não fez referência. Para nós, porém, aquela proibição alcança a adoção do Código Civil, porque se fosse permitida afetar-se-ia a legítima de herdeiro necessário mais próximo, tal como o filho. No caso de avós, a solução seria colocar-se o filho sob tutela, como bem o diz Silvio de Salvo Venosa.[213]

Permite-se, porém, a adoção por outros *parentes*, como no caso de um tio adotar um sobrinho (parentes colaterais de 3º grau), o que é muito usual em nosso país.

5.5. Dos adotandos ou de quem pode ser adotado

O Código Civil dispõe que a adoção de maiores de 18 anos dependerá de assistência efetiva do Poder Público e de sentença constitutiva. Isso não significa apenas que se exige processo judicial na adoção, mas que o Código Civil regula a adoção de pessoas maiores de 18 anos. A única exceção, na adoção de maiores, reside no art. 40 do ECA: se o adotando maior de idade já estiver sob a guarda ou tutela dos adotantes ao tempo da adoção, esta regular-se-á pelas normas estatutárias.

O ECA refere-se a quem *pode* ser adotado pelas suas regras: o adotando deve contar com, no máximo, 18 anos à data do pedido. Assim, quando se tratar de crianças e adolescentes, independentemente de sexo, estado de saúde, cor, raça, credo, desde que com idade até 18 anos de idade, em situação de risco, desassistidos, expostos ou com o consentimento dos pais ou responsáveis legais para a adoção, devemos aplicar as normas do Estatuto nessa adoção.

Por outro lado, porque óbvio, não pode o adotando já ter sido adotado por terceira pessoa, exceto se já tiver sido adotado por um dos cônjuges ou companheiro, antes do casamento ou da união estável. Neste caso, sim, pode ser também adotado pelo outro cônjuge ou companheiro. Caso contrário, ficará sendo filho apenas daquele que o adotou.

O marido e a mulher, evidentemente, não podem ser adotados pela mesma pessoa, porque *o fato os faria irmãos entre si.*[214]

---

[213] Op. cit., p. 324.
[214] Marmitt, Arnaldo. Op. cit., p. 15.

O nascituro pode ser adotado?

A Convenção de Haia, de 29-5-93 (Decreto Legislativo n. 63, de 19-4-95), relativa à adoção internacional, implicitamente, impede a sua realização.[215] A lei civil revogada permitia a adoção do nascituro (art. 372, CC/16), persistindo discussão doutrinária a respeito. Foi omisso o novo Código Civil de 2002.

Embora existam opiniões favoráveis,[216] para nós, realmente, tal adoção não se faz possível à luz do novo Código Civil, porque, além de não estar prevista, contraria o espírito do Estatuto da Criança e do Adolescente. Ademais, possibilitaria inúmeras fraudes – tráfico internacional de crianças, p.ex. – e sério risco ao nascituro "adotando".

Agora, com a sentida aproximação da adoção civilista da adoção de crianças e adolescentes, mais se justifica a inviabilidade.

Podemos enumerar alguns óbices à adoção de nascituros. *Primeiro*, porque tal adoção violaria a lista de que trata o art. 50 do ECA, possibilitando as "famosas" *barrigas de aluguel*; *segundo*, porque se dispensaria o estágio de convivência, que é necessário para que adotando e adotantes fiquem adaptados entre si; *terceiro*, porque a adoção se perfectibiliza com a sentença transitada em julgado, e esta não pode decidir a respeito da expectativa do nascimento com vida do nascituro. Ademais, há impossibilidade do registro civil de nascituros. Assim, como a adoção deve ter em vista os reais benefícios para o adotando (art. 1.625, NCC), não podemos sujeitar a adoção *a fato futuro e incerto, como é o referente ao nascimento de pessoa em gestação.*[217]

Todavia, fosse permitida tal adoção, ela devia *ser feita, por analogia, de acordo com o Estatuto da Criança e do Adolescente, não podendo prevalecer interpretação literal.*[218]

5.6. A adoção por casais

Quando se tratar de adoção pretendida por *casais (adoção conjunta)*, casados ou vivendo em união estável, mesma forma, exige-se não apenas a idade de 18 anos para um dos pretendentes à adoção (um dos membros do casal), mas que se prove a *estabilidade da família*. Isso é o que dispõe

---

[215] Azambuja, Maria Regina Fay de. Op. loc. cit., p. 312.
[216] Pereira, Sérgio Gischkow. *Ajuris* 53/72 e Silmara Juny Chinelato: Adoção de nascituro e a Quarta era dos direitos. *Apud Novo Código Civil. Questões Controvertidas.* Ed. Método, 2003, p. 355 e ss.
[217] Bordallo, Galdino Augusto Coelho. Op. loc. cit., p. 266.
[218] Venosa, Silvio de Salvo. Op. loc. cit., p. 311.

o parágrafo único do art. 1.618, NCC: *A adoção por ambos os cônjuges ou companheiros poderá ser formalizada, desde que um deles tenha completado 18 (dezoito) anos de idade, comprovada a estabilidade da família.*

A prova da *estabilidade da família* já se exigia no Estatuto (art. 42, § 2º). Tal exigência abrange não apenas o casamento, mas também a união estável ou companheirismo. Obviamente, a estabilidade familiar passa pela conjugação da vontade de ambos quanto à adoção, porque um cônjuge não pode adotar sem o consentimento do outro.[219] Isso criaria um clima de difícil convivência para o novel lar do adotando.

Segundo ensina Paulo Luiz Netto Lobo,[220] *a estabilidade da família é uma situação de fato, assegurada na convivência familiar autônoma dos que desejam adotar.*

A estabilidade da família passa por considerações diversas, não apenas de ordem material, mas também psicológica. Com efeito, não basta apenas que o casal queira adotar, porque atendeu ao requisito idade. Como se disse, o adotando deve ter vantagem na sua adoção, e uma delas é o acolhimento num lar constituído e feliz, num lar *estável*. Tal estabilidade deve ser provada por testemunhas, atestada, inclusive, pelo estudo social do caso, com pareceres de Psicólogo e Assistente Social, na investigação com vizinhos e amigos. Não se pode conceder adoção para um casal, quando um dos cônjuges agride o outro ou um deles é ébrio contumaz, porque viria em prejuízo do adotando. Enfim, *para que se afira a estabilidade de uma relação familiar, necessária avaliação individualizada.*[221]

Tal requisito – estabilidade da família – poderá causar alguns percalços, pois, como será possível comprovar "estabilidade" de uma família em que os cônjuges têm dezoito e dezesseis anos?

Daí se exigir do magistrado ampla prudência e adequada sensibilidade, como advertiu o Min. Oscar Dias Corrêa:[222] *há que se esperar do juiz a serena e equânime avaliação da hipótese e da conveniência da adoção.*

Ainda, o cônjuge ou companheiro pode adotar o filho do outro, quando serão mantidos os vínculos de filiação entre o adotado e o cônjuge ou companheiro do adotante e os respectivos parentes. O adotando torna-se filho do casal para todos os efeitos, tal como dispõe o art. 1.626, parágrafo único, NCC. Em outras palavras: *a lei permite que, com a adoção, o padrasto ou madrasta assuma a condição de pai ou mãe.*[223]

---

[219] No mesmo sentido: José Luiz Mônaco da Silva. Op. cit., p. 76.
[220] Op. cit., p. 149.
[221] Bordallo, Galdino Augusto Coelho. *O Novo Código Civil*. Rio de Janeiro, Freitas Bastos, 2002, p. 247.
[222] Op. cit., p. 494.
[223] Venosa. Op. cit., p. 323.

Os divorciados também podem adotar conjuntamente. Neste caso, dois requisitos são necessários: 1) *fazer a prova de que já antes da separação havia se iniciado um estágio de convivência com o menor e 2) que no pedido de adoção declarem a qual dos dois adotantes caberá a guarda do adotado, fixado, desde logo, o regime de visita a que terá direito o outro* (arts. 42, § 4º, ECA c/c 1.622, parágrafo único, NCC).

A nova lei civil atualizou-se no tocante à possibilidade da adoção por companheiros, seguindo a determinação constitucional, que atribui à união estável o caráter de entidade familiar (art. 226, §3º, CF). É preciso distinguir-se, no entanto, que a possibilidade de adoção por companheiros *não se aplica à união de pessoas do mesmo sexo.*[224]

5.7. O processo de adoção

O art. 1.623, *caput*, NCC, determina que a adoção se faça por *processo judicial, observados os requisitos estabelecidos neste Código.* Assim, unificou-se a exigência: tanto pelas regras do Estatuto, quanto pelas do novo Código, o processo judicial de adoção é indispensável.

A lei codificada se referiu aos requisitos de direito material, porque os de direito processual, específicos ou não, estão em o art. 165 e incisos do ECA, exigíveis tanto na adoção de adultos, quanto na de crianças e adolescentes. Como a adoção é uma das formas de colocação de menor em família substituta (art. 28, ECA), devemos entender que devem ser atendidos aqueles requisitos do art. 165 e incs., somados aos especiais ou específicos, que são próprios da adoção.

O processo de adoção não é litigioso, mas é sigiloso e de *jurisdição voluntária*, assim como os de guarda e de tutela.[225] Mesmo que haja oposição dos pais nele não se reconhece qualquer litigiosidade.

Disso decorre a obviedade de que não mais existe adoção por escritura pública, para adotandos maiores de idade, tal como permitia o Código Civil de 1916. Agora, tanto a adoção de maiores, quanto a de menores de idade, obedecerão a processo judicial, com assistência efetiva do Poder Público e de sentença constitutiva, como dispõe o art. 1.623, parágrafo único, do NCC.

Embora omisso o novo Código a respeito da possibilidade de adoção por *procuração*, a regra do art. 39, parágrafo único, do ECA, deve ser

---

[224] Ceneviva, Walter. *Lei dos Registros Públicos Comentada.* 15ª ed. São Paulo, Saraiva, 2003, p. 194.
[225] Tesheiner, José Maria Rosa. Procedimentos de jurisdição voluntária segundo o novo Código Civil. *Revista Jurídica,* n. 307, p. 40.

aplicada, restando proibida a adoção por procuração, seja de maiores, seja de menores de idade. Afinal, *trata-se de ato pessoal e o contato direto com o magistrado e seus auxiliares é fundamental*.[226]

É preciso observar-se, porém, que da exigência de processo judicial decorre a necessária participação de *advogado*. Assim, em qualquer processo de adoção de maiores de idade, sob o Código Civil, não se abdica da petição inicial, firmada por advogado e dirigida ao Juiz de Família (adoção de maiores) ou ao Juiz da Infância e da Juventude (adoção de crianças e adolescentes). Devem ser obedecidos os requisitos do art. 282 do CPC, acrescidos daqueles previstos no Estatuto (art. 165).

Todavia, em se tratando de adoção de crianças e adolescentes, na forma do seu Estatuto, não há necessidade de advogado, como dispõe o art. 166 da Lei 8.069/90, não apenas para a facilitação da adoção, mas pela celeridade e economia processuais.

Note-se: para a adoção deve vir cumulativo o pedido de decretação de perda do poder familiar, se este já não tiver ocorrido. Mas a sua ausência não implica inépcia da inicial.

No mais, dá-se o devido processo legal, pela citação dos pais do adotando, pessoal ou por edital, colhimento do estudo social e do consentimento para a adoção. Se o adotando for um adolescente, não se olvide de que deve ser ouvido a respeito do consentimento.

A contestação dá-se em dez dias, aplicando-se, por analogia, o procedimento previsto nos arts. 156 *usque* 162 da Lei n°. 8.069/90.

O Ministério Público deve ter atuação *efetiva* nos processos de adoção, porque age como fiscal da lei. Não uma atuação passiva, simplória, mas atuação ativa na formação da prova, no sentido de perquirir se existe vantagem na adoção, verificando o *the best interest* da criança ou adolescente no ato jurídico a ser realizado ou velando pela regularidade legal na adoção de maiores de idade.

Doravante, fica valendo o Estatuto quando se determina o estudo social do caso (art. 167, ECA), uma vez que a nova regra civil vigente (art. 1.623, parágrafo único, NCC) determina a assistência efetiva do Poder Público no processo de adoção. Assim, através do estudo social é que se constatará se a adoção traz um *efetivo benefício para o adotando,* como dispõem os arts. 1.625, NCC, e 43 do ECA.

Em se tratando de procedimentos que findam por sentença *constitutiva*, a apelação é o recurso com que se ataca o ato de adoção. Pode ser interposta pelo adotante, pelo adotado, por curador, pelo tutor, pelo Mi-

---

[226] Venosa, Silvio de Salvo. Op. loc. cit., p. 323.

nistério Público, enfim, até por terceiros, porque se trata de ação de estado. Não há interesse em se deferir adoções ilegais, porque matéria de ordem pública e indisponível.

A apelação será recebida apenas no efeito devolutivo, exceto se o magistrado entender de recebê-la, também, no efeito suspensivo, na hipótese do art. 198, inc. VI, do ECA (casos de possibilidade de prejuízos ou na adoção por estrangeiros).

5.8. Do consentimento para a adoção

A regra é a de que não há adoção sem o consentimento (art. 1.621, *caput*, NCC), que é o assentimento para a adoção, oriundo dos pais ou do responsável legal pelo adotando. Representantes legais são os pais, tutores e curadores. Se estes se opõem à adoção, há necessidade de destituição do poder familiar, pelo devido processo legal. Mesmo que o consentimento venha por escrito, deve ser ratificado perante o magistrado (art. 166, parágrafo único, do ECA).

O consentimento não pode ficar sujeito a nenhuma condição, embora, às vezes, surjam casos da chamada *adoção dirigida*, ou adoção *intuitu personae*, que ocorre quando os pais concordam na adoção, desde que para determinada(s) pessoa(s). Tal condição não é vista com bons olhos, porque violadora da lista para adoção, de que trata o art. 50 do ECA.

Se o adotando for absolutamente incapaz, mas tiver mais de 12 anos de idade, deve ser pessoalmente ouvido a respeito do consentimento. O art. 1.621, *caput*, *NCC*, refere-se à necessidade de *concordância* do adotando maior de 12 anos de idade. Concordância é uma forma de consentimento. Nesse caso, serão dois *consentimentos*, ou *duas manifestações:*[227] 1) daquele que tiver mais de 12 anos de idade e 2) dos seus pais/responsáveis, se presentes.

A captação da concordância do adolescente tem sua razão de ser, considerando o desenvolvimento e o nível de informação das pessoas com idade superior a 12 anos e inferior a 18 anos de idade. Assim, considera-se que *o adotando de doze anos de idade já dispõe de meios que lhe possibilitam a manifestação sobre a adoção.*[228] A concordância desse menor deve ser feita pelo juiz e averiguada pessoalmente pelo pessoal especiali-

---

[227] Fachin, Luiz Edson. *Comentários ao novo código Civil*. Vol. XVIII, Rio de Janeiro, Forense, 2003, p. 172.
[228] Silva. Regina Beatriz Tavares da. *Novo Código Civil Comentado*. Coord. Ricardo Fiúza. São Paulo, Saraiva, 2002, p. 1.433.

zado do Juizado da Infância e da Juventude, para verificar-se se não há qualquer vício na manifestação.

Embora a concordância ou a discordância do menor, há quem entenda que o juiz não está adstrito a fazer o que deseja o adotando, devendo decidir de acordo com seu livre convencimento e levando em consideração o melhor interesse da criança e do adolescente.[229] Isso é verdade apenas em parte. Via de regra, quando um adolescente não quer ser adotado por determinada(s) pessoa(s), a sua rebeldia se mostra patente e gera sérios problemas.

Para nós, na discordância do adolescente com a adoção, o melhor é não efetivá-la, isto é, não se perfaz a adoção, mesmo que os adotantes a desejem. Segundo Luiz Edson Fachin:[230] *a negativa por parte do adotando maior de 12 anos, mesmo sendo ele absolutamente incapaz, pode obstar a viabilidade da adoção. A relação paterno-filial não será formada se o adotando a recusar.* Assim, exatamente porque devemos levar em conta o melhor interesse do adotando, a sua concordância é requisito *sine qua non* para se perfectibilizar a adoção. A adoção é ato de amor e para isso deve existir conquista e merecimento, jamais imposição de uma ou de outra parte.

A propósito, o Projeto de Lei nº 1.756 de 2003, do Deputado João Matos, de Santa Catarina, prevê, no art. 6º, § 1º, que *tratando-se de adotando maior de doze anos, sua oitiva é obrigatória, somente não sendo respeitada eventual opinião sua em contrário se comprovadamente seus argumentos negativos forem danosos aos seus interesses futuros.*

A exigência de consentimento dos pais biológicos do adotando, ou dos seus representantes nomeados, essas sim, podem ser afastadas por *causa natural* (orfandade, *v.g.*) ou por *causa jurídica* (decretação de perda do poder familiar, *v.g.*), nos termos dos arts. 1.621, § 1º c/c 1.624, NCC. Fala-se, então, em dispensa ou desnecessidade do consentimento para a adoção. Na comparação desses dispositivos é que reside alguma polêmica na matéria.

O art. 1.621, §1º, NCC, dispõe que: o consentimento será dispensado em relação à criança ou adolescente cujos pais sejam desconhecidos ou tenham sido destituídos do poder familiar.

Já havia igual previsão na Lei 8.069/90 (art. 45 e §§).

O art. 1.624, NCC, por seu turno, refere que não há necessidade do consentimento do representante legal do menor, se provado que se trata

---

[229] Bordallo, Galdino Augusto Coelho. Da adoção, *apud O Novo Código Civil*. Op. cit., p. 251.
[230] *Comentários*. Op. cit., p. 172.

de infante exposto, ou de menor cujos pais sejam desconhecidos, estejam desaparecidos, ou tenham sido destituídos do poder familiar, sem nomeação de tutor; ou de órfão não reclamado por qualquer parente, por mais de um ano.

Vemos, portanto, que o art. 1.624, NCC, parece elencar hipóteses já previstas no §1º do art. 1.621, NCC. Qual seria a razão?

Para alguns doutrinadores, o art. 1.624, NCC, poderia ter figurado como parágrafo do art. 1.621,[231] porque acrescenta outras hipóteses de dispensa de consentimento, sendo que, para outros, há sério equívoco do legislador, pois aquele artigo *torna inútil o art. 1.621, em seu § 1º, englobando-o, na medida em que diz o que nele consta e ainda bem mais.*[232]

Os citados dispositivos, de fato, não têm uma redação das mais precisas, sendo que essa matéria – consentimento na adoção – poderia ter sido tratada em um único artigo. Todavia, devemos partir do princípio de que o legislador não cria disposições inúteis, de forma a interpretarmos de forma aceitável a norma legal.

Vê-se, pois, que os dois casos previstos no art. 1.621, § 1º, NCC, a respeito da dispensa de consentimento, estão presentes no art. 1.624, NCC: 1) crianças e adolescentes filhos de pais desconhecidos e 2) crianças e adolescentes destituídos do poder familiar. Na hipótese dos destituídos do poder familiar, no entanto, o art. 1.624, NCC, refere-se apenas aos casos onde não tenha havido nomeação de tutor, *verbis: tenham sido destituídos do poder familiar, sem nomeação de tutor.*

Pode-se questionar, então, a respeito das razões pelas quais os artigos mencionados repetiram que não há a necessidade do consentimento (ou dispensado o consentimento) quando a criança ou o adolescente sejam filhos de pais desconhecidos ou destituídos do poder familiar?

Na hipótese (1), quando as crianças ou adolescentes são filhos de pais desconhecidos, poderemos ter ou não a situação de uma criança abandonada, ou um *infante exposto*. O infante exposto é o menor abandonado, em seus primeiros dias de vida, situação que pode ocorrer tanto em casos de pais conhecidos, quanto de pais desconhecidos. Essa exposição de incapaz, em tese, pode configurar o crime do art. 243 do Código Penal.

Os arts. 1.621, § 1º, e 1.624, NCC, determinam a dispensa de consentimento para a adoção de criança ou adolescente filhos de pais desconhecidos, porque a exposição de crianças em tal condição pode gerar,

---

[231] Lobo, Paulo Luiz Netto. *Código Civil Comentado*. Vol. XVI, São Paulo, Atlas, 2003, p. 167.
[232] Pereira, Sérgio Gischkow. Artigo O Direito de Família. Alguns aspectos polêmicos ou inovadores. *Revista Brasileira de Direito de Família*, Ed. Síntese, jun/jul 2003, n. 18/ 149.

modo absoluto, uma forma fática, concreta e irreversível de situação material de abandono. Precisamos notar, todavia, que se os pais são desconhecidos, e a criança *não tem tutor*, obviamente, não podemos exigir consentimento e nem prejudicar a criança, em face da demora em resolver sua situação pessoal de abandono. Nesse caso, basta que os pais não sejam conhecidos, e a criança esteja em abandono, sem tutor, para que se dispense o consentimento para essa adoção. Aplica-se o art. 1.621, §1º, NCC. Uma advertência: tratando-se de infante exposto, como veremos, tal circunstância deve ser *provada*, como prevê o art. 1.624, NCC.

Pode ocorrer, entretanto, de a criança ou o adolescente serem filhos abandonados, de pais desconhecidos, mas possuírem *um tutor*, que tenha sido nomeado pelo juiz, na forma do *art. 1.734, NCC*. Mesmo tendo representante legal (tutor), a desnecessidade do consentimento para a adoção é prevista igualmente pelo art. 1.624, NCC. Porém, nesse caso, exige-se a destituição do poder familiar, porque existe um representante legal titular da autoridade parental (o tutor), sendo o caso albergado pelo art. 1.624, NCC. Afinal, como bem referiu Luiz Edson Fachin:[233] *não é possível a adoção de alguém que ainda esteja sob a autoridade parental de outrem.*

Temos uma situação bem diferente relativamente *à destituição do poder familiar*, porque o § 1º do art. 1.621, NCC, não se refere à existência de tutor, como se faz no art. 1.624, NCC. Como sabemos, o representante legal do destituído do poder familiar é o tutor (art. 1.728, inc. II, NCC). Se os representantes legais do adotando estão destituídos do poder familiar, mas não houve a nomeação de tutor, obviamente, não há razão para exigir-se consentimento, e a dispensa deste é regida pelo art. 1.621, § 1º, NCC. Entenda-se: dispensado o consentimento dos pais ou do responsável legal, mas jamais o do adolescente (mais de 12 anos de idade), cuja concordância é exigência do *caput* do art. 1.621, NCC.

Todavia, se o adotando possui tutor, e a adoção não se perfaz, quando existe poder familiar constituído, a hipótese é regida pelo art. 1.624, NCC, exigindo-se a destituição do poder familiar, uma vez que o texto desse artigo se refere a situações *provadas,* ou seja, *prova de que se trata de infante exposto; ou prova de que se trata de menor cujos pais sejam desconhecidos; ou prova de que os pais estejam desaparecidos ou prova de que tenham sido destituídos do poder familiar, sem nomeação de tutor e, finalmente, prova de que se trata de órfão não reclamado por qualquer parente.*

---

[233] *Comentários ao Código Civil.* Vol. XVIII. Rio de Janeiro, Forense, 2003, p. 171.

Outros casos prevê o *art. 1.624, NCC*, quando se refere especificamente ao *infante exposto*. Repetimos: infante exposto é o menor abandonado, que pode surgir tanto pelo fato de a criança ter sido abandonada por pais conhecidos, quanto abandonada por pais desconhecidos.

A hipótese do infante exposto por pais desconhecidos, como vimos, enquadra-se em o §1º do art. 1.621, NCC, dispensando-se o consentimento, mas a do infante exposto com pais *conhecidos* é regrada pelo art. 1.624, NCC. Devemos entender, portanto, que o art. 1.624, NCC, refere-se à situação na qual *sabe-se quem são os pais do menor, verificando-se, mesmo assim, a situação de abandono.*[234] Nesse caso, não há necessidade do consentimento, mas há necessidade da destituição do poder familiar. O abandono, como sabemos, é causa de destituição do poder familiar (art. 1.638, inc. II, NCC).

De fato, pensamos que, em se tratando de *infante exposto*, mas filho de pais *conhecidos*, a hipótese de desnecessidade do consentimento para a adoção exige a prévia destituição do poder familiar. Não se trata de burocratizar ou dificultar a adoção, mas porque o art. 1.624, NCC, repetimos, exige seja *provado que se trata de infante exposto (sic)*. A prova de que o infante está exposto, abandonado, quando os pais estão presentes, faz-se pelo devido processo legal, que é a destituição do poder familiar.

Na verdade, temos visto inúmeros casos, por absoluta falta de recursos e verdadeira omissão estatal, em que os pais deixam seus filhos ao abandono, à situação de *expostos*. Muitas vezes, não há qualquer vontade pessoal (*animus*) ao abandono, constatando-se mesmo é a ausência de uma política social voltada ao auxílio de famílias carentes. Em outras palavras, houvesse uma preocupação efetiva do Estado dirigida aos pais e às famílias desamparadas, com psicólogos e recursos suficientes, a criança não estaria exposta. O desemprego, a falta de oportunidade, a pobreza, enfim, tudo isso leva muitas famílias e filhos à desunião, à exposição, às drogas e à prostituição, como sabemos. Isso precisa ser identificado, para separarmos o joio do trigo.

Daí por que pensamos que, em alguns casos previstos no art. 1.624, NCC, quando presentes os representantes legais do adotando, há de existir pedido cumulado ou ação autônoma de destituição do poder familiar. Até porque os pais do infante exposto, que é uma forma de abandono, para perderem o poder familiar, devem ser submetidos a um procedimento de extinção deste. A extinção do poder familiar (abandono) só se caracteriza

---

[234] Fachin, Luiz Edson. Op. cit., p. 191.

O Código Civil e o Novo Direito de Família

por ato judicial (art. 1.638, NCC) e por sentença (art. 1.635, incs. IV e V, NCC).

Quanto aos casos de *pais desaparecidos*, para caracterizar-se o desaparecimento dos pais deve-se *ensejar diligências de modo a verificar a veracidade da situação alegada.*[235] Pais desaparecidos *não se confunde com pais desconhecidos.* Como advertiu Sérgio Gischkow Pereira,[236] *pais desaparecidos não significam inexistência de pais.* Aqui, também, não se afasta a via destituitória, quando os pais desaparecidos podem/devem ser citados via edital.

O *órfão* é aquela criança ou adolescente cujos pais são falecidos, isto é, há prova do falecimento dos pais. Difere da hipótese de pais desaparecidos e de pais desconhecidos. A adoção de órfãos só dispensa o consentimento se não houver reclamação de qualquer parente por mais de um ano, segundo o art. 1.624, NCC.

No caso de órfãos, às vezes, também se exige a prévia destituição de poder familiar. Afinal, ao órfão a lei determina que seja nomeado um tutor (art. 1.728, inc. I, NCC). O tutor, mesma forma, sendo o responsável legal pelo órfão, deve conceder o consentimento para adoção, porque essa é uma das hipóteses de cessação da condição de tutelado (art. 1.763, inc. II, NCC). Assim, mesmo que *qualquer parente* não reclame pela adoção do órfão, por mais de um ano, em havendo tutor, há necessidade do consentimento deste para a adoção.

A única hipótese de dispensar-se o consentimento ao órfão está prevista em lei: será no caso de não ter sido nomeado tutor, e nenhum parente reclamar a adoção *por mais de um ano.* Destarte, um ano e um dia depois do falecimento dos pais, em não havendo tutor, haverá a dispensa direta de consentimento para a adoção, tal como prevê o art. 1.624, NCC.

Finalmente, afirmamos que mesmo nas hipóteses de existir tutor nomeado, devemos sobrelevar o interesse da criança e do adolescente, verificando as reais vantagens que a adoção deve proporcionar ao adotando, deferindo-se a adoção mesmo contra a vontade do tutor, ante o princípio da Proteção Integral.

O *adotando maior* deve expressar pessoalmente ao juiz o consentimento e quanto a isso não há maior problema.

O consentimento, porém, não pode ser visto apenas pela ótica dos pais biológicos do adotando, porque quando este vai ingressar em uma família substituta, afigura-se indispensável que *o casal* concorde com a

---

[235] Fachin. *Comentários.* Op. cit., 2003, p. 193.
[236] Art. cit. p. 149.

adoção. Não há regra legal a respeito, porém, não resta dúvida de que, se um dos cônjuges ou companheiros não quiser adotar, o adotando será um estranho no ambiente doméstico, o que poderá tornar-se um "problema" e causa de desavença entre o casal, decorrendo sérios prejuízos à criança. Se apenas um dos cônjuges/companheiros pretender a adoção, para o outro cônjuge/companheiro que não adotou, o adotando será considerado como filho *do outro* a residir no lar conjugal, pelo que devemos aplicar por analogia o art. 1.611 do NCC. Em outras palavras: apenas se adota com a concordância de ambos os cônjuges/companheiros, sob pena de tal adoção não ser fruto de amor e nem benéfica ao adotando.

Para os menores tutelados ou maiores curatelados, os tutores e curadores são seus representantes legais (art. 1.747, inc. I, NCC). Adotadas tais pessoas, cessa a tutela ou curatela (art. 1.763, inc. II, NCC).

Pode ocorrer, ademais, de os pais arrependerem-se do consentimento, o que criará grande problema na adoção. Afinal, como constatou Claudia Fonseca,[237] *a mãe biológica quase nunca considera ter 'abandonado' seus rebentos*.

Daí o art. 1.621, § 2º, NCC, prever a possibilidade de *revogação do consentimento até a publicação da sentença constitutiva da adoção*.

Está claro que tal dispositivo *poderá gerar insegurança aos pretendentes à adoção, bem como à criança, em razão da possibilidade conferida aos pais biológicos de voltarem atrás em sua decisão, em momento em que o adotando já se encontra, muitas vezes, na guarda dos requerentes à adoção.*[238]

Isso deve ser bem entendido, porque o artigo, de fato, veio complicar mesmo é na hipótese de adoção de crianças e adolescentes, podendo ferir-lhes a Proteção Integral. Para a adoção de maiores de idade, ela não trará maiores problemas.

Em se tratando de adoção de crianças e adolescentes, o Juiz da Infância e da Juventude, como sabemos, pode reformar a sua sentença, mesmo depois de publicada, havendo apelação, como dispõe o art. 198, inc. VII, do ECA. Se houver pretensão de revogação de consentimento, cumprirá ao magistrado da infância e da juventude verificar qual o interesse preponderante ou a eventual *motivação* que se esconde naquela pretensão. Se a adoção atender o melhor interesse da criança, não tem sentido admitir-se a revogação de consentimento, seja até a publicação da sentença ou posteriormente.

---

[237] *In: Caminhos da Adoção*. 2ª ed., São Paulo, Cortez, 1995, p. 36.
[238] Azambuja, Maria Regina Fay de. Op. cit., p. 315.

Há quem entenda que *somente em primeiro grau de jurisdição o consentimento será revogável.*[239]

Ocorre que a adoção gera efeitos a partir do trânsito em julgado da sentença, como expressamente dispõe o art. 1.628, NCC: *os efeitos da adoção começam a partir do trânsito em julgado da sentença (...).* Assim, parece-nos que, mesmo depois de publicada a sentença, enquanto não transitada em julgado, a adoção não se perfectibilizou e pode ser pretendida a revogação do consentimento.

No curso do prazo recursal, o(s) responsável(eis) pelo consentimento pode(m) pretender revogá-lo, mas deve(m) interpor apelação. Nesse caso, o juiz – na adoção do ECA, por revisão da sentença – ou o Tribunal – na adoção de maiores e/ou menores, com o julgamento da apelação – verificará a *razoabilidade* da motivação invocada, para acolher-se ou não a revogação do consentimento. Não podemos suprimir do Tribunal o reexame da questão, em face do princípio do duplo grau de jurisdição.

No mais, embora essa faculdade legal (recurso), entendemos que não há qualquer *direito líquido e certo* ao acolhimento da pretensão de revogação de consentimento. Afinal, se a criança estiver adequada e legitimamente amparada, num lar feliz, não há por que se revogar o consentimento. Na hipótese, devemos sempre nos inclinar pela aplicação irrestrita da Doutrina da Proteção Integral.

No caso de os pais do adotando, ou só o pai ou só a mãe, serem igualmente adolescentes, surge problema quanto ao consentimento, porque *são pessoas em desenvolvimento* e também sujeitas à *proteção integral.* Destarte, embora *assistidos* para o consentimento, tais adolescentes devem ser previamente ouvidos, sendo que a adoção não pode ser deferida sem que a autorizem expressamente. Aliás, se o art. 45, § 2°, do ECA, refere-se à necessidade do consentimento expresso do adotando que for maior de 12 anos de idade, com maior razão ao consentimento expresso em sendo os pais adolescentes.

5.9. Efeitos da adoção

A sentença de adoção transitada em julgado é que dá o adotado como filho do adotante, ou seja, a partir do trânsito em julgado é que se iniciam os efeitos da adoção (art. 1.628, NCC). A partir da sentença transitada em julgado, portanto, finda-se o poder familiar anterior, que passa a ser de

---

[239] Fachin, Luiz Edson. *Comentários.* Op.cit., p. 175.

titularidade dos pais adotivos. Há irrevogabilidade da adoção, e a morte do adotante não restabelece o poder familiar dos pais biológicos.

A sentença transita em julgado dez dias depois da intimação dos interessados. Até o trânsito em julgado, o ato judicial pode ser atacado pela via da apelação, seja das partes, seja do Ministério Público ou de um terceiro que tiver interesse.

Apenas em uma hipótese a sentença é retroativa em seus efeitos, ou seja, quando o adotante faleceu no curso do procedimento de adoção (art. 1.628, NCC), tal como também dispõe o art. 47, § 6º, do ECA. Isso se aplica na adoção de maiores de idade.

Depois, a sentença deve ser devidamente averbada no registro civil. O art. 10, inc. III, do novo Código, última parte, ao referir que *far-se-á a averbação em registro público... os atos extrajudiciais de adoção* é de uma inutilidade gritante, porque a adoção, agora, exige sentença, que é ato judicial por excelência. Não há possibilidade de qualquer registro de ato extrajudicial de adoção, porque terminou a adoção por escritura pública.

Como disse Maria Helena Diniz:[240] *Consequentemente, se não se pode adotar por meio de escritura pública, não há que falar em averbação de ato extrajudicial de adoção e do ato que a dissolver, pois não mais será possível revogá-la, nem poderá o adotando desligar-se unilateralmente da adoção.*

Assim, as repercussões da adoção no registro civil serão aquelas do Estatuto da Criança e do Adolescente e da Lei dos Registros Públicos, ou seja, a sentença judicial, constitutiva da adoção, será inscrita no registro do domicílio dos adotantes, mediante mandado judicial do qual não se fornecerá certidão (art. 47, ECA). O registro anterior, se houver, é cancelado (art. 96, LRP) e a ele jamais se fará referência, exceto se houver requisição pela autoridade judiciária. A propósito da requisição, parece-nos que no Livro de Registro de Nascimentos, quando for o caso, deve ser averbada a adoção, para manter-se a origem do adotando, a fim de que se consiga atender eventual requisição da autoridade judiciária, sob pena de não ter sentido a lei ressalvar a hipótese. Por outro lado, com isso assegura-se o direito à origem da pessoa, impedindo-se, até, eventual casamento do adotando com alguma irmã biológica.

Surge uma nova certidão de nascimento, portanto. A averbação consignará o nome dos adotantes como pais, bem como o nome de seus ascendentes. Quando for o caso, será expedida comunicação (art. 106, LRP) *ao registrador que realizou o assento primitivo, que averbará a*

---

[240] *In: Código Civil Comentado.* Org. Ricardo Fiúza. Op. cit., 2002, p. 22.

alteração com os mesmos cuidados referentes ao sigilo,[241] até no Livro de Registro de Nascimento.

Eventual fato ocorrido antes do registro da sentença, mas depois de transitada em julgado, não é suficiente para macular a adoção já realizada, porque o adotado já é considerado filho do adotante.

O registro da adoção tem natureza meramente *declaratória,*[242] porque a constitutividade é da sentença. Refere Walter Ceneviva[243] que *são momentos distintos: o constitutivo, oriundo da decisão judicial, depois que sobre ela se operem os efeitos da coisa julgada, e o da averbação, que dá segurança, autenticidade e eficácia ao ato e torna a filiação conhecível de todos os terceiros.*

A burla do sigilo necessário quanto ao registro da adoção sujeitará o registrador às sanções do art. 325 do Código Penal – violação do sigilo funcional – cuja pena varia de seis meses a dois anos de detenção, ou multa.

As *relações de parentesco*, ademais, estabelecem-se não só entre o adotante e o adotado, como também entre aquele e os descendentes deste e entre o adotado e todos os parentes do adotante, como dispõe o art. 1.628, *caput*, NCC. Os adotantes passam a ser o pai e a mãe do adotado, com todas as repercussões advindas da filiação.

A adoção *não pode ser revogada*, ou seja, depois de constituída a filiação ela se torna perene, seja para menores ou maiores de idade.

O novo Código Civil, ao referir que a adoção atribui *a situação de filho ao adotado*, desligando-o de qualquer vínculo com os pais e parentes consangüíneos (art. 1.626, *caput*),[244] leva-nos ao entendimento de que a adoção de maiores é também irrevogável. Tal como já dispõe o art. 48 do ECA: *a adoção é irrevogável.*

Como ensina Walter Ceneviva:[245] *a adoção do maior e do menor é irrevogável. Nem mesmo o nascimento posterior de filhos dos adotantes altera a posição legal familiar do adotado.* Claro, tanto uma, quanto a outra, podem ser atacadas pelo devido processo legal de desconstituição de sentenças (ação rescisória ou ação anulatória de ato jurídico).

Relativamente às adoções realizadas sob a lei antiga, mesma forma, elas agora são irrevogáveis e trazem as mesmas conseqüências da atual

---

[241] Ceneviva, Walter. Op. loc. cit., p. 195.
[242] Lobo, Paulo Luiz Netto. Op. cit., p. 182.
[243] Op. cit., p. 197.
[244] Art. 1.626. A adoção atribui a situação de filho ao adotado, desligando-o de qualquer vínculo com os pais e parentes consangüíneos, salvo quanto aos impedimentos para o casamento.
[245] Ceneviva, Walter. Op. loc. cit., p. 194.

adoção. Poder-se-ia argumentar acerca do ato jurídico perfeito e acabado sob lei anterior. No entanto, tratamos de direitos constitucionais, direitos da personalidade e que dizem respeito à dignidade da pessoa humana. Não tem sentido, portanto, mantermos duas situações de pessoas, uns ditos *bem adotados*, com sua situação de filho consolidada, e outros numa situação limbo, discriminatória. A adoção é vida, e esta é dinâmica e passageira. Se é verdade que, tanto pelo ECA (art. 43), quanto pela nova lei civil (art.1.625, NCC), a adoção deve trazer benefícios ao adotado, não se justifica aquela odiosa discriminação.

5.9.1. O nome do adotado

Como se sabe, *nome* é o gênero (art. 16, NCC) que se compõe de prenome e sobrenome ou patronímico.[246] Prenome é João, José, Antonio; sobrenome é da Silva, Cunha dos Anjos, Lima da Fonseca; uns simples (João), outros duplos ou compostos (Antonio Cezar).

O prenome, em princípio, não pode ser mudado. A mudança de prenome em maiores de idade só poderá ocorrer quando por apelido notório ou em caso de justificada necessidade.

Na adoção, com o mandado deve sair inscrito o novo nome do adotado. É regra obrigatória, porque se trata de direito do filho, direito da personalidade. No novel registro, os adotantes figuram como pais, os pais dos adotantes figuram como avós. O sobrenome do adotado deve sempre ser o mesmo do adotante.[247]

A ordem de aposição dos sobrenomes não deve provocar discriminação com os demais filhos. Nessa matéria, porque de ordem pública, não é aconselhável muita *invenção*. Tivemos um caso de pais que queriam modificar o sobrenome do *segundo filho* do casal, colocando o sobrenome do pai antes do sobrenome da mãe. Isso foi obstado pelo Tribunal de Justiça do RS, porque geraria uma discriminação entre os filhos e ferimento aos costumes registrais.

Relativamente ao prenome de adotandos maiores de idade é que pode haver alguma dificuldade, porque já inserido como direito da personalidade daqueles. O prenome do adotando maior de idade não poderá ser modificado, seja pela falta de previsão legal, seja porque haveria maior prejuízo em sua identificação.

De qualquer sorte, o desejo de manter o *sobrenome* anterior não é possível, seja para adotandos maiores ou menores de idade, uma vez que

---

[246] Vide nosso *Direitos da Personalidade*, RT-715/36.
[247] Silva. Beatriz Regina Tavares da. Op. loc. cit., p. 1.438.

a nova regra civilista é clara: *a decisão confere ao adotado o sobrenome do adotante, podendo determinar a modificação de seu prenome, se menor, a pedido do adotante ou do adotado* (art. 1.627, NCC).

Assim, permitiu-se que apenas o adotando *menor de idade* possa modificar seu prenome – João para André, João para Antonio, Paulo para José, enfim –, sendo que o maior de idade deve conservá-lo, exatamente pela formação de um direito da personalidade.

Assim doutrina José Roberto Neves Amorim:[248]

Consumada a adoção por sentença judicial de natureza constitutiva, será expedido mandado para cancelar o registro original do adotado, lavrando-se outro com o nome dos adotantes como pais e de seus ascendentes, criando um vínculo de consangüinidade, sendo possível a alteração do prenome, se menor, desde que expressamente requerido.

5.9.2. A herança do adotado

Seja na adoção do novo Código Civil, seja na adoção do Estatuto, o filho adotado tem igualado seus direitos sucessórios com os demais irmãos consangüíneos. Se não existirem irmãos, aquele herda na totalidade.

A distinção que havia na lei civil revogada, conforme o adotante tivesse outros filhos, antes ou depois da adoção, não mais vigora.

No dizer de Amorim e Oliveira,[249] *qualquer espécie de adoção desliga o adotado de vínculo com seus pais e parentes consangüíneos (salvo quanto aos impedimentos para o casamento), atribuindo-lhe a situação de filho (art. 1.626). Assim, os filhos adotivos herdam da mesma forma que os demais filhos, em consonância com a igualdade estabelecida pelo art. 227, § 6º, da Constituição Federal de 1988.*

5.10. Conclusão

Já se disse alhures que a adoção é um ato de amor. Tal ato, porém, deve embasar-se com a firmeza necessária, de modo a assegurar que o adotando seja inserido num lar onde efetivamente reine a afetividade. Daí a necessidade das precauções legais.

A nova lei civil aproximou a adoção dos dispositivos do Estatuto da Criança e do Adolescente, mas não as unificou. Não resta dúvida, porém, que se fez uma *colcha de retalhos*, confundindo-se as duas modalidades

---

[248] *In: Direito ao nome da pessoa física.* São Paulo, Saraiva, 2003, p. 73.
[249] *In: Inventários e Partilhas.* Op. cit., 2003, p. 92.

de adoção até então tratadas separadamente.[250] Perdeu-se a oportunidade de solucionar-se outros problemas, que tinham discussão assegurada pela lei anterior, como apontamos.

A adoção restou unificada em sua natureza jurídica, tratando-se verdadeiramente de um ato jurídico complexo, ao qual não basta apenas a vontade privada, sendo de sua essência a participação do Poder Público *lato sensu*, incluído aí o Poder Judiciário, o Executivo, o Ministério Público e o Conselho Tutelar.

O juiz teve seu papel aumentado na adoção, em face da responsabilidade pela edição do ato final do processo. Destarte, mais do que nunca, deve ser vislumbrado o efetivo benefício que a adoção traga para o adotando, seja maior ou menor de idade. A adoção não se presta para experiências ou fraude de qualquer espécie, pelo que a lei foi feliz ao terminar com a adoção por mera escritura pública, porque esta se prestava a desvios na finalidade.

---

[250] Rodrigues, Silvio. Op. loc. cit., p. 389.

6. O poder familiar no novo Código Civil

Poder familiar é a expressão que o novo Código Civil (NCC) utiliza em substituição a *pátrio poder*, como constava no Código Civil de 1916.

O *poder familiar* mantém-se como um Capítulo (V), dentro das relações de parentesco, tal como se encontrava, mas reduz-se para três Seções (antes eram quatro): Disposições Gerais, Do exercício do poder familiar e Da suspensão e extinção do poder familiar.

A nova sistematização retirou do Capítulo relativo ao poder familiar (já utilizando a nova terminologia), a antiga Seção III (Do pátrio poder quanto aos bens dos filhos – art. 385, CC/16), enviando-a para o Subtítulo do Direito Patrimonial de Família, como *"Do usufruto e da administração dos bens de filhos menores"*. Assim, nessa área, o Novo Código Civil concedeu uma "promoção" a uma Seção, transformando-a em um Subtítulo do Direito Patrimonial (Subtítulo II – art. 1.689, NCC), mas "rebaixou" o anterior *Título* – Das relações de parentesco, a *Subtítulo,* inserido no Direito Pessoal (art. 1.591, NCC).

No mais, as mudanças nessa matéria foram *adaptativas* da terminologia constitucional, da igualdade dos cônjuges, da união estável e do casamento, assim como foi realizado um *acertamento* de ordem na matéria. Por exemplo: fica mantida a Seção I – "Disposições Gerais"; a antiga Seção II – "Do pátrio poder quanto à pessoa dos filhos" ficou denominada "Do exercício do poder familiar"; a Seção III, como se disse, foi guindada para o Direito Patrimonial, e a antiga Seção IV – "Da suspensão e extinção do pátrio poder" –, tornou-se a atual Seção III – "Da suspensão e extinção do poder familiar".

Apenas *nove* artigos disciplinam, especificamente, a matéria relativa ao poder familiar na nova legislação (arts. 1.630 a 1.638, NCC). No Código Civil anterior, *eram dezessete* dispositivos no capítulo do pátrio poder (arts. 379 a 395, CC/16).

O Ministério Público, por seu turno, continua mencionado apenas *uma vez* no tema do poder familiar (art. 1.637, NCC), mas a intervenção ministerial em todos os processos da matéria não é apenas obrigatória, *é indispensável*, sob pena de nulidade do processo, por força dos arts. 82, inc. II do CPC, c/c 201, inc. III do ECA.

Nossa intenção, neste trabalho, é a de fazer um estudo comparativo dessas mudanças, bem como anotar os procedimentos de atuação a cargo do Ministério Público, cuja importância é primordial e indispensável nessa temática.

6.1. Pátrio poder *x* poder familiar

Não havia definição de *pátrio poder* no Código Civil de 1916, assim como não há definição de *poder familiar* no novo Código de 2002. As noções do conceito vêm da natureza (histórica) jurídica do instituto e são adequadas pelas fartas posições doutrinárias a respeito do assunto.

A doutrina, de longa data, passou a criticar aquela expressão – pátrio poder –, nos seus dois termos: *pátrio*, porque não era apenas o pai – o *pater* – quem exercia um *poder* com exclusividade, mas também a mãe o exerce; não era mais um *poder* do pai sobre o filho, mas sim *um feixe de direitos e deveres de ambos os pais sobre os filhos*.

Sugeria-se *pátrio dever*,[251] diante da previsão de *paternidade responsável* inscrita no art. 226, § 7º, da CF. Outros autores, diante do art. 226, § 5º, da CF, pelo qual *os direitos e deveres referentes à sociedade conjugal são exercidos igualmente pelo homem e pela mulher*, viram o pátrio poder como um *poder parental*[252] (dos pais), ou *autoridade parental*,[253] como consta do Código Civil francês,[254] ou *responsabilidade parental*[255] uma vez que pertencia a ambos os pais (homem e mulher), e não ao *pater ou patrius* somente.

O novo texto preferiu *poder familiar*, tentando abarcar aquele *feixe de direitos e deveres* detido e exercido pelos pais, conjuntamente, à igualdade de direitos e deveres do pai e da mãe relativamente ao filho.

A expressão *poder familiar* continuará sofrendo críticas, seja *porque mantém a ênfase no poder*,[256] seja porque *não se coaduna perfeitamente com sua extensão e compreensão*.[257] Diz-se, ainda, que aquela terminolo-

---

[251] Washington de Barros Monteiro. Op. loc. cit., p. 283.
[252] Leite, Eduardo de Oliveira. *Síntese de Direito Civil*. Curitiba, JM Ed., 1997, p. 246.
[253] Strenger, Guilherme Gonçalves. *Guarda de Filhos*, São Paulo, LTr, 1998, p. 43.
[254] Oliveira, Euclides de. *União Estável*. 6ª ed., São Paulo, Método, 2003, p. 230.
[255] Grisard Filho, Waldyr. *Guarda Compartilhada*, 2ª ed., São Paulo, RT, 2002, p. 27.
[256] Lôbo, Paulo Luiz Netto. Do Poder Familiar, *apud, Direito de Família*. Op. cit., p.141.
[257] Venosa, Sílvio de Salvo. Op. cit., p. 340.

gia – poder familiar – não identifica seu real conteúdo, *que, antes de poder, representa uma obrigação dos pais, e não da família, como sugere o nome proposto.*[258]

Para outros, todavia, o termo *poder* ainda servirá *para exprimir a subordinação dos filhos em relação aos pais, que, mesmo no Direito atual, não deixou de existir, já que é pressuposto para que os genitores possam exercer na plenitude a sua função educativa e protetiva.*[259]

Assim, a nova lei civil atribuiu o nome de poder familiar *tentando superar a idéia de que tal obrigação recaía apenas sobre o genitor, estipulando que ambos os pais preencham a moldura legal, já que a orientação constitucional prevê a igualdade entre marido e mulher.*[260]

O art. 1.630, NCC, ao substituir a expressão *pátrio poder* por *poder familiar*, apenas reconhece e consagra uma evolução, *uma revolução silenciosa desencadeada por educadores, sobretudo eclesiásticos, onde se consolida a base da sociedade moderna que é a família nuclear*, diz Elisa Hasselmann.[261]

Como ensina Silvio Rodrigues,[262] portanto, *poder familiar é o conjunto de direitos e deveres atribuídos aos pais, em relação à pessoa e aos bens dos filhos não emancipados, tendo em vista a proteção deste*, que é o mesmo conceito que se utilizava quando da expressão anterior.[263]

Nenhuma novidade quanto a isso, uma vez que o poder familiar continua *indisponível*, no sentido de que os pais ou os filhos não podem dele despir-se; é *indivisível*, dividindo-se apenas o seu exercício. A propósito, na adoção não há transferência de poder familiar, mas mera renúncia.

O poder familiar é *imprescritível*, isto é, mesmo que não exercido ele não se apaga e nem termina com as ações judiciais que dele decorrem.

Relativamente à sua *natureza jurídica*, discute-se se o poder familiar é um *dever-função*, um *direito-função* ou *poder-dever*, sendo *mais adequada a doutrina que reconhece, no poder familiar, a existência de direitos subjetivos*[264] ou *um direito subjetivo e dever jurídico, ambos contidos no mesmo ato, e não interesses separados.*[265]

---

[258] Rodrigues, Silvio. *Direito Civil, Direito de Família*, vol. 6, 27ª ed., São Paulo, Saraiva, 2002, p. 397.
[259] Santos Neto, José Antonio de Paula. Op. cit., p. 56.
[260] Fachin, Luiz Edson. Op. cit., p. 240.
[261] O Melhor interesse da Criança e do adolescente em face do Projeto de Código Civil, *apud Um debate interdisciplinar*, São Paulo, Renovar, 2000, p. 361.
[262] *Direito Civil. Direito de Família*. Vol. 6. São Paulo, Saraiva, 2002, p. 398.
[263] Ver mesma obra, p. 339.
[264] Elias, Roberto João. *Pátrio Poder*. Op. cit., p. 7.
[265] Fachin. Luiz Edson. Op. cit., p. 221.

Por outro lado, não mais se utiliza a expressão *poder maternal* ou *poder materno* (art. 383, CC/16), como se verifica no texto do art. 1.633, NCC. Doravante, as expressões tecnicamente adequadas são: *poder familiar, poder familiar do pai e/ou poder familiar da mãe*.

Observa-se, ainda, que o novo Código Civil (NCC) manteve os termos *menoridade, menores* e *menor* (arts. 5°, 1.630 e 1.633, p.ex.), sem compromisso com as denominações modernas, constitucional e da lei estatutária: *criança e adolescente* (art. 227, *caput,* CF e art. 2°, ECA).

Para a lei civil codificada, portanto, *menores* ou *menores de idade* são aquelas pessoas que ainda não atingiram a maioridade civil; para o Direito da Infância e da Juventude, como sabemos, *menores* é uma expressão abolida e abominável, substituída por criança e adolescente.

A rigor, essa orientação deveria ser revisada, afinal, tanto os "menores", quanto os "maiores", *são sujeitos de direitos*. Os *menores*, ou são crianças, ou são adolescentes, mas ambos *sujeitos de direitos civis* (art. 15, ECA). Se são sujeitos de direitos civis, seus direitos de identificação pela faixa etária – crianças e adolescentes – tinham de possuir trânsito facilitado na matéria civil codificada, o que inocorreu.

Vislumbra-se uma certa *diferença técnica* diante da expressão *menores*, porquanto a própria Carta Federal se refere a *menores* de forma distanciada da lei estatutária, quando proíbe o trabalho para *menores* de dezoito anos, *menores* de dezesseis anos ou *menores* de quatorze anos (art. 7°, inc. XXXIII).

No mais, como o era, todos os danos patrimoniais causados pelos filhos sujeitos ao poder familiar são de responsabilidade dos pais ou responsáveis (art. 932, incs. I e II, do NCC). Temos sustentado, aliás, pela responsabilização dos pais, inclusive, por aqueles danos originados por atos que atentam contra o patrimônio do Estado, especialmente em casas que abrigam adolescentes: rebeliões com queima de objetos e colchões, quebra de mesas, cadeiras e vidraças, enfim.

Os filhos, portanto, qualquer que seja a natureza da filiação, estão sujeitos ao *poder familiar*. Se nascidos fora do casamento, ou da união estável, só estarão por ele protegidos aqueles que forem legalmente reconhecidos, ou adotados, porque aí se estabelece o parentesco, uma das condições *sine qua non* para o exercício do poder familiar. Segundo Luiz Edson Fachin,[266] *o poder familiar concernente à filiação que tem somente a maternidade estabelecida, será exercido pela mãe exclusivamente. Em sua falta ou impossibilidade, emerge o cabimento da tutela.*

---

[266] *In: Comentários ao novo Código Civil.* Coord. Sálvio F. Teixeira. Op. cit., p. 237.

O termo *pátrio poder*, ainda, mantido no Estatuto da Criança e do Adolescente (Lei 8.069/90) e no Código Penal (Capítulo IV- Dos crimes contra o pátrio poder, Tutela e Curatela), deverá ser entendido, doravante, como *poder familiar*.

6.2. Disposições gerais

A Seção I – arts. 1.630 a 1.633, NCC – trata Das Disposições Gerais. A disposição geral, como doutrina Maria Helena Diniz,[267] *é a que rege todos os casos idênticos ou os institutos da mesma natureza*. Sob tal ótica, portanto, aqueles artigos traduzem o cerne do *poder familiar*.

Abandonada a distinção entre os filhos (legítimos, legitimados, legalmente reconhecidos e adotivos), diz-se que eles, *enquanto menores*, estão sujeitos ao poder familiar. É o que consta no art. 1.630, NCC: *os filhos estão sujeitos ao poder familiar, enquanto menores*. Assim ocorria na lei antiga, nos termos do art. 379, CC/16.

Destarte, enquanto não completada a maioridade civil ou emancipados, independente da natureza da filiação, os filhos estão sujeitos à autoridade do pai *e* da mãe. Não apenas durante o casamento, mas também nos casos de família monoparental, união estável ou adoção.

O artigo clarifica que, enquanto menores de 18 anos de idade, os filhos ficam sob a autoridade dos pais, que os mantêm visando sempre ao *princípio do melhor interesse*.

O *poder familiar*, porque pertence a ambos os pais, é um *direito independente, próprio a cada um deles e indivisível*.[268] Note-se: a indivisibilidade diz respeito à titularidade, porque *divisível* quanto *a alguns* dos direitos e deveres. Não tem duração eterna, cedendo diante da maioridade, da intervenção do Estado (destituição do Poder Familiar, p. ex.) ou de outras hipóteses regradas na lei (emancipação, *v.g.*).

Os filhos devem obediência aos pais, porque estes detêm a *autoridade parental*, mas os pais não são os senhores feudais dos filhos; não podem abdicar do poder familiar, porque este não pode ser abandonado e não pode ser objeto de transação. Daí dizer-se que, via de regra, o poder familiar *é irrenunciável*, exceto nos casos de adoção e de emancipação.

---

[267] *In: Dicionário Jurídico*, vol. 2. Op. cit., p. 198.
[268] Strenger. Op. cit., p. 44.

Enfim, *ambos os pais devem exercer o poder familiar, em ambiente de compreensão e entendimento.*[269] Afinal, aos pais incumbe o *dever constitucional* de assistir, criar e educar os filhos menores (art. 229, CF).

Como dissemos, o poder familiar é um poder regrado, com certa autonomia, é certo, mas *jamais absoluto;* um poder cercado por freios e contrapesos, ora do pai, ora da mãe, às vezes, do Estado. Para tanto, já advertia Pontes de Miranda[270] que *a expressão poder tem sentido de exteriorização do querer, não de imposição e violência.*

6.2.1. A divergência no exercício do poder familiar

Dispõe o parágrafo único do art. 1.631, NCC, que *divergindo os pais quanto ao exercício do poder familiar, é assegurado a qualquer deles recorrer ao juiz para a solução do desacordo.*

O art. 1.631, *caput,* do NCC (antigo art. 380, CC/16) consagra o campo de atuação do poder familiar do pai e da mãe diante dos filhos, mas o parágrafo único *traduz uma forma de intervenção do Estado-juiz nas relações familiares.*[271]

Durante o casamento válido, ou no curso da união estável, o pai e a mãe exercem *conjuntamente* o poder familiar, ou seja, exercem-no em igualdade de condições, não havendo prevalência de um dos pais sobre o outro, nem divisão do poder familiar. Na falta de um dos pais – morte, desaparecimento, ausência –, ou no impedimento de um deles ao exercício da autoridade sobre o filho (doença grave da mãe, p.ex.), o outro exercerá o poder familiar *com exclusividade.*

Isso já era assim na lei anterior, todavia, na realidade do CC/16 – depois abrandado pelo ECA – art. 21 –, a mulher era uma espécie de *coadjuvante,* uma colaboradora no exercício do poder familiar, porque este era deferido, quase de forma integral, ao homem. Pela letra fria da lei codificada antiga, o pai era quem decidia a respeito do filho, quando havia divergência entre o casal. À mulher restava o direito de reclamar ao juiz a respeito (*art. 380, parágrafo único, CC/16*), o que raramente fazia.

Tal como na lei civil revogada, portanto, exclusividade não quer significar tirania, ou seja, o poder é exclusivo, mas não é absoluto, porque não se pode perder de vista *o melhor interesse* da criança e do adolescente, como um princípio reitor das relações entre pais e filhos. Enfim, a nova lei atualizou naquilo que já vinha previsto no ECA, isto é, na divergência

---

[269] Venosa, Silvio. Op. cit., p. 342.
[270] *In: Tratado de Direito de Família.* Vol. III. Op. cit., p. 137.
[271] Fachi, Luiz Edson. Op. cit., p. 231.

a respeito do exercício do poder familiar, não mais prevalece a vontade do pai (art. 21, ECA).

Assegura-se tanto a um, quanto ao outro, o direito de reclamar ao magistrado. Em outras palavras: na dúvida, quem decide é o juiz, e não o pai, nem a mãe, sendo que o juiz decide sempre pelo *melhor interesse* do filho, o que vem expresso em vários dispositivos do NCC (*v.g.*, art. 1.612).

O Ministério Público, por seu turno, deve ter sempre presente o interesse em velar pelo que é melhor para a criança e/ou o adolescente. Daí por que sua atuação deve ser efetiva, intercedendo em favor da criança, postulando provas e medidas urgentes na proteção do sujeito ao poder familiar, porque também sujeito de direitos.

Destarte, o art. 1.631 do NCC atualiza o antigo art. 380 do CC/16, porque, além de consagrar *a igualdade dos cônjuges* (art. 226, § 5º, CF), acresce ao lado do casamento, a união estável, que foi reconhecida como entidade familiar (art. 226, § 3º, CF) e passou a integrar o Título III, Livro V – do Direito de Família, no Novo Código.

O parágrafo único do art. 1.631, NCC, ainda, reproduz e atualiza o art. 380 do CC/16, como a ratificar a disposição anterior do art. 1.517, parágrafo único, do Novo Código,[272] que dispõe a respeito da divergência dos pais quanto à autorização ou consentimento para o casamento de menor com 16 anos de idade.

Devemos lembrar, ainda, que não apenas os pais podem divergir entre si na condução do poder familiar. Os filhos, em excepcionais situações, podem divergir da orientação dos pais e fazer seu reclamo ao magistrado, ao agente do Ministério Público ou ao Conselho Tutelar na defesa do seu *melhor interesse*. Claro, interesse legítimo, fundado, concreto, e não meramente filosófico.[273]

Sabemos, pela nossa prática, que nem sempre o pai e a mãe decidem visando ao melhor interesse do filho. Isso é muito comum na paternidade precoce, ou nas separações litigiosas.

Muitas vezes, como lembra seguidamente o Des. Antonio Carlos Stangler Pereira, do TJRS, *o filho fica como massa de manobra dos pais*, como objeto de chantagem, o que é desvirtuamento do seu *melhor interesse*. Em tal hipótese, o Conselho Tutelar, ou o Ministério Público, devem levar a situação ao conhecimento do Juízo de Família ou do Juizado da

---

[272] Art. 1.517. Par. único. Se houver divergência entre os pais, aplica-se o disposto no parágrafo único do art. 1.631.
[273] Tivemos um caso, certa vez, onde o pai havia emancipado o filho e não queria emancipar a filha, sob a vaga e improvada razão de que ela, por ser mulher, *poderia ficar drogada e prostituída*.

Infância e da Juventude, cujo juiz providenciará a nomeação de um Curador Especial, para ajuizar medidas que salvaguardem seu *melhor interesse*.

Às vezes, notamos claramente que, tanto o magistrado, quanto o agente ministerial, *apaixonam-se* pela causa, ou ficam de tal maneira envolvidos pela situação pessoal de um ou outro dos pais, que perdem um norte importante: *o real interesse da criança*. Vimos um caso de guarda compartilhada, *v.g.*, em que a criança ficaria viajando, de um lado para outro, por mais de 300km de distância, para ficar uma semana com cada um dos pais. Neste caso, atendia-se ao interesse dos pais, mas a criança dificilmente sedimentaria vínculos de amizade e convivência social num e noutro local.

6.2.2. O Poder familiar na separação, no divórcio e na dissolução de união estável

Como dissemos, o *poder familiar* não decorre do casamento ou da união estável, mas da paternidade e da filiação, seja biológica ou civil.

A sociedade conjugal, entre outras hipóteses, termina pela separação judicial ou pelo divórcio (art. 1.571, incs. III e IV, NCC), mas nem um, nem outro caso têm o condão de afetar o poder familiar, ressalvada a estrita hipótese de ferimento ao melhor interesse da criança.

Na união estável, mesma forma, o poder familiar independe da subsistência da união e também da forma como se realiza.[274]

Os pais têm *deveres* de sustento, guarda e educação dos filhos (arts. 1.566 e 1.724 do NCC), aos quais correspondem *iguais direitos*. Em princípio, quando da separação do casal, ambos os pais terão o direito de manter sob sua guarda os filhos, o que poderá ser reavaliado sob a ótica daquilo que for melhor para estes.

No art. 1.632, NCC, ficou estampado que *a separação judicial, o divórcio e a dissolução de união estável não alteram as relações entre pais e filhos senão quanto ao direito, que aos primeiros cabe, de terem em sua companhia os segundos*.

O art. 1.583, NCC, por seu turno, refere que, no caso de dissolução da sociedade ou do vínculo conjugal, observar-se-á *o que os cônjuges acordarem* sobre a guarda dos filhos, sendo que o art. 1.579, NCC, dispõe que o divórcio não modifica os direitos e deveres dos pais em relação aos filhos.

---

[274] Oliveira, Euclides de. Op. loc. cit., p. 109.

Vê-se, portanto, que os percalços sofridos pela sociedade conjugal não abalam os direitos e deveres oriundos do poder familiar. O acordo que faz o casal a respeito da situação dos filhos, quando da dissolução do casamento ou do término da união estável, em princípio, deve ter em vista aquilo que é melhor para as crianças, evitando, ao máximo, a exposição dos filhos ao drama dos adultos.

Obviamente, diante da separação do casal, o direito *de guarda e companhia* dos filhos deve ser disciplinado, seja pelos cônjuges ou companheiros, seja pelo juiz. É aí que surge a disposição do artigo em comento, isto é, o direito de companhia e guarda podem ser alterados nos casos de separação judicial, divórcio e dissolução de união estável (art. 1.583 do NCC).

Na separação consensual, observa-se o que os cônjuges acordarem sobre os filhos, mas sempre sob a fiscalização ministerial e a chancela final do juiz. Isso já era assim pela Lei do Divórcio (art. 9º) e é requisito da inicial da separação (art. 1.121, inc. II, CPC). Entretanto, não se pode acordar, nem concordar, que o (a) filho (a) fique sob guarda do pai ou da mãe que o coloque em *situação de risco*, como a convivência no meio de drogados ou de prostituição, por exemplo. Isso justifica a previsão do art. 1.584, *caput*, NCC: a guarda dos filhos é atribuída para aquele que revela melhores condições para exercê-la.

Na separação judicial, no divórcio e na dissolução de união estável segue-se a mesma regra: a vontade dos pais, em princípio, desde que não resulte problemas para a criança.

A rigor, devemos distinguir *poder familiar, guarda e companhia*, porque, como advertia Edgard de Moura Bittencourt, o conceito de guarda não se confunde com o de companhia. A própria lei civil codificada, antiga (art. 384, II, CC/16) e atual (art. 1.634, II, NCC), faz claramente essa distinção. O *poder familiar*, já vimos, engloba a guarda e a companhia.

A *companhia*, via de regra, está contida na guarda, mas *não envolve por si só a noção de dever, para se constituir em direito somente.*[275] Assim, a guarda é mais do que um direito, é um dever. Seu leque de abrangência é mais amplo do que o da companhia. A companhia pode existir sem a guarda, assim como a guarda pode sobreviver sem a companhia. O titular da guarda e do poder familiar pode ser de ambas privado, sem que seja necessariamente afastado da companhia, pois o direito de visitas pode ser mantido.

---

[275] Bittencourt, Edgard. *Guarda de Filhos*. Op. cit., p. 4.

A guarda pode ser *unilateral*, quando detida por apenas um dos pais; *ou compartilhada ou conjunta*, quando os filhos são assistidos por ambos os pais.

Dispõe, por seu turno, o art. 1.633, NCC, que o *filho, não reconhecido pelo pai, fica sob o poder familiar exclusivo da mãe; se a mãe não for conhecida ou capaz de exercê-lo, dar-se-á tutor ao menor.*

Quanto ao filho reconhecido, enquanto menor, ficará sob a guarda do genitor que o reconheceu e, se ambos o reconheceram e não houver acordo, o menor ficará sob a guarda *de quem melhor atender aos interesses do menor* (art. 1.612, NCC).

O art. 1.633, NCC, a rigor, tem sido pouco utilizado, mas é de importância fundamental no que se refere à *nomeação de tutor* ao menor, quando a mãe não é capaz de exercer o poder familiar. Via de regra, vemos que crianças são lançadas nas instituições, restando, verdadeiramente, sem pai e sem mãe, à espera de uma família substituta ou de outra providência judicial. Pior: à espera de uma solução que nunca vem, enquanto o tempo ocasiona danos imensuráveis na relação dessa criança com o mundo exterior.

No mais das vezes, as sentenças de destituição de poder familiar de ambos os pais, *v.g.*, não nomeiam tutor e temos visto pouca irresignação ministerial a respeito. O infante fica *abrigado* numa instituição, mas na prática fica *desabrigado,* mesmo tendo a seu favor o inc. II do art. 1.728, NCC: *os filhos menores são postos em tutela, no caso de os pais decaírem do poder familiar.*

Pensamos que, ao firmar-se uma providência em prol dos interesses de filhos, crianças e adolescentes, o agente ministerial já deve ter em mira uma solução *potencialmente concreta* para a proteção efetiva daquele, ou seja, deve-se ter em vista outra solução de proteção, que não a mera custódia de alguns frios abrigos estatais ou privados.

O artigo 1.633 do NCC atualiza fulminando a antiga distinção que havia entre os filhos, porque o texto do art. 383, CC/16, referia-se *a filho ilegítimo*, apenas.

Ainda, a regra do art. 1.633, NCC, como que *legaliza* a família monoparental, prevista em o art. 226, § 4º, CF.

Apesar do princípio *mater semper est*, no caso de a mãe não reconhecer o filho, devemos inverter a regra, pois ao pai que o reconhece se outorga o mesmo direito.

6.2.3. O exercício do poder familiar

Na lei antiga tínhamos a mesma Seção II denominada *Do pátrio poder quanto à pessoa dos filhos*, que foi agora atualizada para *Do exercício do poder familiar*, que melhor espelha a atividade dos pais em relação aos filhos.

Os pais, adotantes ou biológicos, têm o direito-dever de criar os filhos, como se lê do art. 1.634, inc. I, NCC.

Criar é palavra ampla, que pode e deve ser compreendida extensivamente em relação aos filhos, porque engloba sua educação, a companhia, a guarda, a alimentação, o direito de autoridade, enfim, quem cria se responsabiliza, no mais amplo sentido, pela vida e sobrevivência da criatura.

Os filhos devem ficar sob a guarda dos pais, sendo que estes têm o direito de reclamá-los de quem ilegalmente os detenha (art. 1.634, inc. VI, NCC), por meio de ação de busca e apreensão.

Deter ilegalmente os filhos, próprios ou de outrem, é mantê-los consigo sem o suporte jurídico necessário, ou contra a vontade do outro cônjuge, ou em ação prejudicial ao melhor interesse do menor.

O direito de ambos os pais já estava previsto no art. 22 do ECA: *aos pais incumbe o dever de sustento, guarda e educação dos filhos menores, cabendo-lhes, ainda, no interesse destes, a obrigação de cumprir e fazer cumprir as determinações judiciais.*

Aos pais incumbe, ainda, o direito de dar ou de negar consentimento para os filhos casarem. Sem a ordem dos pais, os filhos que não atingiram a idade núbil não devem casar-se. Aliás, exige-se a autorização por escrito dos pais quando do processo de habilitação (art. 1.525, II, NCC). Se houver divergência a respeito, isso deve ser levado ao conhecimento do juiz, que decidirá, como faculta o art. 1.517, parágrafo único, NCC. São os pais que os representam até a idade de 16 anos; são quem os *assistem* nos atos civis em geral, quando possuem entre 16 e 18 anos de idade. É a regra do art. 1.634, inc. V, NCC.

O poder familiar não pode ser exercido sem uma parcela de autoridade. Daí por que os pais têm o direito de exigir que os filhos *lhes prestem obediência* (inc. VII do art. 1.634, NCC).

Para alguns autores, há *ranço conservador do preceito que outorga aos pais o poder de exigir dos filhos 'obediência, respeito e os serviços próprios de sua idade e condição,*[276] todavia, como adverte José Antonio

---

[276] Oliveira, Euclides de. Op. loc. cit., p. 108.

de Paula Santos Neto,[277] *sem a obediência e o respeito dos filhos, difícil seria imaginar um exercício profícuo do pátrio poder, notadamente no respeitante à educação e à formação destes últimos.*

Na verdade, temos visto pouca obediência dos filhos, ultimamente, fruto de entendimento errado de alguns pais acerca dos direitos e deveres de cada um dos componentes da entidade familiar. A falta de obediência tem como conseqüência o desrespeito, o que reflete na falta de educação. Ademais, notamos um excesso de preocupação apenas com *os direitos* dos filhos, mas pouca ou nenhuma cobrança de *deveres*. Sem tais atributos, os filhos de hoje, fatalmente, não serão bons pais, o que forma um círculo vicioso que deteriora a sociedade.

A imensa maioria de procedimentos por atos infracionais – crimes e contravenções – provêm de adolescentes que não têm ou desconhecem limites familiares, impostos pela autoridade dos pais. A falta de correção, a falta de orientação, de exigência de obediência e de respeito, faz com que tais adolescentes não reconheçam qualquer autoridade, seja dos pais, seja da administração pública ou do Poder Judiciário.

6.3. Extinção, suspensão e perda do poder familiar

A atual Seção III é a anterior Seção IV do CC/16. Apenas atualizou-se a expressão *pátrio poder*, trocando-a por *poder familiar*.

Dispõe o art. 1.635, NCC, que: *Extingue-se o poder familiar: I – pela morte dos pais ou do filho; II – pela emancipação, nos termos do art. 5º, parágrafo único; III- pela maioridade; IV – pela adoção; V – por decisão judicial, na forma do art. 1.638.*

O dispositivo mantém as causas de extinção do antigo pátrio poder, previstas no art. 392, CC/16, mas acresce um novo inciso à matéria: o inciso V.

O artigo tem correspondência com o art. 1.728, inc. I, do NCC,[278] ou seja, a extinção do poder familiar determina que o filho seja posto sob tutela.

Precisamos observar que extinção, suspensão e destituição de poder familiar não se confundem.

O art. 1.635 e incisos do NCC referem-se às hipóteses de *extinção* do poder familiar, as quais não são taxativas. Outras causas extintivas do

---

[277] In: *Do Pátrio Poder*. São Paulo, RT, 1994, p. 130.
[278] Art. 1.728, I – Os filhos menores são postos em tutela: I – com o falecimento dos pais, ou sendo estes julgados ausentes; II – em caso de os pais decaírem do poder familiar.

poder familiar existem, como aquelas previstas nos incisos do art. 5º do NCC: casamento, exercício de cargo público efetivo, estabelecimento civil ou comercial ou existência de relação de emprego, desde que, em função deles, o menor com 16 anos completos tenha economia própria.

A extinção *não é sanção*, mas *término* do poder familiar, seja por causa natural (morte, *v.g.*), seja por causa legal (emancipação ou destituição, *v.g.*); sanções são a suspensão e a destituição do poder familiar.

O art. 1.637 e *caput*, NCC, por seu turno, refere-se à *suspensão* do poder familiar.

Já havia previsão similar no art. 394, CC/16. A suspensão *é uma sanção*, ou uma *inibição* do poder familiar imposta aos genitores. A sentença é de sua essência, porque só pela via judicial, observado o contraditório, pode ser decretada. Na suspensão, ocorre uma espécie de *paralisação* temporária no exercício do poder familiar, sendo que, findo o prazo dessa paralisação, o poder familiar *pode* ser devolvido aos pais.

No art. 1.638 e incisos, NCC, por seu turno, repetiram-se as hipóteses de *destituição do poder familiar*, que estavam previstas na lei anterior, art. 395, CC/16.

Destituição é *perda*; é a sanção mais grave imposta aos pais, quando violam o poder familiar. Tal como na suspensão, na destituição exige-se o devido processo legal e sentença. Muitas vezes, é providência necessária e prévia para outras medidas protetivas. Na adoção, p.ex., se os pais não emitirem o consentimento, impõe-se a prévia destituição (Ap.Civ. 595112699, 8ª C.Cível – TJRS).

Para alguns, o dispositivo do art. 1.635 e incisos, NCC, *unificou* as hipóteses de extinção e de perda do poder familiar.[279]

6.3.1. Modificações principais do Código Civil

Enfim, quais as modificações ou repercussões havidas nas hipóteses legais de extinção, suspensão e perda do poder familiar?

1) No art. 1.635, NCC, acresceu-se um inciso dispondo que: *Extingue-se o poder familiar: inc. V – por decisão judicial, na forma do art. 1.638.*

A rigor, o inciso veio antes confundir do que esclarecer. Confunde, porque poderíamos pensar no surgimento de outras hipóteses de extinção do poder familiar, a critério judicial, o que é indevido. Também, entender que a *decisão judicial* é exigência para *todos os casos* previstos de extinção do poder familiar, o que também é equivocado.

---

[279] Fachin, Luiz Edson. Op. cit., p. 250.

Por outro lado, poderíamos vislumbrar que o atual inciso V, quando dispõe a respeito da *decisão judicial, na forma do art. 1.638, NCC,* orienta entendimento de que a destituição do poder familiar é *irreversível* depois de sua sentença ter transitado em julgado. Então, devemos entender *decisão judicial* como *sentença*, ou seja, ato do juiz que dá fim ao processo de destituição, obviamente. Em outras palavras, a decisão judicial – sentença – é a forma pela qual se termina o poder familiar, no caso de destituição como está no art. 1.638, NCC.

2) A emancipação, causa extintiva do poder familiar (art. 1.635, inc.II, NCC), agora, pode dar-se aos 16 anos (art. 5º, inc. I, NCC), sendo que antes ocorria aos 18 anos de idade;

3) A maioridade (art. 1.635, inc. III, NCC) dá-se aos 18 anos de idade (art. 5º, *caput*, NCC), o que antes só ocorria aos 21 anos de idade. A propósito, nada se modificou para o adolescente (menor de 18 anos) que praticar ato infracional. Continuará respondendo pela norma do ECA e poderá receber medida socioeducativa enquanto for menor de 21 anos de idade, por ato praticado quando menor de 18 anos;

4) O art. 1.636, NCC, apenas adapta a igualdade dos cônjuges e a união estável à redação do antigo art. 393, CC/16, no que diz respeito a filhos de relacionamento anterior. Como se sabe, não pode haver interferência nem de cônjuge, nem de companheiro, na criação dos filhos do relacionamento anterior de cada um. Já era assim.

5) O art. 1.636, parágrafo único, NCC, é novidade. Vê-se claramente que o dispositivo dirige-se à família monoparental, ou seja, onde os filhos se encontram, necessariamente, vinculados só ao pai ou só à mãe *(Eduardo de Oliveira Leite, Famílias Monoparentais, p.8).* Assim, o novo cônjuge/companheiro não poderá interferir no poder familiar exercido pelo pai ou mãe da criança fruto de relacionamento anterior.

6) No art. 1.637, NCC, foram mantidas as causas antigas (do art. 394, CC/16) para a *suspensão* do poder familiar.

De novidade, tivemos a substituição da expressão *abusar do seu poder* por *abusar de sua autoridade*, o que não nos parece mais técnica. Afinal, autoridade é palavra que tem livre curso nos Direitos Administrativo e Penal.

Não se pode esquecer que, tanto a suspensão, quanto a destituição de poder familiar, são formas de *sanções* aos pais, aplicadas pela infração aos deveres inerentes ao poder familiar, de acordo com as regras estabelecidas pelo legislador, e visam a atender ao *melhor interesse* do menor.[280]

---
[280] Rodrigues, Silvio. Op. cit., p. 411.

Como sabemos, a suspensão deve ser *temporária*, ou seja, com seu término já fixado no tempo e expressa na sentença, para que, extinta a causa que a gerou, o juiz possa cancelá-la a pedido do pai/mãe suspenso. A suspensão, ainda, pode referir-se apenas ao filho vitimado, e não a todos os irmãos; pode abranger apenas uma ou algumas das prerrogativas do poder familiar (o pai cuida mal do patrimônio do filho, apenas quanto a isso é que terá suspenso o poder familiar). Pode ser facultativa ou condicionada, pois o juiz pode obter um "compromisso" dos pais a respeito do seu comportamento com relação ao filho, bem como pode impô-la em substituição à destituição.

O Ministério Público continua como *legitimado ativo* para ajuizar pedido de suspensão do poder familiar, de ofício ou provocado por algum interessado ou pelo Conselho Tutelar.

7) No art. 1.638, NCC, tratou-se das hipóteses de destituição ou perda do poder familiar, o que antes era tratado no art. 395, CC/16 e depois pelos arts. 22 e 24 do ECA. O dispositivo manteve, quanto ao mais, as hipóteses de perda ou destituição do poder familiar.

Afora as atualizações necessárias, foi acrescido o inciso IV: *incidir reiteradamente, nas faltas previstas no artigo antecedente.*

Como já anotamos, a destituição do poder familiar é uma medida mais gravosa, mas não nos parece *obrigatória ou imperativa*, porque nada impede que se determine a suspensão do poder familiar, mesmo quando houver pedido de destituição. Não há qualquer nulidade na sentença que assim decide, desde que se tenha sempre em vista o melhor interesse da criança ou do adolescente.

Já escrevemos que *a destituição é solução amarga, porque atinge em cheio o poder familiar.* Assim, a via destituitória deve ser utilizada apenas em hipóteses muito evidentes, quando não se encontrar solução pela via familiar e consensualizada, que o Ministério Público está obrigado a conduzir.

O novo inciso IV reforça nossa opinião, como manifestávamos ao tempo da lei civil de 1916.[281] Afinal, existiam casos isolados, típicos e passíveis de *suspensão* de poder familiar, que apenas aparentemente levavam à destituição. Diante dessa *ilusão,* ajuizava-se a ação de destituição, quando o caso poderia ser *consensualizado*, oportunizando-se a recomposição do poder familiar. Apenas na violação desse *consenso* é que se justificaria a destituição, mas não havia previsão legal para isso. Agora isso parece ter sido solucionado pela nova lei civil.

---

[281] Vide nosso: A ação de destituição do Pátrio Poder. *In, Revista Igualdade*, MPPR-8, 2000, p. 1/41.

8) O inc. I do art. 1.638 do NCC, repete que a perda do poder familiar dar-se-á pelo *castigo imoderado* ao filho. Assim, embora inúmeras opiniões em contrário, implicitamente, a nova legislação civil ainda permite o *jus corrigendi,* o castigo "moderado" imposto ao filho (a favor: Silvio Rodrigues, *Direito de Família*, Saraiva, 2002, p. 413).

Tem sido relativamente comum, porém, alguns pais, a pretexto de exercerem o *jus corrigendi,* reiterarem na prática de maus-tratos contra os filhos, ou seja, maltratam-lhes a pretexto de uso de sua *autoridade*. Veja-se que uma palmada pode ser entendida como *jus corrigendi,* mas uma surra pode facilmente desbordar para maus-tratos ou abuso do poder parental.

Parece-nos que esses *castigos moderados,* quando de forma cotidiana, reiterada, agora estão coibidos pela aplicação do inc. IV do art. 1.638, NCC.

Não vamos adentrar na polêmica, diante de entendimentos que pregam a inconstitucionalidade de qualquer forma de castigo à criança ou ao adolescente, seja moderado ou imoderado, físico ou psíquico. Afinal, diz-se que todo castigo consiste em violência à integridade física do filho, sendo que o art. 227 da CF determina que é dever da família colocar o filho a salvo de toda violência (Ver entendimento de Paulo Luiz Netto Lôbo, In: Do Poder Familiar, Direito de Família e o Novo Código, Del Rey, p.153, *in fine*).

Enfim, o art. 1.638 e incisos do NCC, relacionam-se com o art. 1.728, inc. II do NCC, que determina que os filhos menores, cujos pais decaírem do poder familiar sejam postos em tutela.

É preciso muito cuidado no manuseio de tais medidas – suspensão e destituição – , porque, como anota Silvio Rodrigues:[282] *Dada a seriedade das conseqüências, mais rigoroso deve ser o juiz no exame do pedido de destituição do que no de suspensão. Mas, tanto num como no outro caso, deve agir com imensa ponderação, porque o interesse do menor é que está em jogo, e um desacerto no julgar é irremediável.*

6.4. Os procedimentos a cargo do Ministério Público

a) A intervenção ministerial em procedimentos que digam respeito ao poder familiar é obrigatória e necessária: art. 82, inc. I, do CPC c/c

---

[282] *Direito Civil*. Vol. 6. São Paulo, Saraiva, 2002, p. 412.

201, inc. III do ECA. Não é favor judicial e nem é necessário pedido expresso para essa intervenção.

Ademais, não basta a mera assinatura na intimação, a mera opinião de audiências, a promoção burocrática. Há que existir manifestação expressa a respeito do andamento ou sanidade do próprio procedimento, seja verificando se o menor está devidamente presentado e/ou representado (procuração, se for o caso, por instrumento público ou não); se é ou não um caso de nomeação de tutor (art. 1.633 do NCC) ou de curador provisório, se há certidão de nascimento nos autos, enfim, uma atividade fiscalizatória efetiva.

Temos ouvido algum desavisado agente murmurar que não é secretário do juiz, para verificar a sanidade do processo. Nada mais equivocado, uma vez que o debate do processo não é apenas de responsabilidade judicial. Por isso dizemos que o poder familiar é matéria de interesse indisponível. Ademais, às vezes, por falta de leitura dos agentes públicos, criamos verdadeiros monstros processuais, que vêm dar causa a nulidades e prejuízos irreversíveis aos envolvidos.

b) Nas ações de destituição do poder familiar, quando o Ministério Público não for o autor, o agente deve *sempre* proteger (*rectius*: defendê-lo) o melhor interesse da criança/adolescente – art. 202 do ECA. Ou seja: deve participar efetivamente do processo, comparecendo às audiências, postulando provas, perícias, estudos médicos ou sociais. Quando for o caso, o agente deve *visitar* eventual instituição onde se encontra a criança/adolescente, porque isso é seu *dever funcional* e traz para dentro dos autos a realidade que acompanha o menor.

c) Nas ações de suspensão ou destituição do poder familiar havia discussão a respeito da necessidade de nomeação de curador ao adolescente, com entendimentos contrários em cada Câmara de Família do TJRS. Embora entendêssemos pela necessidade dessa nomeação, a teor do art. 148, parágrafo único, letra "f" c/c 142, parágrafo único do ECA, bem como amparado em inúmeros precedentes da 8ª Câmara Cível do TJRS, firmou-se entendimento contrário, consolidado em julgamento do 4º Grupo daquele Tribunal.

d) O agente ministerial deve ajuizar a *destituição* de poder familiar *apenas* quando a reconciliação, a paz ou a harmonia da criança com os pais forem absolutamente inviáveis e/ou prejudiciais ao melhor interesse da criança/adolescente. Deve lutar pelo acerto, evitando a institucionalização ou a retirada do menor do seu lar.

Em caso de dúvida, ou de prova precária a respeito do agir dos pais, o agente ministerial deve preferir a medida menos gravosa, ou seja, a advertência, o termo de compromisso ou a suspensão do poder familiar; deve-se preferir um acompanhamento pelo Conselho Tutelar à mera destituição do poder familiar; um ajustamento de conduta à suspensão, enfim. Afinal, a criança e o adolescente têm não apenas o direito, mas a *necessidade* de serem criados e educados junto à família natural (art. 19 do ECA).

e) Com relação à sentença de suspensão/destituição de poder familiar:

O agente ministerial deve providenciar, acompanhar e fiscalizar a nomeação de tutor idôneo ao menor submetido à destituição de poder familiar, mantendo vigilância para que a sentença decida a respeito.

O agente deve interpor embargos de declaração ou apelação, quando a sentença omitir-se em matéria de nomeação de tutor, ou quando não decida a respeito do destino dos eventuais bens do menor; providenciando, ainda, no acompanhamento da gerência e fiscalização desses bens, que estejam sendo geridos e/ou na posse de terceiros.

O agente deve providenciar para que a sentença decida a respeito de possível pensão alimentícia ao menor, pagas pelo pais (pai e/ou mãe) suspensos do pátrio poder. O agente deve interpor recurso quanto a isso também, caso omissa a decisão.

Nas ações de suspensão/destituição de poder familiar deve-se ter certo cuidado com a questão da competência. Se a criança/adolescente estiver sob guarda/poder do seu núcleo familiar – família devidamente constituída –, residindo sob o mesmo teto, ou quando a ação for dirigida contra apenas um dos pais, a competência será das Varas de Família; se a criança/adolescente estiver em situação irregular, sem pai ou mãe ao seu lado, abandonada ou em abrigo, a competência será do Juizado da Infância e da Juventude (art. 148, parágrafo único, *b*, ECA)

Em qualquer caso, para a perda ou suspensão do poder familiar, sugerimos obedecer-se estritamente ao rito dos arts. 155 e ss. do ECA.

6.5. Conclusão

Como vimos, algumas mudanças foram efetivadas no instituto do poder familiar, embora ele se conserve em sua essência.

Os direitos patrimoniais sobre os bens de filhos sujeitos ao poder familiar foram levados para o Título do Direito Patrimonial de Família (Do usufruto e da administração dos bens de filhos menores), olvidando-se que o poder familiar engloba não apenas os direitos pessoais, mas também as relações patrimoniais entre pais e filhos.

A criação de nova hipótese para destituição de poder familiar, que, no fundo, oportuniza nova chance ao relacionamento pais x filhos, foi oportuna e deverá ser amplamente utilizada.

O Ministério Público, nas ações em que se discute o poder familiar, deve sempre vislumbrar a proteção dos filhos, velando pelo melhor interesse de crianças e adolescentes, até ajuizando medidas contra os pais e terceiros, se for o caso.

Devemos evitar, ao máximo, a institucionalização, porque muitas vezes é prejudicial ao correto desenvolvimento da criança e do adolescente.

Finalmente, gostaríamos de conclamar a todos aqueles que se envolvem com o drama de crianças e adolescentes, para que se utilizem do maior bom-senso nessa matéria, a fim de evitar-se o *imediato ataque* ao poder familiar, o que pode trazer conseqüências mais traumáticas para o hipossuficiente.

7. Os alimentos e a nova lei civil

No Código Civil de 1916, a matéria relativa aos alimentos decorrentes do parentesco estava localizada no Capítulo VII (arts. 396 a 405) do Título V (Das relações de parentesco), no Livro I da Parte Especial. Como se não bastasse, o mencionado tema era tratado na Lei do Divórcio (Lei 6.515/77) e pelas leis relativas à união estável (Leis 8.971/94 e 9.278/96). A tendência de unificação da matéria alimentar não se confirmou, porque com o advento da Lei n. 10.741, de 1º-10-2003, que dispõe sobre o Estatuto do Idoso, também, há previsão de alimentos, no Capítulo III do Título II (arts. 11 a 14).

Na nova lei codificada, porque houve incorporação ao novo Código Civil das disciplinas da dissolução da sociedade conjugal e da união estável, foi criado um Subtítulo (III) para os alimentos – Dos alimentos –, no Título II – Do direito patrimonial – do Livro IV, nos arts. 1.694 a 1.710, englobando a temática dos alimentos, seja aqueles decorrentes do parentesco, do casamento ou da união estável, bem como aqueles devidos aos idosos, que ficam valendo com as modificações do Estatuto do Idoso, como adiante explicaremos.

Assim, como no código antigo, a Parte Geral do novo Código (arts. 206, § 2º, 373, inc. II, *v.g.*), também se refere aos alimentos, assim como em outros dispositivos da Parte Especial (*v.g.* arts 557, inc. IV, 948, inc. II, 1.537, inc. II, 1.920 e 1.928, parágrafo único, NCC). Todavia, eles só serão analisados secundariamente neste trabalho, na medida da exigência doutrinária.

Notamos, ademais, que houve um aumento no número de dispositivos tratando de alimentos na nova lei civil, na comparação com a lei antiga. Antes, no capítulo específico do CC/16, tínhamos dez artigos (arts. 396 a 405), sendo que, no novo Código, temos dezessete dispositivos legais (arts. 1.694 a 1.706); antes, tínhamos apenas dois parágrafos (nos arts. 399 e 403), que agora cresceram para cinco (arts. 1.694, §§ 1º e 2º e parágrafos únicos dos arts. 1.701, 1.704 e 1.708). Temos novos artigos (§ 2º do art. 1.694 e

1.698, *v.g.*), outros que repetiram a Lei do Divórcio (art.1.703, *v.g.*), bem como normas de cunho processual (*v.g.* arts. 1.705 e 1.706).

Os alimentos, embora possuam um caráter híbrido, cunho pessoal e patrimonial, entendeu o legislador do novo Código em salientar o seu caráter *patrimonial*, daí tê-los colocado em título específico – direito patrimonial. Embora se tenha constatado certa *miscelânea de príncípios*,[283] concordamos que a modificação normativa traz *conseqüências diretas na sua exegese de forma diversa daquela até então existente.*[284]

7.1. Definição e natureza jurídica

Muitas respostas têm sido apresentadas para uma definição de alimentos. Todavia, a noção de alimentos é bastante elástica, trazendo uma *conotação amplíssima, que não pode ser reduzida à noção de mero sustento.*[285]

Pontes de Miranda[286] advertia que a palavra *alimento*, em direito, embora no entendimento comum significasse *aquilo que serve a subsistência animal,* tinha uma *acepção técnica,* isto é, *de mais larga extensão do que o sentido da linguagem comum*, como esclarecia Clóvis Beviláqua.[287]

Com efeito, alimentos não são apenas os comestíveis, imprescindíveis para a sobrevivência da pessoa, possuindo um sentido bem mais amplo, pois *compreendem tudo que é necessário ao sustento, à habitação, à roupa, ao tratamento de moléstias e, se o alimentário é menor, às despesas de criação e educação.*[288]

Segundo Yussef Said Cahali,[289] a palavra alimentos tem um sentido *vulgar,* quando significa *tudo aquilo que é necessário à conservação do ser humano com vida* e tem um *jurídico,* quando àquele conceito se acresce *a idéia de obrigação que é imposta a alguém, em função de uma causa jurídica prevista em lei, de prestá-los a quem deles necessite.*

---

[283] Cahali, Yussef Said. *Dos alimentos.* 4ª ed., São Paulo, RT, 2002, p. 48.

[284] Cahali, Francisco José. *Dos alimentos. Apud* Direito de Família e o novo Código Civil. Vários autores. Ed. Del Rey. B.H., 3ª ed., 2003, p. 225.

[285] Leite, Eduardo de Oliveira. *Síntese de Direito Civil. Direito de Família.* JM Ed., Curitiba. 1997, p. 255.

[286] *In: Tratado de Direito de Família.* Vol. III. Ed. Bookseller, Campinas, Atual., 2001, p. 251.

[287] *In: Direito da Família.* Ed. Freitas Bastos. Rio de Janeiro, 1943, p. 383.

[288] Miranda, Pontes. Op. cit. p. 251.

[289] Op. cit. p. 15.

Os alimentos, além de um direito natural e próprio da pessoa humana, possuem uma natureza especial, híbrida, pois amparados num fundamento ético-social, que extravasa o mero conteúdo patrimonial. Afinal, não é somente uma garantia ao direito à vida: *é um direito misto, que soma um teor patrimonial a uma finalidade pessoal.*[290]

Na obrigação alimentar, existe um *intercâmbio patrimonial: o alimentário se beneficia de bens prestados pelo alimentante.*[291] Como se sabe, *alimentário* é o credor de alimentos, o alimentado, alimentando ou beneficiário; *alimentante* é o obrigado a pagar alimentos, o devedor, aquele que alimenta, o alimentador.

Embora localizados no Direito de Família – ramo do Direito Privado –, os alimentos têm *fundamento de ordem pública,*[292] um *caráter publicístico,*[293] de ordem constitucional, matéria em que *transparece o interesse social.*[294] Afinal, os filhos têm o dever de ajudar e amparar os pais na velhice, carência ou enfermidade (art. 226, *caput*, CF/88). Assim, a obrigação de alimentos é também *expressão de solidariedade familiar.*[295]

É na garantia do *direito à vida,* que os alimentos têm especial tratamento na Constituição Federal, pois esta possibilita até a prisão civil do devedor de alimentos (art. 5º, inc. LXVII, CF/88). Mesmo reconhecida como prisão de *inconcebível exceção,*[296] justifica-se em si mesma, porque, como advertiu Sérgio Gischkow Pereira,[297] *quando decretada a prisão, praticamente sempre aparece o dinheiro.*

O Direito Penal e o Direito Processual Civil, ramos do Direito Público, mesma forma, tratam da obrigação alimentar, seja punindo aquele que falta com o pagamento de pensão alimentícia judicialmente acordada, fixada ou majorada (art. 244, CP), seja disciplinando o modo de exigi-los judicialmente (arts. 732/735 do CPC).

Alguns autores,[298] acertadamente, precisam a distinção entre *obrigação alimentar* e *dever alimentar.*

---

[290] Marmitt, Arnaldo. *Pensão alimentícia.* Rio de Janeiro, Aide, 1993, p. 12.
[291] Assis, Araken de. *Da execução de alimentos e prisão do devedor.* São Paulo, RT, 3ª ed., 1996, p. 102.
[292] Bittencourt, Edgard de Moura. *Alimentos.* São Paulo, Leud, 1979, p. 11.
[293] Pereira, Rodrigo da Cunha. *Concubinato e União estável.* Belo Horizonte, Del Rey, 2001, p. 73.
[294] Veloso, Zeno. *Código Civil Comentado.* Vol XV. Coord. Álvaro Villaça Azevedo. São Paulo. Ed. Atlas, 2003, p. 11.
[295] Oliveira e Muniz. *Direito de Família. Direito Matrimonial.* Op. cit., 1990, p. 13.
[296] Azevedo, Álvaro Villaça de. *Prisão civil por dívida.* 2ª ed., São Paulo, RT, 2000, p. 72.
[297] *In: Ação de alimentos.* Porto Alegre, Ed. Fabris, 1983, p. 67.
[298] Dentre outros: Cahali, Yussef. *Alimentos,* cit. p.658; Viana, Marco Aurélio S. *Alimentos. Belo Horizonte, Del Rey, 1998, p. 103* e Madaleno, Rolf. *Direito de Família.* Porto Alegre, Livraria do Advogado, 1998, p. 49.

O *dever alimentar* é aquele cumprido de forma incondicional e obrigatória (alimentos de pais a filhos, *v.g.*), fundado no dever de sustento e escorado pelo poder familiar, exaurindo-se na relação paterno-filial; na *obrigação alimentar* a vinculação diz respeito ao parentesco, é recíproca e os alimentos só são deferidos depois de provados seus demais pressupostos legais, não se exigindo sacrifício do devedor como se dá nos alimentos apoiados no *dever*. Nestes, como bem refere Denise Damo Comel,[299] *o titular da função paterna é obrigado a sustentar o filho, ainda que não tenha auxílio das suas rendas.*

7.1.1. Características e tipos de alimentos

Características

Uma das primeiras características dos alimentos é a de que o direito a eles é *personalíssimo – pessoalidade dos alimentos –*, ou seja, apenas o beneficiário, o credor, é que pode pleiteá-los. É um direito pessoal, *no sentido de que sua titularidade não passa a outrem seja por negócio jurídico, seja por fato jurídico.*[300] Disso decorre a sua *incedibilidade:* direito a alimentos não pode ser cedido e apenas o titular pode postulá-los e exercê-los.

Sempre se afirmou que dessa característica – pessoalidade – decorria a sua *intransferibilidade* ou *intransmissibilidade*: o direito a alimentos não se transmite, como se fosse uma obrigação creditícia qualquer.

O Código Civil de 1916 havia disposto em seu art. 402 que *a obrigação de prestar alimentos não se transmite aos herdeiros do devedor.* Assim, morto o devedor – o obrigado a prestar alimentos –, não se transmitia aos herdeiros o dever de alimentar outra pessoa.

Da mesma forma, o falecimento daquele que recebia os alimentos não dava nenhum direito de "herança" sobre a parcela – a obrigação, ou o direito – recebida em vida pelo credor. Aí, residia a base da *pessoalidade* dos alimentos.

Posteriormente, adveio o art. 23 da Lei nº 6.515/77 (LD), dispondo que *a obrigação de prestar alimentos transmite-se aos herdeiros do devedor, na forma do art. 1.796 do Código Civil.* Esse dispositivo – art. 1.796, CC/16 que corresponde ao art. 1.997 do NCC –, por seu turno, dispunha que *a herança responde pelo pagamento das dívidas do falecido; mas,*

---
[299] *In: Do poder familiar.* São Paulo, Ed. Revista dos Tribunais, 2003, p. 100.
[300] Cahali, Yussef Said. *Dos alimentos.* Op. loc. cit. p. 50.

feita a partilha, só respondem os herdeiros, cada qual em proporção da parte, que na herança lhes coube.

Diante desse quadro, passou-se a discutir se o art. 23 da Lei do Divórcio (LD) teria revogado o art. 402 do CC/16, isto é, se os herdeiros responderiam pela obrigação alimentar do devedor falecido.

Ficaram conhecidas as correntes sobre tal assunto, quando se debatiam,[301] dentre outras, as posições doutrinárias de Cahali e de Gischkow Pereira, aquele, defendendo que o art. 23 da Lei do Divórcio representaria simples exceção à regra do art. 402, CC/16; este, pela revogação, resumindo que: *minha opinião sempre foi a de que o art. 402 estaria revogado* (RT-804/51).

Na jurisprudência, porém, foi prevalecendo a orientação da incidência do art. 23 da LD apenas para os alimentos decorrentes da separação judicial, ou seja, entre os cônjuges e o alimentário-filho (RSTJ-135/359 e RT-788/196).

O novo Código Civil, no art. 1.700, ao dispor que *a obrigação de prestar alimentos transmite-se aos herdeiros do devedor, na forma do art. 1.694*, não solucionou o problema. Ao contrário, veio reacender nova discussão, pois não repetiu o art. 23 da LD, quando se fazia alusão a dispositivo do direito sucessório (art. 1.796, CC/16).

O art. 1.694, NCC, como mencionado no art. 1.700, estabelece que *podem os parentes, os cônjuges ou companheiros pedir uns aos outros os alimentos de que necessitem para viver de modo compatível com a sua condição social, inclusive para atender às necessidades de sua educação. §1º. Os alimentos devem ser fixados na proporção das necessidades do reclamante e dos recursos da pessoa obrigada. § 2º Os alimentos serão apenas os indispensáveis à subsistência, quando a situação de necessidade resultar de culpa de quem os pleiteia.*

Agora, portanto, já começa a ressurgir uma polêmica mais extensa, a respeito da transmissibilidade ou não dos alimentos aos herdeiros do devedor, tanto aqueles alimentos devidos entre parentes, como entre cônjuges e companheiros.

Realmente, se a matéria da transmissibilidade está em subtítulo e artigo que aborda os alimentos para parentes, cônjuges e companheiros, a primeira impressão que se tem é a de que a transmissão da obrigação alimentar aos herdeiros do devedor *operará em qualquer caso.*[302]

---

[301] Vide: Cahali, Yussef Said. Op. loc. cit. pp. 66 e 67.
[302] Pereira, Sérgio Gischkow. *O Direito de Família e o novo Código Civil: principais alterações.* RT-804/51.

Zeno Veloso,[303] porém, refere que, tal como se encontra, o art. 1.700, NCC, pode levar a *situações absurdas e inadmissíveis.*

Yussef Cahali,[304] da mesma forma, opôs-se a uma interpretação literal do texto da nova lei, lembrando *o caso de um irmão do falecido que, passados muitos anos da abertura da sucessão, viesse a reclamar alimentos a serem fixados na proporção das necessidades do reclamante e dos recursos da pessoa obrigada (art. 1.694, §1º), dirigindo a sua pretensão contra os herdeiros legítimos e testamentários do devedor, aos quais se teria transmitido a obrigação.*

De fato, constatou-se equívoco na redação do art. 1.700, NCC, tanto que já tramita o Projeto de Lei 6.960/02 visando a acertá-lo em uma interpretação mais razoável. Tal como o dispositivo se encontra, ampliou-se em demasia a transmissibilidade dos alimentos.

A nova redação proposta pelo Projeto 6.960/02 prevê que *a obrigação de prestar alimentos decorrente do casamento e da união estável transmite-se aos herdeiros do devedor, nos limites das forças da herança, desde que o credor da pensão alimentícia não seja herdeiro do falecido.*

Como se vê, a redação do projeto não soluciona o problema, porque se restringe a hipótese àqueles alimentos decorrentes do casamento e da união estável, olvidando-se eventual transmissibilidade de alimentos decorrentes do parentesco.

Tem-se entendido que o art. 1.700, NCC, só pode ser invocado *se o alimentado não é herdeiro do devedor da pensão. E, ainda, (...) se o dever de prestar alimentos já foi determinado por acordo ou por sentença judicial.*[305] Segundo Yussef Said Cahali, o art. 1.700 *teve em vista a transmissão da obrigação de prestar alimentos já estabelecidos, mediante convenção ou decisão judicial,* ou se, *ao falecer o devedor, já existisse demanda contra o mesmo visando o pagamento da pensão.*[306]

Realmente, transmite-se a obrigação e não o direito. O texto legal é claro nesse sentido, o que pressupõe obrigação devidamente constituída, já estabelecida – criada ou no nascedouro- à época da morte do obrigado. Em outras palavras: não se pode deduzir nova pretensão alimentar contra os herdeiros.

Parece-nos que o art. 1.700, NCC, deve ser interpretado não apenas de acordo com o art. 1.694 e §§, NCC, mas pela sua finalidade ou natureza,

---

[303] *In: Comentários ao Código Civil.* São Paulo, ed. Atlas, vol. XVII, 2003, p. 39/40.
[304] Op. loc. cit. p. 95.
[305] Veloso, Zeno. Op. loc. cit. p. 40.
[306] Cahali, Yussef Said. Op. loc. cit. p. 95.

que é a de *repassar* a solidariedade ensejadora dos alimentos; uma *transmissibilidade*, que só surge com a morte da pessoa obrigada e nos limites daquilo que pode ser transmitido. Assim, morto o devedor, com ele morrem as suas obrigações pessoais, mas responde o herdeiro pelas obrigações já assumidas e constituídas pelo falecido, *até os limites da força da herança*. Afinal, o art. 1.792, NCC, dispõe que o herdeiro não responde por encargos superiores à força da herança, sendo que o art. 1.997, NCC, determina que a herança responde pelo pagamento das dívidas do falecido, mas, feita a partilha, só respondem os herdeiros, cada qual em proporção da parte que na herança lhe coube.

Como referiu o *Des. Antonio Carlos Stangler Pereira*, do TJRS, em ementa da Ap. Cível n. 70006916761, de 15-10-2003: (...) *O artigo 1.700 do novo Código Civil, exige que a obrigação de prestar alimentos seja pré-constituída, para que nela fiquem sub-rogados os herdeiros do falecido*.

Para nós, a melhor solução seria a de que o art. 1.700, NCC, fizesse referência expressa apenas ao *caput* do art. 1.694 e ao art. 1.997, do NCC, quando estaria resolvido o problema da transmissibilidade da obrigação, tal como se deduziu acima. Fora disso, as polêmicas, infelizmente, continuarão.

No mais, diante daquela regra comum do Direito das Sucessões, as pensões devidas e impagas pelo alimentante, até a data do seu falecimento, representam dívida de direito comum, que deve ser deduzida do monte partível.[307]

Diz-se que os alimentos são *irrepetíveis*. É a regra da *irrepetibilidade* ou da não-devolução: os alimentos prestados e recebidos pelo credor não são repetíveis. Em outras palavras: os alimentos pagos não são devolvidos para aquele que os desembolsou. Tal regra, apesar de não prevista em lei, sempre teve amparo doutrinário e jurisprudencial, sob o fundamento de que se a verba foi paga a título de alimentos ela foi consumida na subsistência da pessoa.

Isso impõe grande responsabilidade ao juiz, quando este fixa verba alimentar provisória ou provisional, v.g., em sede liminar e *inaudita altera pars* – apenas aceitando como verdadeiro o argumento de uma das partes. A falta de razoabilidade e fundamentação adequada na fixação desses alimentos pode trazer prejuízos irreparáveis ao devedor.

A irrepetibilidade, porém, não é absoluta, porque não pode gerar uma situação de enriquecimento sem causa para o credor e empobrecimento do devedor. O enriquecimento indevido não deve ter guarida judiciária. Na

---

[307] Cahali. Op. loc. cit. p. 95.

verdade, se os alimentos pagos indevidamente não podem ser repetidos por aquele que os recebeu, podem ser exigidos daquele que devia constar como verdadeiro obrigado. No mesmo sentido é o ensinamento de Eduardo de Oliveira Leite.[308]

Recentemente, julgou-se um caso interessante na 8ª Câmara Cível do TJRS, pelo qual uma viúva foi obrigada a devolver, ao herdeiro reconhecido filho em ação de investigação de paternidade, via ação ordinária de cobrança, os valores que recebeu de pensão previdenciária, pelo falecimento do réu no curso da demanda investigatória. Entendeu-se que a viúva sabia da tramitação de uma investigatória e que não poderia apropriar-se da integralidade da verba previdenciária, porque tinha cunho alimentar e pertencia ao herdeiro (Ap.Civ. 70004470019, de 04-12-2003).

No caso de ações revisionais, redução e exoneração, já se decidiu que *ofende o princípio da irrepetibilidade, a retroação, à data da citação, dos efeitos da ação de revisão para redução ou exoneração da pensão alimentícia (Recurso Especial n. 513.645, de 16-9-2003, Rel. Min. Aldir Passarinho Júnior).* Nesse caso, a exoneração ou redução do pagamento deve dar-se, apenas, *a contar da publicação da sentença que julgou procedente a ação.*

Afirma-se, também, que os alimentos são *imprescritíveis*. É a regra da *imprescritibilidade*. De fato, o pedido de alimentos não se sujeita a prazos prescricionais. Mesmo que não exercido o direito, persiste a possibilidade de reclamá-los a qualquer tempo.

É preciso observar-se, porém, que se o direito não for exercido, as prestações devidas e impagas têm sua prescrição em dois anos, como consta no art. 206, § 2º, NCC: *Em dois anos, a pretensão para haver prestações alimentares, a partir da data em que se vencerem.*

Os alimentos são *irrenunciáveis*. Temos a *irrenunciabilidade* dos alimentos. Assim dispõe o art. 1.707, NCC: Pode o credor não exercer, porém lhe é vedado renunciar o direito a alimentos, sendo o respectivo crédito insuscetível de cessão, compensação ou penhora.

O citado dispositivo traz quatro características dos alimentos: irrenunciabilidade, incedibilidade, incompensabilidade e impenhorabilidade.

O art. 404, CC/16, assim dispunha: *pode-se deixar de exercer, mas não se pode renunciar o direito a alimentos.*

Advertia Clóvis Beviláqua[309] que o direito de pedir alimentos, sendo uma das manifestações imediatas, ou uma das modalidades de amparo ao

---

[308] *In: Famílias monoparentais.* 2ª ed., São Paulo, Editora RT, 2003, p. 231.
[309] *In: Código Civil dos EUB.* Ed. Histórica, Rio, vol. 1, p. 870.

direito à vida da pessoa, não pode ser validamente renunciado. Assim, eventual cláusula pela qual alguém se obriga a não postular verba alimentar, ou a não se utilizar da ação de alimentos, é claramente nula. Tal cláusula deve ser desconsiderada, ignorada, deixada de lado, como se não existisse escrita.

Com efeito, renunciar ao direito de alimentos é afastar-se do direito de pedi-los. Os alimentos dizem respeito a um direito constitucional, o direito à vida, um direito da personalidade e inerente à própria pessoa humana, daí a inviabilidade da renúncia. Aliás, a irrenunciabilidade dos alimentos mais se pronuncia nos alimentos decorrentes do poder familiar, porque não tem sentido um filho necessitado renunciar aos alimentos perante seus pais, sabido que estes têm para aquele um dever de sustento.

O que poderá gerar alguma polêmica – e assim tem ocorrido – é a possibilidade de renúncia dos alimentos entre os cônjuges, na separação judicial e no divórcio.

Gischkow Pereira (RT-804/51) entende a irrenunciabilidade como irrestrita, *verbis: (...) tenho sustentado que, em face da inferioridade sócio-econômica em que ainda se encontra grande parte das mulheres brasileiras, o caráter protetivo da Súmula 379 tem sua razão de ser.*

A Súmula n. 379 do STF, por seu turno, dispunha que, *no acordo de desquite não se admite renúncia aos alimentos, que poderão ser pleiteados ulteriormente, verificados os pressupostos legais.*

Regina Tavares da Silva[310] refere essa regra de irrenunciabilidade como *um retrocesso*. Por outro lado, sabe-se que a renunciabilidade dos alimentos no casamento e na união estável está consagrada na jurisprudência (STJ – RESP. 94.121/SP, Rel. Min. Ruy Rosado; RESP 85.683/SP, Rel. Min. Nilson Naves).

O Projeto de Lei 6.960/02 propõe modificação na redação do art. 1.707, assim: Tratando-se de alimentos devidos por relação de parentesco, pode o credor não exercer, porém lhe é vedado renunciar ao direito a alimentos. Parágrafo único. O crédito de pensão alimentícia, oriundo de relação de parentesco, de casamento ou de união estável, é insuscetível de cessão, penhora ou compensação.

Assim, como diz Ricardo Fiúza,[311] *o projeto deixa claro que a renúncia aos alimentos feita por cônjuge ou por companheiro é sempre legítima. Os alimentos somente são irrenunciáveis se decorrentes do pa-*

---

[310] In: *Código Civil Comentado*. Coord. Ricardo Fiúza, Ed. Saraiva, 2003, p. 1.518.
[311] In: *O novo Código Civil e as propostas de aperfeiçoamento*. São Paulo, Ed. Saraiva, 2003, p. 30.

rentesco (jus sanguinis), sendo que o cônjuge e o companheiro não são parentes.

O tratamento da matéria alimentar, no novo Código, leva-nos ao entendimento da irrenunciabilidade dos alimentos entre cônjuges e companheiros, contrariando o que estão decidindo alguns tribunais. Ademais, isso é tão verdadeiro que, como se viu, há projeto de lei buscando modificar o art. 1.707, NCC.

Ocorre que o art. 1.708, NCC, prevê que apenas com o casamento, a união estável ou o concubinato do credor é que *cessa* o dever de prestar alimentos, isto é, a renúncia não cessa o dever de prestar alimentos. A entender-se pela renunciabilidade, estaríamos tirando com uma mão o que a lei concede com a outra, porque o art. 1.704, *caput*, NCC, v.g., prevê a possibilidade de um dos cônjuges separados judicialmente postular alimentos em caso de necessidade, ou seja, a renunciabilidade seria incompatível com a situação nele prevista.

Por outro lado, o art. 1.694, *caput*, NCC, coloca os cônjuges e companheiros no mesmo patamar dos parentes, para o fim de alimentos, isto é, a antiga restrição que havia – só são irrenunciáveis os alimentos devidos a parentes –, à luz da lei não modificada, hoje não mais se justifica.

Na prática forense, temos visto pessoas que, açodadamente, renunciam a alimentos e depois vêm deles necessitar. O caso comum de cônjuges mulheres não acostumadas a deter patrimônio que, após um mau gerenciamento de bens, acabam ficando à deriva alimentar. Assim, impõe-se um dever de solidariedade, porque, muitas vezes, a situação da mulher foi ocasionada pelo próprio varão, que pode ter assumido sozinho o gerenciar dos bens do casal, impedindo o crescimento profissional da esposa.

Nessa matéria, portanto, afigura-se correta a posição de Sérgio Gischkow Pereira, que se manifesta *favorável à irrenunciabilidade irrestrita (RT-804/51).*

O art. 1.707, NCC, trata, também, da *incedibilidade* ou *incessibilidade* dos alimentos, isto é, eles não podem ser objeto de cessão.

A cessão é o *negócio pelo qual o credor transfere a terceiro sua posição na relação obrigacional*, como ensinou Orlando Gomes.[312]

A natureza da obrigação alimentar, um direito personalíssimo, como afirmamos, é que lhe impede a cessão, com o que se atende ao disposto no art. 286, NCC: *o credor pode ceder o seu crédito, se a isso não se opuser a natureza da obrigação.* Destarte, o beneficiário de alimentos não pode transferir a sua condição de credor a terceiro, não pode transferir seu

---

[312] *In: Direito das Obrigações.* Rio de Janeiro, Forense, 1976, p. 249.

status, nem as relações pessoais ou jurídicas que o amparam e o atrelam como necessitado de alimentos.

O exercício do direito, mesma forma, não pode ser cedido, devendo ser utilizado apenas pelo seu titular, por isso que é um direito personalíssimo. A única exceção diz respeito às pensões (prestações) alimentares em atraso, que podem ser exigidas por terceiro (os herdeiros, p. ex.), porque constituem um crédito e partilham dessa natureza. Na lição de Yussef Said Cahali:[313] *quando se trata, porém, de um crédito por pensão alimentar em atraso, este não difere de qualquer crédito de direito comum, já não prevalecendo a razão adotada quanto aos alimentos futuros, para se impedir a transmissibilidade por cessão ou a qualquer título, do respectivo crédito.*

Os alimentos são *incompensáveis*, ou seja, não podem ser objeto de compensação, como ainda reza o art. 1.707, NCC. É a incompensabilidade.

Se o devedor da pensão alimentícia tornar-se credor do beneficiário dos alimentos, não poderá pretender objetar a existência do crédito como forma de exonerar-se ou diminuir os alimentos devidos. Se o marido deve alimentos à ex-mulher, não pode compensar com aluguéis indevidamente recebidos por esta. Isso pode ser objeto de outra ação, mas jamais compensação. Tem-se admitido, porém, a compensação, quando a dívida também diz respeito a alimentos, como no caso de a parte ter pago alimentos a mais, quando pode compensá-los futuramente, sob pena de enriquecimento indevido do beneficiário.

A incompensabilidade dos alimentos é ratificada pela regra do art. 373, inc. II, do NCC: *a diferença de causa nas dívidas não impede a compensação, exceto: ... II- se uma se originar de (...) alimentos.*

Exemplifica Pontes de Miranda:[314] *se o neto, que deve certa quantia ao avô, reclama desse o necessário para viver, não pode o avô descontar da pensão alimentícia o que o neto lhe deve, nem os juros da sua obrigação.*

Sabe-se que a penhora é ato de ataque ao patrimônio do devedor. Como adverte Arnaldo Marmitt,[315] *consiste na apreensão de coisas móveis ou imóveis, corpóreas ou incorpóreas, do acervo patrimonial do executado, inclusive bens ou créditos futuros, para sua oportuna conversão em pecúnia e pagamento dos credores.*

---

[313] *In: Alimentos.* Op. cit. p. 97.
[314] *In: Tratado de Direito de Família.* Vol. 1. Op. cit. p. 286.
[315] *In: A penhora. Doutrina e jurisprudência.* Rio de Janeiro, Aide, 1992, p. 8.

Os alimentos são *impenhoráveis*, porque a pensão alimentícia se destina à sobrevivência da pessoa e não pode responder pelas suas dívidas de qualquer espécie. Assim, inclusive, dispõe o parágrafo único do art. 813, NCC: *A isenção prevista neste artigo prevalece de pleno direito em favor dos montepios e pensões alimentícias.* O *caput* do art. 813, NCC, refere-se à isenção por execuções pendentes e futuras sobre renda constituída por título gratuito, por ato do instituidor.

Discute-se a respeito da possibilidade de penhora sobre as prestações alimentícias atrasadas. Embora favorável a opinião de Pontes de Miranda,[316] não se pode olvidar, como bem afirma Sérgio Gilberto Porto,[317] que *facilmente imagináveis as obrigações e compromissos que o credor assumiu para sobreviver sem os alimentos que fazia jus e, recebidos estes, deverá atender àqueles.* Assim, também somos pela impenhorabilidade ampla de prestações atrasadas, porque se inserem na regra da impenhorabilidade.

O art. 649, inc. II, do CPC, determina que são absolutamente impenhoráveis as provisões de alimentos. Os salários, porém, embora tenham natureza alimentar, podem ser penhorados para satisfazer prestação alimentícia (art. 649, inc. VI, NCC).

O imóvel residencial assegurado como bem de família, tal como consta na Lei n. 8.009/90, que fica a salvo de penhora por dívidas civis de qualquer natureza, não escapa da penhora decorrente de dívida alimentar.

Relativamente à transação, sabe-se que os alimentos presentes e futuros são intransacionáveis.[318] O *quantum* dos alimentos pretéritos, as prestações atrasadas, porém, podem ser negociadas pelos interessados. Isso tem sido feito seguidamente, até para proporcionar sua satisfação, seu adimplemento por aquele devedor que se encontra em dificuldades financeiras.

A propósito, o direito a alimentos pretéritos não pode ser postulado, ou seja, não se pode pedir alimentos retroativamente. Se o credor de alimentos passou por necessidade em período anterior à data em que ingressou com a ação de alimentos, esse fato deve ser a ele imputado, como bem adverte Zeno Veloso.[319] Os alimentos são para o presente e para o futuro, apenas. Contados desde a citação e pagos retroativamente até

---

[316] Op. loc. cit. p. 287.
[317] *In: Ação de Alimentos. Doutrina e prática.* Rio de Janeiro, Ed. Aide, cit., p. 20.
[318] Veloso, Zeno. Op. cit. p. 61.
[319] Idem.

esta. Em matéria de investigação de paternidade cumulada com alimentos já estabelece a Súmula n. 277 do STJ: *Julgada procedente a investigação de paternidade, os alimentos são devidos a partir da citação.*

Há uma regra de *reciprocidade* nos alimentos, como está nos arts. 1.694, *caput,* c/c 1.696, do NCC

Pelo art. 1.694, *caput,* NCC, afirma-se que podem os parentes, os cônjuges ou companheiros pedir uns aos outros os alimentos de que necessitem para viver de modo compatível com sua condição social, inclusive para atender às necessidades de sua educação, sendo que o art. 1.696, NCC, estabelece que: o direito à prestação de alimentos *é recíproco* entre pais e filhos, e extensivo a todos os ascendentes, recaindo a obrigação nos mais próximos em grau, uns em falta dos outros.

Não afirmamos que se trata de uma estrada com duas vias, porque reciprocidade não significa que duas pessoas devam entre si alimentos ao mesmo tempo, isto é, não podem cobrar-se alimentos reciprocamente e no mesmo instante. Isso significa apenas que quem deve alimentos hoje pode tornar-se deles credor amanhã. Em outras palavras: se hoje os pais são obrigados a prestar alimentos ao filho, amanhã eles podem vir a ser beneficiados por alimentos prestados pelo filho.

Alguma discussão surgirá a respeito da extensibilidade dessa regra aos cônjuges e companheiros, em virtude de o novo Código tê-los "equiparado" para o fim de alimentos. Embora se diga que cônjuge não é parente, a polêmica não é de ser aceita quando se trata de alimentos, uma vez que o dispositivo é claro em sua extensão: os *parentes* estão na regra de reciprocidade do art. 1.696, NCC, consangüíneos até o segundo grau; assim como os cônjuges/companheiros estão na regra de reciprocidade do art. 1.694, *caput,* NCC.

A reciprocidade entre pais e filhos não faz distinção, sejam filhos de pais casados ou em união estável, inclusive aqueles ligados pelo vínculo de adoção. Ao adotado são aplicadas as mesmas regras estabelecidas aos filhos carnais (art. 1.626, NCC). A reciprocidade é um liame de vinculação parental, civil ou consangüíneo, que tem extensão indefinida em linha reta, mas levada até o segundo grau da linha colateral.

Inicia pelos ascendentes e depois recai nos descendentes, guardada a ordem de vocação hereditária, ou seja, se os pais necessitarem de alimentos (art. 1.697, NCC) devem socorrer-se junto aos seus genitores; não tendo estes condições buscam alimentos perante seus filhos, de forma indistinta. Nesses casos, estabelecem-se tantas obrigações distintas quantas sejam as pessoas capazes de pagar. Como ainda adverte Arnaldo Rizzardo (Direito de Família, Ed. Forense, 2003, p. 749), somente se nada obtiverem dos ascendentes e dos filhos, por falta de recursos, ou por serem menores os últimos e terem falecido aqueles, permite a lei que se exija dos irmãos a pensão alimentícia. Destarte, com relação aos filhos, os primeiros obrigados são os pais, seguindo-se os avós e, por fim, os irmãos. Mesmo o recebimento de pensão por morte, ao nosso sentir, não afasta dos filhos o direito a alimentos complementares em casos de provada necessidade.

Assim, resta claro que só podemos acionar os avós se os pais, *comprovadamente*, estiverem em falta ou carência de meios econômicos. Enfim, *para que se requeira alimentos de parentes mais distantes, o necessitado deve provar que os mais vizinhos já não existem, são incapazes, ou não têm recursos para cumprir a obrigação.*[320]

Por outro lado, não se pode confundir falta de patrimônio ou de condições econômicas dos pais, com má vontade de cumprir a obrigação de alimentos. Daí exigir-se que a ação de alimentos, bem como sua execução, seja, primeiro, dirigida contra os pais e depois contra os avós/bisavós, mesmo que seja para complementar, transitoriamente, a verba alimentar necessária aos netos. Note-se: embora não haja obrigatoriedade, os avós paternos e maternos devem ser acionados concomitantemente, sob pena de a verba alimentar restar diminuída pelo não-acionamento do co-responsável subsidiário, nos termos do art. 1.698, segunda parte, do NCC.

Há intrínseca, portanto, uma regra de proximidade, uma *ordem sucessiva do chamamento à responsabilidade*, como disse Cahali.

Já afirmamos: a ordem não é de exclusão, pois, mesmo que responsabilizado o pai, mas desde que provadamente não tenha condições de suprir a integralidade dos alimentos, podem ser responsabilizados os avós. A inversa também é possível: responsabilizado o filho sem condições de pagar alimentos, o neto pode ser acionado para prestá-los aos avós necessitados. É o alcance da verdadeira solidariedade do parentesco, como veremos no tópico relativo à coobrigação alimentar.

Sempre se afirmou que *não há solidariedade* entre os parentes no que diz respeito aos alimentos, sendo a obrigação *divisível*.

A ausência de solidariedade e divisibilidade vêm expressadas nos termos do art. 1.698, NCC: Se o parente, que deve alimentos em primeiro lugar, não estiver em condições de suportar totalmente o encargo, serão chamados a concorrer os de grau imediato; sendo várias as pessoas obrigadas a prestar alimentos, todas devem concorrer na proporção dos res-

---

[320] Veloso, Zeno. Op. loc. cit. p. 26.

pectivos recursos, e, intentada ação contra uma delas, poderão as demais ser chamadas a integrar a lide.

Na solidariedade, como ensina Maria Helena Diniz (Dicionário Jurídico, vol. 4, Saraiva, p. 415), há uma multiplicidade de credores ou de devedores, ou de uns e outros, onde cada credor tem direito à totalidade da prestação, como se fosse o único credor, ou cada devedor está obrigado pelo débito todo como se fosse o único devedor.

Destarte, não há solidariedade porque a obrigação recai nos parentes mais próximos em grau, uns na falta de outros (art. 1.696, NCC), sendo que dessa característica decorre a *divisibilidade*. Divide-se o encargo alimentar não em partes iguais, mas de forma proporcional aos rendimentos dos parentes obrigados. Em outras palavras: afigura-se possível o pagamento de alimentos por vários parentes a uma só pessoa, de forma proporcional aos ganhos de cada um.

Agora, porém, as regras da não-solidariedade e da divisibilidade devem ser minimizadas, porque *a Lei n. 10.741, de 01-10-2003*, que dispõe sobre o Estatuto do Idoso, excepcionou dispondo que *a obrigação alimentar é solidária, podendo o idoso optar entre os prestadores*.

Nessa matéria, o Estatuto praticamente revoluciona em matéria alimentar, uma vez que os filhos responderão de forma solidária pelos alimentos devidos aos pais idosos. Há uma solidariedade passiva, ou seja, os devedores responderão *in totum et totaliter* pelo pagamento da prestação alimentícia. Na prática, isso significa que o idoso pode não apenas escolher o obrigado a quem demandar, como acionar a todos os parentes, ao mesmo tempo, podendo a integralidade da dívida alimentar ser exigida de um ou de todos os obrigados de forma concomitante.

Evidentemente, tal regra poderá causar grandes injustiças, como a exigir-se uma dívida de alguém que não possa pagar.

Tipos de alimentos

No campo jurídico, quanto à natureza, temos os chamados alimentos *naturais ou necessários* (alimentação, vestuário, habitação) e os alimentos *civis* (educação, instrução, assistência), que o Código Civil do Chile chamou de *côngruos*.[321]

Os alimentos naturais ou *necessarium vitae* são aqueles necessários *para a manutenção simples do alimentando*,[322] é o estritamente necessário

---
[321] Vide: Clóvis Beviláqua. *Direito da família*. São Paulo, Ed. Freitas Bastos, 1943, p. 383.
[322] Bittencourt, Edgar de Moura. *Alimentos*. São Paulo, Ed. Leud, 1979, p. 21.

para a mantença da vida de uma pessoa, compreendendo tão-somente a alimentação, a cura, o vestuário, a habitação.[323]

Os alimentos civis ou *necessarium personae* são mais amplos, são *os que se taxam segundo os haveres do alimentante e a qualidade e situação do alimentado*;[324] não é apenas o dever de ministrar comida, vestuário e habitação, mas também os demais recursos econômicos, *tomando-se em consideração a idade, a condição social e demais circunstâncias pertinentes ao familiar em situação de necessidade.*[325] Enfim, eles se destinam a manter a qualidade de vida do credor, de acordo com a condição social dos envolvidos, preservando, assim, o padrão de vida e *status* social do alimentado, limitada a quantificação pela capacidade.

Tal classificação parece ter ficado evidenciada no novo Código, uma vez que se diferenciaram claramente os alimentos civis dos alimentos naturais. Aqueles, na referência a *para viver de modo compatível com sua condição social*, como está no *caput* do art. 1.694; estes, *apenas indispensáveis à subsistência*, como consta no § 2º do mesmo artigo.

O anterior Código (art. 1.687, CC/16), em norma heterotópica, já dispunha acerca da extensão da verba alimentícia: *abrange o sustento, a cura, o vestuário e a casa..., além da educação, se ele for menor*. A mesma regra foi repetida no art. 1.920, NCC e é disso que tratamos quando nos referimos aos alimentos decorrentes do parentesco, em princípio. Assim, a fixação dos alimentos passa pelo seu entendimento mais amplo.

O Projeto 6.960/02 propõe nova redação ao art. 1.694, *caput* e seu parágrafo terceiro, substituindo o texto *para viver de modo compatível com a sua condição social* por *para viver com dignidade*, uma vez que se entende que o texto legal vigente estende em demasia o direito alimentar. Mais adiante veremos com maior vagar tais entendimentos.

Diz-se que os alimentos oriundos do parentesco são *ius sanguinis*, são os ditos *legítimos,* devidos por lei e por direito de sangue. São os alimentos que se inserem no âmbito do Direito de Família. Dentre aqueles, têm prevalência os devidos em decorrência do poder familiar, porque se ligam ao princípio constitucional da *paternidade responsável* (art. 229, CF), sendo um verdadeiro dever, como se disse alhures.

Os outros alimentos são obrigacionais, *os prometidos, os que se prestam em virtude de disposição testamentária, ou de convenção.*[326] Pertencem ao Direito das Obrigações ou das Sucessões.

---

[323] Cahali, Yussef Said. Op. loc. cit. p. 18.
[324] Miranda, Pontes de. *Tratado de Direito de Família, vol. III*, cit. p. 251.
[325] Cahali, Yussef Said. Op. cit. p. 19.
[326] Miranda, Pontes de. Op. loc. cit. p. 252.

O novo Código Civil, agora, como se disse, alude não apenas aos alimentos civis ou côngruos, fixados para que o alimentando possa viver de modo compatível com a sua condição social (art. 1.694, *caput*), como se refere aos alimentos *indispensáveis à subsistência*. Pelo menos assim dispõe o art. 1.694, § 2º, NCC: Os alimentos serão apenas os indispensáveis à subsistência, quando a situação de necessidade resultar de culpa de quem os pleiteia.

Como se vê, o § 2º do art. 1.694, NCC, refere-se aos alimentos naturais ou necessários, também chamados de alimentos *indispensáveis*.

Destarte, como não houve restrição, podemos concluir que os alimentos indispensáveis à subsistência, serão devidos tanto a parentes – até maiores de idade – quanto a cônjuges e companheiros, em atenção ao grau de culpa de quem os pretende, o que agora deve ficar registrado na motivação da sentença.

Com efeito, a situação de miserabilidade do parente, do cônjuge ou do companheiro, pode decorrer de culpa do próprio beneficiado. Não apenas a culpa pelo término do casamento ou do companheirismo, mas a culpa por ter gerido mal seu patrimônio, por ter desperdiçado os bens que houve por herança ou meação do casamento. Enfim, até pela inexperiência com o trato dos negócios, o que equivale à má gerência. Em tais casos, a regra da solidariedade que decorre do parentesco, não permite que fiquem sem o alimento básico à própria subsistência.

A nova lei civil, portanto, fixa outro norte da obrigação alimentar, enquanto não sobrevier a mudança legislativa: os alimentos aos parentes, ao cônjuge e aos companheiros, em princípio, devem ser vislumbrados e fixados como *côngruos*; excepcionalmente, porém, serão fixados como *estritamente necessários* à subsistência do beneficiário, na forma do § 2º do art. 1.694, NCC.

Os alimentos não definitivados ora vêm como *alimentos provisionais*, ora como *alimentos provisórios*.

O art. 1.706, NCC, dispõe que os alimentos provisionais serão fixados pelo juiz, nos termos da lei processual.

Realmente, há uma *confusão quase generalizada na doutrina e na jurisprudência*[327] a respeito da distinção entre alimentos provisionais e provisórios, havendo quem entenda os alimentos provisórios como *provisórios em sentido estrito e provisionais.*[328]

---

[327] Oliveira, Carlos Alberto Álvaro de. *A tutela de urgência e o Direito de Família*. São Paulo, Ed. Saraiva, 1998, p. 83.
[328] Nery Jr., Nelson; Rosa Maria Andrade. *Novo código civil anotado*. São Paulo, RT, 2002, p. 574.

Sérgio Gischkow Pereira[329] refere que *a diferença entre as duas espécies é apenas terminológica e procedimental: em essência, em substância, são idênticas, significam o mesmo instituto, a saber, prestações destinadas a assegurar ao litigante necessitado os meios para se manter na pendência da lide.*

Araken de Assis,[330] porém, adverte que embora tenham *a mesma função antecipatória (...) eles divergem na sua estrutura*, sendo que a *nota fundamental da distinção* está em que os alimentos provisórios dependem de prova pré-constituída do parentesco ou da obrigação alimentar, sendo que nos provisionais, incumbe ao juiz aquilatar se, no curso da demanda, pode faltar recurso à subsistência do postulante.

Alimentos provisionais – *alimenta ad litem* – são aqueles que podem ser pedidos por quem provar-se credor ou por quem não tem prova preconstituída de sua qualidade de credor, sendo pagos preliminarmente e de forma transitória, para mantença e custeio do litígio, antecipados ao litigante que não pode aguardar o desfecho do processo sem prejuízo à sua situação pessoal.

Segundo Yussef Cahali (Dos alimentos, cit. p. 840), a medida é provisional no sentido de regulação provisória de uma situação processual vinculada ao objeto da própria demanda, de cognição sumária e incompleta, visando à preservação de um estado momentâneo de assistência. São obtidos pela via cautelar e estão previstos nos arts. 852/854 do CPC e vigoram até a sentença definitiva na ação principal, quando são mantidos ou substituídos pelos alimentos definitivos.

Os alimentos *provisórios* estão previstos no art. 4º da Lei nº 5.478/68, deferidos no limiar do procedimento e também vigoram até a sentença definitiva da ação de alimentos. São aqueles fixados pelo juiz – de ofício ou não – logo ao despachar a petição inicial da ação de alimentos ou da separação judicial litigiosa. Nesse tipo de alimentos, não estamos diante de nenhuma previsão cautelar, mas sim de medida própria da ação de alimentos, pelo rito daquela lei ou pelo rito ordinário. Têm natureza de um adiantamento da tutela de mérito,[331] porque a parte já possui uma prova preconstituída que lhe dá direito aos alimentos. Eles podem ser fixados também no curso de ação de separação judicial cumulada com alimentos, até que se deslinde a questão da pensão alimentícia definitiva.

---

[329] In: Ação de Alimentos. Op. cit. p. 49.
[330] In: Da execução de alimentos e prisão do devedor. São Paulo, RT, 3ª ed., 1996, p. 116.
[331] Nery Jr., Novo Código Civil. Op. loc. cit. 689.

Embora ambos levem ao mesmo desiderato, que é o de prover de verba alimentar o requerente da medida, porque o necessitado não pode esperar o final do processo sem qualquer subsídio alimentar, como se viu, precisamos fazer alguma distinção.

Nos alimentos provisionais, como nos ensina Carlos Alberto Alvaro de Oliveira,[332] *a sua concessão depende de um juízo de probabilidade sobre o direito alegado e o receio de lesão (...) O risco de dano e sua irreparabilidade devem ser valorados de forma concreta, exame a que o juiz não pode nem deve se furtar (...) Lembre-se de não se compadecer com a índole da tutela antecipatória a exigência de ficar desde logo provada a relação de parentesco ou a obrigação de prestar alimentos. Nesta, o que importa é a verossimilhança da alegação (...).*

A concessão dos alimentos provisórios, por seu turno, exige do juiz uma decisão não discricionária, porque à vista de prova preconstituída (certidão de nascimento ou casamento, v.g.).

É de se observar que, na fixação liminar desses alimentos, tanto em um como em outro, o juiz deve atuar com redobrado cuidado, porque ambos são irrepetíveis – ou de difícil repetição, dependendo do caso – mesmo que o *devedor* vença a demanda.

Temos visto algumas decisões judiciais que têm uma equivocada regra *internalizada,* no sentido de *sempre* estipularem alimentos provisórios ou provisionais no percentual de 30% dos ganhos do obrigado, como se isso estivesse previsto em algum dispositivo legal. Uma fixação exorbitante, seja em 30%, 20% ou 15%, pode levar o devedor à prisão civil, daí por que se deve norteá-los no amparo de documentos, que demonstrem não apenas os ganhos coerentes do devedor, mas os gastos efetivos do credor, ou fixá-los de forma comedida, em percentual razoável à situação social das partes.

Tem-se dito que, no limiar da demanda, o juiz não tem maiores elementos para uma fixação adequada dos alimentos. Isso explica, mas não justifica, porquanto, aí mesmo é que se impõe uma análise bem mais criteriosa e fundamentada para a fixação dos alimentos. Em matéria civil que diz respeito à restrição da liberdade da pessoa, melhor pecar por falta do que por excesso.

Quanto ao demais, o art. 1.706, NCC, reafirma o óbvio: os alimentos provisionais serão fixados pelo juiz, nos termos da lei processual. Note-se: não apenas os provisionais, mas também os provisórios. Será que se pre-

---

[332] Op. loc. cit. p. 85.

tendeu pensar na possibilidade de que os advogados ou o Ministério Público *fixassem* os alimentos *ad litem?*

Tais alimentos são fixados por meio de uma *decisão interlocutória* e são impugnados pelo recurso de agravo de instrumento ajuizado diretamente no Tribunal. Advirta-se quanto aos tais *pedidos de reconsideração*, dirigidos ao próprio juiz da causa, porque não interrompem e nem suspendem o prazo recursal de dez dias, estes contados da intimação do despacho (*rectius:* decisão). Definitivados os alimentos, cabível apenas o recurso de apelação, em quinze dias contados da intimação da sentença.

7.1.2. Pressupostos da obrigação

O art. 1.694, § 1º, NCC, dispõe que os alimentos devem ser fixados na proporção das necessidades do reclamante e dos recursos da pessoa obrigada, com isso repetindo o que dispunha o art. 400, CC/16.

Estamos diante do sempre citado *binômio alimentar*: necessidade do credor e possibilidade do devedor, que foi mantido no novo Código. A lei não expressa qual o percentual que cabe para o cônjuge/companheiro ou para o filho, cabendo ao juiz verificar, concretizar e conjugar a efetiva necessidade de um com a possibilidade do outro.

Embora alguns entendam existir um terceiro pressuposto, a *proporcionalidade*, resultando uma espécie de *trinômio alimentar*, pensamos que aquele é apenas o resultado razoável da conjugação da necessidade com a possibilidade. A proporcionalidade, na espécie, é o resultado de um juízo de eqüidade, de valoração.

O art. 20 da Lei do Divórcio dispunha que *para a manutenção dos filhos, os cônjuges, separados judicialmente, contribuirão na proporção de seus recursos.* Isso foi reafirmado pelo art. 1.703, NCC: *para a manutenção dos filhos, os cônjuges separados judicialmente contribuirão na proporção dos seus recursos.*

Os arts. 1.568 e 1.703, NCC, por seu turno, impõem aos cônjuges – e também aos companheiros – a obrigação de concorrer na proporção de seus bens *e dos rendimentos do trabalho* para o sustento e a educação dos filhos. Mas não apenas aos filhos, como também entre si, como dispõem os arts. 1.694, 1.702 e 1.704, todos do NCC.

A fixação do percentual dos alimentos, como antes referimos, é matéria por demais delicada, porque, como advertiu Eduardo de Oliveira Leite,[333] *o*

---

[333] *In: O quantum da pensão alimentícia.* Nova realidade do Direito de Família, t. 2, COAD/IBDFam, 1999, p. 11.

montante da pensão alimentícia quase sempre não corresponde à realidade das necessidades invocadas em juízo, ou a inadimplência alimentar acompanha o período pós-decisão, ou as revisões maliciosas são invocadas como mero revanchismo de situações pessoais não resolvidas.

Com efeito, não é fácil para o julgador determinar que uma pessoa, ou uma criança viva e sobreviva com um terço ou com a metade de um salário mínimo por mês, num país de injusta distribuição de renda. Por outro lado, não se pode olvidar que o salário mínimo nacional, bem ou mal, é a determinação constitucional para a sobrevivência de um trabalhador durante um mês de trabalho.

Muitas vezes, sabe-se que as demandas judiciais só solucionam formalmente o problema dos alimentos. Na prática, muitos necessitados continuarão tão ou mais necessitados do que dantes. Na grande massa das decisões, por impossibilidade absoluta e falta de alternativa diante de uma realidade de aterradora pobreza, os juízes fixam e os tribunais dolorosamente precisam confirmar que um terço do salário mínimo nacional serve para alimentar adequadamente uma criança.

A lei refere-se à *necessidade*, que é o *verbo fundamental, ou o eixo central em torno do qual orbitam todas as demais decorrências da pensão alimentícia.*[334] A necessidade é o somatório de tudo quanto a pessoa precisa para viver e sobreviver, daí ser aconselhável que todas as despesas do credor venham devidamente arroladas na inicial de alimentos ou na contestação, sob pena de o juiz presumir as necessidades e, com isso, a parte não ficar devidamente suprida com a verba alimentar fixada.

Embora se saiba que as necessidades elementares do absolutamente incapaz são presumidas, outras despesas podem aparecer, ditadas não apenas pelo padrão de vida dos envolvidos na questão alimentar, mas pela condição pessoal daquele.

Como se afirmou, a condição de necessidade deve ser aferida não apenas nela mesma, mas entre os próprios necessitados, de modo a também vislumbrarmos certa proporcionalidade entre estes. Veja-se o caso de dois filhos, v.g., sendo que um possui dezessete anos de idade, sadio, mas o outro, embora com treze anos de idade (em tese com menos despesas) padeça de alguma doença, mínima que seja. Obviamente, os alimentos não podem se fixados em igual percentual ou valor, como muitas vezes é feito, porque *as necessidades são diversas.* Apenas aparentemente eles teriam direito à igualdade de valores nos alimentos. Na realidade, alguns julgadores têm o mau vezo de fixar percentual iguais, como se essa *igualdade*

---

[334] Leite, Eduardo de Oliveira. Idem, p. 11.

resolvesse a delicada questão alimentar. Em tais hipóteses, é preciso igualar desigualando e particularizando.

Por outro lado, a correta fixação dos alimentos deve respeito à *possibilidade* da pessoa obrigada. Atualmente, a nova lei civil aderiu expressamente ao amplo conceito *viver de modo compatível com sua condição social*, uma verdadeira *cláusula geral,* o que significa dizermos que o nível de vida que detinha o alimentando deve restar o mais proximamente mantido. Não há dúvida de que houve distinção aumentativa, porque a lei antiga se referia aos alimentos fixados para o necessitado *subsistir* (art. 397, CC/16).

Não se pode perder de vista, entretanto, a proporcionalidade, não apenas de valores ou de percentuais, mas *da situação objetiva e de resultado* da possibilidade e da necessidade. Por isso é que se diz que o montante dos alimentos se determina por uma equação na qual *os alimentos são calculados em proporção das necessidades do reclamante e da possibilidade de quem pode fornecê-los.*[335]

Tantas vezes, a possibilidade do obrigado fica difícil de ser aferida. Algumas profissões, comumente, não remuneradas em folha de pagamento – médicos, odontólogos, advogados, comerciantes, dentre outras –, oportunizam o escondimento dos ganhos. Na aferição dessa possibilidade, *cabe ao magistrado verificar a remuneração de seu prestador como um todo, direta e indireta, com ou sem vínculo empregatício, não deixando de ingressar, se o caso, no campo das rendas de capitais.*[336] Há de se comparar, para aferir a possibilidade, também, os salários com o nível de vida ostentado pelo alimentante e pelo alimentando, porque ganhos modestos não amparam e nem justificam gastos exorbitantes com festas, viagens turísticas, automóveis importados ou do ano, *hobbies* caros, cartões de créditos etc.

O *quantum* alimentar ou as modalidades de cumprimento da obrigação (entrega de bens *in natura* ou valores de aluguéis, p. ex.), ora é fixado pelas próprias partes envolvidas pelo vínculo – parentesco, casamento ou união estável –, ora é fixado pelo juiz, quando houver divergência nos valores ou aquelas não acordarem a respeito.

Não se pode esquecer, ainda, que a discussão do *quantum* alimentar pode ser fomentada pelos próprios agentes públicos, quando, *v.g.*, divergem entre si do valor dos alimentos. Existem casos em que o Promotor de Justiça opina pela fixação de um certo valor ou percentual de alimentos,

---

[335] Oliveira e Muniz. *Direito de Família. Direito Matrimonial.* Op. cit. p. 13.
[336] Barra, Washington E. Medeiros. *Dos alimentos no Direito de Família.* Op. cit. p. 1.256.

e o magistrado vem a fixá-lo em valor diverso, a menor ou a maior. A manifestação ministerial, que foi favorável a uma das partes, como que *incentiva* o recurso da outra, o que procrastina ainda mais o processo. Daí por que, via de regra, em nossa atuação funcional, temos apenas nos detido na análise da obrigação, em si, no *direito a alimentos*, na presença de seus pressupostos, enfim, sem opinar sobre percentuais ou valores, porque, como está na própria lei, o *dever* de fixar os alimentos é *unicamente* do juiz, a teor dos arts. 1.701, parágrafo único, 1.702, 1.704 e parágrafo único e 1.706, NCC.

O que se nota claramente é que o legislador procurou não deixar nenhuma pessoa sem o auxílio daqueles que lhe estão mais próximos, buscando praticamente isentar ou diminuir o Estado-previdência de alcançar verba de cunho alimentar aos seus cidadãos, impondo dita obrigação, em primeiro lugar, para os laços familiares.

Nos dias atuais, a moradia, a luz elétrica, a água, o gás, ao lado dos gêneros alimentícios e das assistências médica e medicamentosa, todos são elementos indispensáveis à subsistência da pessoa. Sabe-se, porém, que infelizmente grande parte da população não tem acesso a todos esses bens. Todavia, se o alimentante ficar responsável por todos esses itens, fatalmente, poderá faltar a si próprio ou nem terá condições a tanto; o alimentante jamais poderá constituir outra família, *v.g.*, porque terá sob suas expensas a subsistência do alimentado anterior. Por isso é que a prestação de alimentos deve ser fixada *cum grano salis*.

Aí é que surge o art. 1.695, NCC: São devidos os alimentos quando quem os pretende não tem bens suficientes, nem pode prover, pelo seu trabalho, à própria manutenção, e aquele, de quem se reclamam, pode fornecê-los, sem desfalque do necessário ao seu sustento.

Esse dispositivo já estava previsto no regramento anterior, quando nele se entendia que *a capacidade laborativa do pretendente é razão para afastar o pedido alimentar.*[337]

A diferença redacional é que, na lei antiga, fazia-se referência apenas a *parentes*. Agora, o art. 1.695, NCC, é o cerne do auxílio alimentar não apenas entre parentes, mas entre os cônjuges e companheiros, na conjugação com o art. 1.694, *caput*, NCC.

A regra básica de sobrevivência da pessoa maior de idade e saudável, como sabemos, é a de que ela deve trabalhar para prover o próprio sustento. Aliás, o art. 1.568, NCC, dispõe que os cônjuges são obrigados a concorrer na proporção dos seus bens *e dos rendimentos do trabalho*, para

---

[337] Bittencourt. Edgard de Moura. *Alimentos*. Op. cit. p. 32.

o sustento da família. Ou seja: para a sobrevivência da pessoa, primeiro, seu trabalho remunerado; depois, os rendimentos dos seus bens e até a venda deles, se for necessário. Isso porque só pode prestar auxílio alimentar aquele que não precisa tirá-los da própria boca. Não fosse assim, como diz o povo, estaríamos despindo um santo para vestir o outro.

O limite do auxílio aos parentes, aos cônjuges ou companheiros, é que o alimentante (o devedor) possa fornecer tais alimentos sem desfalque do necessário ao próprio sustento. Poderíamos, então, mencionado um *limite mínimo de auxílio*: os alimentos necessários à própria subsistência da pessoa, para viver de modo compatível com a condição social; e em *limite máximo de auxílio*: os alimentos serão prestados desde que sem o desfalque do necessário ao sustento do alimentante.

A nova lei civil, portanto, além de uma verdadeira *equiparação* dos cônjuges aos companheiros e parentes, para o fim de alimentos, trouxe certa *extensão objetiva* aos alimentos, ao afirmar que estes não são apenas aqueles indispensáveis à dignidade da pessoa – alimentos naturais –, os indispensáveis à subsistência do ser humano, como aqueles destinados para viver de modo compatível com a sua condição social (art. 1.694, *caput*, NCC), alimentos côngruos.

Na verdade, o art. 1.694, NCC, pode ter ampliado em demasia o direito aos alimentos, permitindo interpretações que, fatalmente, trarão sérias discussões nos tribunais. Afinal, pode-se entender que a mantença da condição social implica a manutenção dos supérfluos e modo de bem viver do alimentante.

A questão básica diz respeito à *condição social*. Assim, condição social de quem? Do alimentante ou do alimentando? Em outras palavras: o(a) alimentante rico(a) estará obrigado(a) a manter a condição social de pessoa rica ao(à) cônjuge ou ex-companheiro(a), que, após a separação retornou à condição social anterior? Se a(o) ex-companheira(o) era pobre, o(a) alimentante rico(a) está obrigado(a) a manter a condição social (riqueza) existente ao tempo da convivência?

Parece-nos que não, porque isso seria incentivar o ócio e o enriquecimento fácil. Isso precisa ser limitado e bem entendido, sob pena de chegarmos a alguns absurdos. De outro lado, é sabido, com a separação do casal, via de regra, cai a condição social de ambos os separandos, especialmente quando apenas um deles tem fonte de renda. Depois da separação, surgem duas casas, dois aluguéis, dois condomínios, duas contas de água, luz, telefone, enfim, a realidade mostra a duplicidade dos gastos.

O fato é que a condição econômica não pode ser readequada ao padrão em que se vivia anteriormente, pois *a depender da situação econômica e financeira dos envolvidos, especialmente dentre aqueles com menos recursos, a diminuição do padrão de vida é inevitável.*[338]

Enfim, o *dispositivo não prevê a manutenção do mesmo padrão, tratando apenas da compatibilidade do modo de vida com a condição social.*[339] Assim, parece-nos que quem era pobre continuará pobre, mas apenas com padrão alimentar que lhe assegure dignidade, e não miserabilidade.

Na fixação do *modo compatível com a condição social,* ademais, outros dispositivos do novo Código devem ser levados em consideração, porque os alimentos só serão alcançados quando *quem os pretende não tem bens suficientes, nem pode prover, pelo seu trabalho, a própria subsistência* (art. 1.695, NCC).

Dispõe, ainda, o art. 1.694, *caput*, NCC, que os alimentos devem servir inclusive para atender às necessidades de educação.

Relativamente aos filhos menores, alimentos decorrentes do poder familiar, não há discussão a respeito do direito à educação plena e integral, a ser custeada por ambos os pais enquanto durar a menoridade civil – 18 anos de idade – e, às vezes, até posteriormente. Trata-se de dever de sustento, indeclinável, portanto.

É a regra também estatuída no art. 1.701, *caput*, NCC: a pessoa obrigada a suprir alimentos poderá pensionar o alimentando, ou dar-lhe hospedagem e sustento, sem prejuízo do dever de prestar o necessário à sua educação, quando menor. Em outras palavras: o dever de prestar o necessário à educação do filho menor não pode jamais ser prejudicado ou afastado por outros tipos de alimentos.

A nova lei codificada, portanto, não apenas sedimentou aquilo que a jurisprudência já vinha acolhendo, no que diz respeito aos alimentos para os filhos *maiores* que estão estudando, bem como ampliou o direito de alimentos para as *necessidades de educação*. Entenda-se: educação *de todos os beneficiados pelos alimentos.* Destarte, não é apenas o filho menor ou o filho maior que tem direito a alimentos para sua formação educacional, porque tal direito foi estendido aos cônjuges e companheiros. Embora perigosa tal compreensão, que já está sofrendo crítica da doutrina tradicional, isso muito se justifica, como veremos adiante.

---

[338] Silva, Regina Beatriz Tavares da. *O novo Código Civil comentado.* São Paulo, Saraiva, 2002, p. 1.504.
[339] Lessa, Nelcy Pereira. *Dos alimentos. O novo Código Civil.* Rio de Janeiro, Freitas Bastos, 2002, p. 391.

7.1.3. Destinatários dos alimentos

Assim dispõe o art. 1.694, *caput*, NCC: Podem os parentes, os cônjuges ou companheiros pedir uns aos outros os alimentos de que necessitem para viver de modo compatível com a sua condição social, inclusive para atender às necessidades de sua educação.

O artigo não apenas atualiza a lei civil aos termos constitucionais de *igualdade conjugal* – podem pedir uns aos outros – como reconhece aqueles tipos de alimentos (necessários e civis) que antes eram distinguidos em sede doutrinária.

Nos alimentos civis, até que haja modificação da lei, o limite é a capacidade econômica da pessoa obrigada, para que se mantenha a condição social do necessitado ou credor; nos alimentos *naturais*, apuram-se aqueles necessários à sobrevivência digna, mesmo que o credor seja culpado por se encontrar no estado de necessidade.

O dispositivo em análise (art. 1.694, NCC) não prevê apenas o direito de pedir alimentos entre os parentes – como era na lei codificada antiga –, mas estendeu tal direito *aos cônjuges e aos companheiros, uns aos outros*, tal como estava na Lei do Divórcio e nas leis da união estável. Ou seja: a mulher pode postular alimentos ao marido/companheiro e este àquela.

Os *alimentos indispensáveis à subsistência,* como previstos no § 2º do art. 1.694, NCC, como já afirmamos, são os alimentos oriundos da solidariedade humana, do socorro, da caridade, enfim, o Estado transfere ao familiar a obrigação de não deixar o parente na miséria ou como pedinte, a aumentar as filas da previdência social.

7.1.3.1. OS PARENTES. A palavra *parente*, segundo Washington de Barros Monteiro,[340] aplica-se *apenas aos indivíduos ligados pela consangüinidade.*

O parentesco por *consangüinidade* ou natural ocorre *quando se funda na igualdade de sangue,* dizia Pontes de Miranda.[341]

A redação do art. 1.694, *caput*, NCC, no tocante aos parentes, manteve-se igual ao disposto no revogado art. 396 do CC/16, possibilitando que os filhos obtenham alimentos dos pais e estes daqueles; os netos dos avós e vice-versa; irmãos de irmãos, tanto unilaterais (sangüíneos ou uterinos) ou bilaterais.

---

[340] *In: Curso de Direito Civil. Direito de Família,* vol. 2, São Paulo, Saraiva, 1997, p. 237.
[341] Op. cit., vol. 1, p. 23.

Os alimentos prestados a filho menor decorrem do *ius sanguinis* e não podem ser dispensados sob nenhuma hipótese, porque decorrem do *poder familiar* – há um dever de sustento – e do princípio constitucional da paternidade responsável.

A pensão alimentícia para crianças deve cobrir as suas necessidades vitais e formativas, nos limites da necessidade e dos recursos do devedor de alimentos,[342] não havendo de falar-se em culpa dos filhos menores ou incapazes para eventual *isenção* quanto à obrigação alimentar.

Se o parente for um filho maior, incapaz ou não, ou os pais, ou avós, os alimentos decorrem dos laços do parentesco, do liame vinculador das pessoas que descendem umas das outras.

A obrigação relativa ao filho *maior incapaz* ficou estampada na nova lei civil, como se vê do art. 1.590, NCC: *as disposições relativas à guarda e prestação de alimentos aos filhos menores estendem-se aos maiores incapazes*. Filhos maiores e incapazes são aqueles que, possuindo mais de 18 anos de idade, por enfermidade ou deficiência mental, não tiverem o necessário discernimento para a prática dos atos da vida civil. Tais filhos, portanto, podem socorrer-se dos avós ou dos irmãos, na impossibilidade dos seus pais prestarem alimentos.

Destarte, quando a lei prevê a possibilidade de alimentos a *parentes*, está afirmando o direito às pessoas que procedem de *um mesmo tronco ancestral*, isto é, os ascendentes e os descendentes. Isso, independente do grau, ou seja, há uma reciprocidade alimentar indefinida entre os parentes em linha reta, iniciando-se pelos ascendentes. Primeiro os mais próximos, depois os mais remotos.

No parentesco colateral segue-se até o segundo grau, apenas (art. 1.697, NCC). Então, tio não deve alimento a sobrinho, mas irmão deve a irmão.

Como refere Zeno Veloso,[343] a lista dos parentes obrigados por lei a pagar pensão alimentícia é exaustiva e não extensiva: *não pode o necessitado reclamar judicialmente alimentos de outros parentes que não sejam descendentes, ascendentes e irmãos*.

7.1.3.2. OS CÔNJUGES E OS COMPANHEIROS. Os cônjuges e os companheiros figuram ao lado dos parentes na ampla regra do art. 1.694, NCC, que trata da obrigação de alimentos.

---

[342] Leite, Eduardo de Oliveira. *Famílias monoparentais*. 2ª ed. São Paulo, RT, p. 228.
[343] *In: Código Civil Comentado*. Op. cit. p. 28.

Cônjuges são aquelas pessoas ligadas por laços do matrimônio civil. São as pessoas unidas pelo vínculo matrimonial. É o marido e a mulher, o esposo e a esposa, enfim, o *membro da sociedade conjugal*,[344] que faz surgir o estado civil de *casado*.

Companheiro é conceito que não se refere aos amásios, nem aos namorados ou aos noivos, nem aos "ficantes", embora, tantas vezes, a condição de namorados ou de noivos *esconda* uma verdadeira relação de *companheirismo*. Companheiro é sinônimo de convivente; é o homem ou a mulher que mantenha uma união comprovada com outra pessoa do sexo oposto, no estado de solteiro, separados de fato ou judicialmente, divorciados ou viúvos, por tempo suficiente a configurar uma relação de fidelidade e com o *animus* de constituir uma família. São os componentes da união estável ou companheirismo. Não são os concubinos, porque a nova lei civil distinguiu a união estável do concubinato, como se vê no art. 1.727, NCC.

Na hipótese dos cônjuges e companheiros, a obrigação alimentar deve ser apreciada dentro de um conjunto de fatores. Deve ser aferido não apenas o padrão de vida que o necessitado levava quando da comunhão de vida, mas a *culpa* pela dissolução da sociedade conjugal ou da relação estável. Afinal, em princípio, o cônjuge inocente que não deu causa à separação tem o direito de desfrutar do mesmo padrão social que detinha quando casado ou em companheirismo. Dissemos em princípio, porque a pensão alimentícia não deve fomentar o ócio.

Como tratamos no tópico oportuno – separação e divórcio – a *culpa* é novamente invocada, agora para efeitos alimentares. Como advertiu Sérgio Gischkow Pereira, *por mais que não agrade, a culpa impregna repetidamente o regramento da matéria alimentar. Para dela fugir, só mesmo com o argumento da inconstitucionalidade, contra o qual já me manifestei antes* (Revista Jurídica nº 313, Síntese, 2003, p.17).

Como se sabe, existe séria discussão doutrinária acerca da distinção entre a culpa civil e a culpa penal. Aqui nos interessa apenas a culpa civil, *a qual compreende não só o que por culpa se entende no Direito Penal, como também o dolo. Enquanto que no Direito Penal a culpa dá lugar à responsabilidade somente em casos excepcionais, no Direito Civil, todo ato culposo que produza dano acarreta responsabilidade patrimonial* (In: Do crime culposo. E. Magalhães Noronha. Ed. Saraiva, 1974, p.141). Destarte, a responsabilidade patrimonial resta aferida na ótica do Direito de Família, pelo comportamento violador do regramento familiar. Ela é

---

[344] Diniz, Maria Helena. *Dicionário Jurídico*, vol. 1, São Paulo, Ed. Saraiva, p. 770.

considerada em hipóteses estritas e/ou abertas (ato desonroso, sevícia, adultério, p.ex.) ou em cláusula geral (culpa de quem pleiteia os alimentos, p.ex.).

A culpa em matéria alimentar, vem mencionada direta ou indiretamente, nos arts. 1.694, § 2º (culpa), 1.702 (inocência), 1.704 e parágrafo único (cônjuge culpado) e 1.708 (procedimento indigno) do NCC. Torna-se ela, assim, a *causa petendi* nas ações de cunho alimentar, não apenas entre os cônjuges, mas também relativamente aos companheiros ou parentes.

Temos notado que, no dimensionamento da responsabilidade alimentar entre os cônjuges ou companheiros, há uma inclinação para a fixação de *alimentos transitórios*. Assim, *o estabelecimento, em tempo certo, transitório, dos alimentos em favor do cônjuge ou companheiro necessitado, encontra fundamentos em nova tendência de ordem moral e legal, que pode ser detectada não somente no Brasil, como também no seio das sociedades que adotam, preponderantemente, o ethos vivendi' ocidental.*[345]

Os alimentos aos companheiros causavam alguma discussão até a edição da Lei nº 8.971/94, cuja obrigação alimentar foi reforçada pela edição da Lei nº 9.278/96 (art. 7º). Agora, porém, a obrigação tem os mesmos fundamentos dos alimentos devidos aos cônjuges e parentes, com base no novo Código Civil. Óbvio, não basta o mero companheirismo para a fixação alimentar, porquanto ainda devem ser *provadas* a sua necessidade e a inocência (culpa) no rompimento da relação, para fins de dimensão do quantitativo.

Destarte, os cônjuges e companheiros, dependendo caso a caso, podem pedir uns aos outros os alimentos não apenas de que necessitem para viver de modo compatível com a sua condição social, mas inclusive para atender as suas necessidades com educação.

Tais alimentos decorrem do dever de mútua assistência e de solidariedade, que deve marcar as relações entre os cônjuges e os companheiros (arts. 1.566, III, e 1.724, NCC).

A obrigação alimentar, porém, deve ser bem compreendida, porque cônjuge e companheiros podem pedir alimentos *entre si*, uns aos outros, jamais aos parentes do outro. O ex-cônjuge pede alimentos aos ex-consorte em face do casamento rompido, e o ex-companheiro pede alimentos ao ex-convivente por causa da união estável desfeita. Qualquer interpretação fora daí será desarrazoada e forçada.

---

[345] Buzzi, Marco Aurélio Gastaldi. *Alimentos transitórios. Uma obrigação por tempo certo.* Curitiba, Juruá, 2003, p. 123.

Haverá discussão, sem dúvida, no que diz respeito à regra da transmissibilidade dos alimentos entre cônjuges e companheiros, porque, como se disse anteriormente (v. características dos alimentos), poderemos ter o caso de um ex-companheiro postulando alimentos aos filhos unilaterais da ex-companheira falecida, o que deve ser bem interpretado.

Na separação judicial litigiosa, o direito aos alimentos *côngruos* ampara-se não apenas na ausência de culpa pela dissolução da sociedade conjugal, mas na *efetiva necessidade* do cônjuge inocente. Pelo menos assim dispõe o art. 1.702, NCC: Na separação judicial litigiosa, sendo um dos cônjuges inocente e desprovido de recursos, prestar-lhe-á o outro a pensão alimentícia que o juiz fixar, obedecidos os critérios estabelecidos no art. 1.694.

Ademais, essa *culpa* determinará também a ordem de responsabilização de outros coobrigados: se o cônjuge for considerado culpado pela separação, ele assumirá a prestação alimentícia ao inocente necessitado, independente da existência de qualquer parentes deste em condições de prestar alimentos.

Em que pese a lei referir-se apenas a cônjuges, temos que o mesmo raciocínio deve ser aplicado com relação aos companheiros na união estável.

Pressupostos dos alimentos entre os cônjuges. Na sistemática da lei antiga, o cônjuge culpado pela separação perdia o direito a alimentos. Era como se fosse uma punição. Agora, entretanto, mesmo que seja considerado culpado, ele terá direito a alimentos se atendidos três pressupostos concomitantes: 1) necessidade; 2) falta de parentes em condições de assisti-lo e 3) na falta de aptidão para o trabalho. Nesse caso, os alimentos a serem pagos serão apenas aqueles indispensáveis à sobrevivência, nos termos do art. 1.704, parágrafo único do NCC: *Se o cônjuge declarado culpado vier a necessitar de alimentos, e não tiver parentes em condições de prestá-los, nem aptidão para o trabalho, o outro cônjuge será obrigado a assegurá-los, fixando o juiz o valor indispensável à sobrevivência.*

O cônjuge culpado pode ajuizar demanda autônoma visando a alimentos, se estes não tiverem sido discutidos na separação judicial. Nessa hipótese, terá a incumbência de provar os requisitos que justificam o dever alimentar: necessidade, falta de parentes (ascendentes, descendentes ou irmãos) e falta de aptidão para o trabalho. O demandado, por seu turno, discutirá o *quantum* dos alimentos e poderá fazer prova de que o culpado não atende a um ou mais requisitos do parágrafo único do art. 1.704, NCC.

Por outro lado, mesmo nos casos de processos já encerrados, se estiverem presentes os requisitos já enumerados, parece-nos cabível a prestação alimentar ao cônjuge inocente e necessitado, porque o novo art. 1.704, *caput*, NCC, não faz qualquer distinção a respeito e sua redação nos leva a tal entendimento, *verbis:* "Se um dos cônjuges separados judicialmente vier a necessitar de alimentos, será o outro obrigado a prestá-los mediante pensão a ser fixada pelo juiz, caso não tenha sido declarado culpado na ação de separação judicial."

Isso pode causar alguma espécie aos estudiosos, porém, não se pode olvidar que, em matéria de alimentos, *as normas que regulam a obrigação de alimentos são retroativas, entendido isto porém no sentido de sua aplicabilidade, também, às relações já constituídas anteriormente à sua entrada em vigor.*[346]

Vemos, entretanto, alguma dificuldade nos requisitos da *falta de aptidão para o trabalho* e na *inexistência de parentes em condições de prestar alimentos.*

Ocorre que não podemos confundir *falta de aptidão para o trabalho* com falta de emprego ou com falta de vontade de trabalhar. Isso deve ser bem entendido e distinguido no curso da demanda, porque havendo aptidão para o trabalho, o cônjuge inocente pode não ser obrigado a pagar alimentos ao culpado. Como bem referiu Arnaldo Rizzardo, se a pessoa tem capacidade para desempenhar uma atividade rendosa, e não a exerce, não recebe amparo na lei (Direito de Família, Forense, 2003, p. 739).

A falta de aptidão para o trabalho envolve não apenas a idade, as condições de saúde, mas a ausência completa de profissionalização em alguma área laboral. Por outro lado, o cônjuge culpado que tenha alguma aptidão para o trabalho, qualquer uma, deverá é procurar emprego, mesmo que seja em outra área profissional ou atividade. Se houver grave e provada dificuldade de emprego, ainda, poder-se-á, dependendo do caso, admitir-se *alimentos transitórios*, a prazo certo, de modo que consiga estabelecer-se, porque os alimentos não podem estimular as pessoas a se manterem desocupadas.

Na prova da inexistência de parentes em condições de prestar os alimentos é que reside outra dificuldade, porque se deve não apenas discutir e provar a existência do parentesco, mediante certidões registais, mas a própria possibilidade financeira do parente, que possa fornecer os alimentos sem prejudicar a própria subsistência. Nesse caso, pode existir uma interferência na vida privada de um terceiro (o parente), que é alheio ao processo de alimentos.

---

[346] Cahali, Yussef Said. *Dos alimentos.* Op. cit. p. 123.

Os outros dois pressupostos do art. 1.702, NCC – inocência e necessidade –, também, devem ser entendidos de forma concomitante, isto é, de nada basta a inocência se a parte não tem necessidade. Em sendo inocente e provada a necessidade, o cônjuge não precisa mais atender a quaisquer outros requisitos para receber alimentos do cônjuge ou companheiro culpado.

Tem-se dito que *sempre que não caracterizada a culpa, cabível será a estipulação de alimentos.*[347] Isso deve ser bem entendido, no entanto. Se não for caracterizada ou provada a culpa pela separação, os alimentos só serão fixados para o cônjuge inocente que for desprovido de recursos, com base no art. 1.702, NCC. Em outras palavras: a fixação de alimentos não é uma decorrência obrigatória do ajuizamento e procedência da ação de separação judicial e da inocência do cônjuge ou companheiro, porque em matéria alimentar devemos ter sempre em vista a necessidade efetiva. Ademais, a fixação dos alimentos depende de pedido expresso a respeito, por isso é que a lei civil repete que os cônjuges e companheiros *podem pedir uns aos outros* os alimentos de que necessitem para viver (art. 1.694, *caput*, NCC). Não parece ter sentido fixar-se uma pensão alimentícia para o cônjuge ou companheiro, mesmo inocente, que está muito bem empregado ou estabelecido profissionalmente e que não demonstra e nem prova nenhuma necessidade.

Os alimentos para fins de educação entre cônjuges e companheiros. Apesar da crítica que já estão a sofrer, os alimentos para fins de educação entre cônjuges e companheiros, até sendo retirados pelo Projeto de Lei 6.960/02, muitas vezes, justificam-se.

Tem sido quase comum a relação amorosa prejudicar seriamente a profissão ou a formação intelectual de um dos cônjuges ou companheiro. Via de regra, por exemplo, por insistência do marido ou do companheiro, a mulher abandona os estudos, cessa algum vínculo empregatício ou deixa de aperfeiçoar-se no próprio ofício, para zelar pelo lar e dedicar-se totalmente aos filhos, enquanto o esposo ou companheiro investe em sua profissionalização. Outras vezes, ela segue o marido – ou companheiro – nas exigências de sua carreira, como na mudança de domicílio, p.ex. Com isso, a mulher acaba desatualizando-se, técnica e profissionalmente, o que se mostra como atroz e desesperador apenas na fase da separação do casal. Assim, a nova regra dos alimentos (art. 1.694, NCC) permite a imposição de tal obrigação alimentar, para fins educacionais quando da separação do casal, que pode seguir pela forma de alimentos *temporários ou transitórios*.

---

[347] Santos, Luiz Felipe Brasil. Op. loc. cit. p. 153.

Tais alimentos, portanto, que se justificam, devem ser prestados não apenas em percentual razoável, para não encobrir o ócio, mas para que o beneficiário possa efetivamente aprimorar-se no campo educacional. Seja realizando cursos supletivos, profissionais ou profissionalizantes, prosseguindo estudos universitários ou cursos de atualização, isto é, para melhor competir no difícil mercado de trabalho e igualar-se os cônjuges e companheiros também na fase da separação.

Como se disse alhures, os alimentos assim fixados não podem ser *ad eternum*, isto é, devem persistir apenas dentro de um tempo razoável, ou enquanto durar o estudo, ou a especialização. São alimentos transitórios. Duram ao tempo do estudo regular de uma pessoa, para não se estimular o ócio e a profissionalização da condição de estudante. Por outro lado, deve-se atentar para aqueles casos nos quais o beneficiário esconde sua intenção dolosa de prolongar sua situação, de modo a continuar recebendo alimentos. Isso não deve ter guarida no Poder Judiciário.

Finalmente, não custa lembrar que, atualmente, a formação universitária da pessoa não se finda com o curso regular. A educação, muitas vezes, exige um *plus*, v.g., um curso de especialização, um mestrado, uma escola preparatória e isso deve ser compreendido devidamente, caso a caso, a fim de que não se fomente a ociosidade, mas também não se impeça a regular formação da pessoa.

Da mesma forma, cabível aos alimentos a cônjuges e companheiros, o raciocínio que, anteriormente, já se fez para o significado da expressão *viver de modo compatível com a sua condição social*.

7.2. Modos de cumprimento da obrigação.

Os alimentos podem ser entregues – cumpridos – ao credor por meio de prestações pecuniárias periódicas, mediante certa quantia em dinheiro, cujo *quantum* fixa-se de acordo com os recursos do devedor e as necessidades do credor. Podem ser entregues de outra forma, como estabelece o art. 1.701, NCC, mas o pagamento deve ser oferecido pelo devedor no domicílio do credor. Por isso é que se diz que se trata de dívida portável – ou *portable*.

Dispunha o antigo art. 403, CC/16, que a pessoa obrigada a suprir alimentos poderá pensionar o alimentando, ou dar-lhe em casa hospedagem e sustento. No parágrafo único, estabelecia-se que: *compete ao juiz, se as circunstâncias o exigirem, fixar a forma do cumprimento da prestação.*

O art. 21 e § 2º da Lei do Divórcio previam a possibilidade de o cônjuge credor de alimentos preferir que a pensão, no caso de impontualidade no pagamento dos alimentos, incidisse no usufruto de determinados bens do cônjuge devedor. Não existe mais previsão expressa para tal possibilidade, embora as partes possam assim acordar.

O art. 1.701, NCC, dispõe que a pessoa obrigada a suprir alimentos poderá pensionar o alimentando, ou dar-lhe hospedagem e sustento, sem prejuízo do dever de prestar o necessário à sua educação, quando menor.

Sem dúvida, o art. 1.701, NCC, esclareceu, melhorou e ampliou a redação do antigo similar artigo (art. 403, CC/16). Afinal, ainda estamos apenas no campo da possibilidade, e não da obrigatoriedade, isto é, o alimentando não está obrigado a aceitar o modo de cumprimento da obrigação imposto pelo devedor, embora deva ter justo motivo para sua eventual recusa. A propósito, assim doutrina Marmitt:[348] *em princípio, o pai tem direito de, ao invés de pensionar o filho em dinheiro, chamá-lo para casa e sustentá-lo, a não ser que o alimentário tenha justa causa de não atender o apelo.*

Como se vê, não há um direito absoluto do alimentante ou do alimentando a esta ou àquela forma de cumprimento dos alimentos, uma vez que o parágrafo único do art. 1.701 foi muito claro ao permitir que o julgador, com prudência e bom senso, possa determinar a melhor maneira para o atendimento da prestação alimentar.

Com efeito, o devedor não pode impor ao credor o recebimento de alimentos em forma que este não deseje ou colocá-lo em uma situação delicada de confronto ou constrangimento. Os alimentos devem tornar a vida o mais saudável possível. Assim, se houver confronto, tal como cabe revisão do valor dos alimentos, cabe discussão a respeito da forma de cumprimento dos alimentos, quando o juiz sopesará a motivação e poderá alterá-la. Não se nega que, pelos termos da lei, ao juiz competirá a última palavra. Segundo Yussef Cahali,[349] não se legitima a opção do devedor, se a fórmula proposta é prejudicial para o incapaz, como, por exemplo, *se o lugar oferecido para residência não convém à saúde, ou é contrária (a fórmula) aos interesses do alimentando.* Resumindo: o art. 1.701, NCC, dispõe acerca das modalidades de prestar alimentos: pelo pensionamento em dinheiro (poderá pensionar o alimentando) ou pela hospedagem e sustento.

A lei anterior dispunha que a modalidade de pagamento devia dar-se *em casa*, o que agora foi suprimido. Embora a *hospedagem* só possa

---

[348] Marmitt, Arnaldo. *Pensão alimentícia.* Ed. Aide, Rio de Janeiro, 1993, p. 15.
[349] *In: Dos alimentos.* Op. cit. p. 133.

ocorrer na casa, devemos entender que *hospedagem* tem sentido amplo, isto é, tanto pode dar-se em casa do alimentante, como em outro estabelecimento, não importa. A hospedagem também significa *casa, comida e roupa lavada*, sendo que tudo deve ser custeado pelo devedor. Como adverte, porém, Washington E. Medeiros Barra,[350] o pensionamento em hospedagem e sustento é de *incidência remota e perigosa*.

O pensionamento, por sua vez, pode ser (a) em dinheiro, que é o mais comum e recomendável, ou fundos para a sobrevivência do alimentando, seja pelo desconto em folha de pagamento, junto ao trabalho do alimentante, seja pela entrega de valores de aluguéis; ou (b) em espécie, *in natura*, como roupas ou suprimentos para o alimentando, o que oferece maiores dificuldades.

A melhor forma é o desconto em folha de pagamento, quando possível, claro, embora se possa também prever uma vinculação com o salário mínimo para o caso de desemprego, o que também é recomendável. Nesse caso – desemprego – o alimentando não ficará desabrigado da folha de pagamento.

Tanto em um como em outro caso, a importância da exigência de recibo – e sua guarda por dois anos – só surge quando se recorre à via judicial. A prestação em espécie é a que traz maiores dificuldades para fins de recibo, por isso, às vezes, é recomendável a via judicial – por depósito ou consignação –, quando houver negativa de fornecimento de recibo, porque quem paga mal corre o risco de pagar duas vezes.

Argumenta-se que algumas *liberalidades* em matéria alimentar, feitas pelo devedor, não contam como pagamento de alimentos. Isso deve ser devidamente compreendido, sob pena de causar-se alguma injustiça e perplexidade. Se a "liberalidade" for estritamente necessária ao credor, implicando nítido enriquecimento sem causa o seu recebimento, ela – a liberalidade – deve ser compreendida como verba alimentar. Veja-se o caso de a mãe receber os alimentos do filho e não assumir despesas escolares da criança. O pagamento da prestação escolar efetivado pelo pai, apesar de fora do acordado, não é *mera liberalidade* e pode ser descontado da prestação. Afinal, se os alimentos não são suficientes para pagar determinadas despesas, aquele que detiver a guarda deve levar a questão ao juiz, para que se possa revisar os alimentos ou estabelecer novas bases, tentar algum acordo, até verificando eventual crescimento nas possibilidades do devedor.

---

[350] *In: Dos alimentos no Direito de Família*. Op. cit. p. 1.255.

O obrigado a alimentos, mesmo que forneça hospedagem para o credor, às vezes, não tende integralmente a verba alimentar. Pode ocorrer de o devedor, embora concedendo abrigo – hospedagem –, deixar de atender outras despesas necessárias à subsistência do credor, como a prestação de valores para a educação, por exemplo. Ou seja: a mera hospedagem, por si só, não é circunstância impeditiva ao juiz para interferir na questão alimentar. Destarte, como ensina Silvio de Salvo Venosa:[351] *é inócuo ao demandado alegar, em sua defesa, no pedido de alimentos, que já vem fornecendo sustento e morada ao reclamante: essa matéria deverá ser sopesada na ação, sempre podendo o necessitado pleitear judicialmente a regulamentação da prestação alimentícia.*

O art. 1.701, *caput*, NCC, quando se refere apenas à educação do menor de idade, parece dar a impressão de ter possibilitado a negativa de verba de educação para o filho maior de idade, tal como possibilita o art. 1.694, NCC, que reconheceu direito alimentar amplo para o credor atender às necessidades de sua educação. Todavia, apenas se deixou claro que o fato de prestar-se hospedagem ao menor de idade não se lhe afasta o direito a outros valores necessários à sua educação. Por outro lado, a prestação de alimentos fins educacionais ao filho maior de idade está sedimentada pela jurisprudência, estendendo-se à razoável duração de um curso superior, chegando até os 24 anos de idade ou mais, quando houver dificuldade na sua colocação no mercado de trabalho. Em outras palavras: o advento da maioridade não cessa o encargo de sustento.

7.2.1. Coobrigados aos alimentos

Na ausência de ascendentes e descendentes, buscam-se os irmãos – colaterais de segundo grau –, que também podem ser obrigados a prestar alimentos mutuamente. São os únicos colaterais que respondem por alimentos. É preciso advertir-se, por isso, que o encargo alimentar, *na linha colateral, não vai além do segundo grau*:[352] o tio não deve alimentos ao sobrinho, e este não os deve àquele (RJTJRS-174/391). Excluem-se tios e primas, portanto.

A obrigação é entre parentes consangüíneos, e *não por afinidade*,[353] isto é, o sogro não pode pleitear alimentos da nora ou do genro, nem estes daquele. Os afins – sogros, genros, noras e cunhados – não respondem por

---

[351] *In: Direito Civil. Direito de Família*, vol. 6, São Paulo, Ed. Atlas, 2002, p. 363.

[352] Monteiro, Washington de Barros. *Direito de Família*, loc. cit. p. 298; Silva, Regina Beatriz Tavares da. *Novo Código Civil Comentado*. São Paulo, Ed. Saraiva, 2002, p. 1.506.

[353] Ensina Yussef Cahali: *Nosso Código não assegura o direito de alimentos entre pessoas ligadas pelo vínculo da afinidade. Dos alimentos*, cit. p. 698.

alimentos nessa qualidade. O parentesco pode ser apenas civil: o filho adotado é considerado como se natural fosse para o fim de alimentos.

Assim dispõe o art. 1.697, NCC: Na falta dos ascendentes cabe a obrigação aos descendentes, guardada a ordem de sucessão e, faltando estes, aos irmãos, assim germanos como unilaterais.

Nesse artigo – art. 1.697, NCC – repete-se o art. 398 do CC/16. A única alteração foi redacional: *ordem DA sucessão* por *ordem DE sucessão*.

O texto do art. 1.698, NCC, por seu turno, fatalmente trará maior polêmica, quando determina que: se o parente, que deve alimentos em primeiro lugar, não estiver em condições de suportar totalmente o encargo, serão chamados a concorrer os de grau imediato; sendo várias as pessoas obrigadas a prestar alimentos, todas devem concorrer na proporção dos respectivos recursos, e, intentada ação contra uma delas, poderão as demais ser chamadas a integrar a lide. Como veremos oportunamente, houve incursão no direito processual e não foi feliz a inovação.

Guarda-se a ordem de sucessão (art. 1.697, NCC), pois, os parentes mais próximos excluem os mais remotos: o pai exclui o avô, e este exclui o bisavô. Todavia, fica valendo uma regra de complementaridade e não de solidariedade: divide-se o pagamento da pensão em várias quotas, distribuindo-as aos parentes obrigados, na proporção dos seus rendimentos.[354] Os parentes mais distantes serão chamados a prestar alimentos, quando se provar que os mais próximos não têm recursos para suportar integralmente a obrigação. Em outras palavras, vale o que antes afirmamos: a exclusão não significa que o excluído não possa ser chamado para *complementar* a pensão do parente necessitado.

A rigor, o art. 1.698, NCC, esclarece os limites da responsabilidade dos parentes mais próximos pelo alimentos. Sob tal aspecto, o novo Código Civil não trouxe qualquer inovação, porque o pai – e/ou a mãe – é sempre o primeiro responsável a prestar alimentos.

O artigo em estudo, portanto, assim deve ser entendido: os parentes que devem alimentos em primeiro lugar e em responsabilidade total são os pais. É isso o que dispõe o art. 229 da CF: *os pais têm o dever de assistir, criar e educar os filhos menores.*

Se os pais não possuem condições de suportar a *pensão integral,* a obrigação *complementar* pode ser exigida dos parentes de grau imediato, que são os avós paternos e maternos.

---

[354] Rizzardo, Arnaldo. *Direito de Família*. Rio de Janeiro, Ed. Forense, 2003, p. 750.

Então, segundo o art. 1.698, NCC, se o parente mais próximo não tem condições de suportar *totalmente* o encargo, chama-se o parente de grau imediato. Não para suportar *todo* o valor da pensão alimentícia, mas para complementá-la. Note-se: o chamamento do parente não é em *substituição*, mas em *complementação*. Apenas em hipótese excepcional é que o parente de grau imediato arcará com toda a prestação, como ocorre no caso de o pai da criança ser menor de idade, não trabalhar e viver às expensas do pai (avô do alimentando).

O que tem causado alguma polêmica é a possibilidade do acionamento de todos os coobrigados na mesma ação de alimentos. Devemos entender que a obrigação só seria exigível de todos, concomitantemente, se todos eles estivessem no mesmo grau de parentesco. Na prática, funcionaria assim: o pai de filho menor foi acionado judicialmente para pagar alimentos e não tem condições de manter a condição social do filho, nem de atender à sua necessidade educacional. Quem são os parentes de grau imediato do devedor? Os avós paternos e maternos. Estes é quem devem ser acionados, mas apenas depois de provado e esgotado o limite alimentar suportável pelo primeiro responsável.

O entendimento de que se pode ajuizar ação de alimentos contra o pai e os avós, na mesma demanda, como temos visto, só em hipóteses muito restritas pode ser aceito. Veja-se que não haverá parâmetro seguro para fixar-se a verba alimentar provisória, afinal, qual o percentual que se imporá ao filho e qual será o devido pelo avô paterno? Como aferir-se *uma* necessidade diante de *duas* possibilidades? A decisão de alimentos provisórios deverá já delimitar o *quantum* dos alimentos para cada um dos coobrigados? A instrução do processo será dúplice (?), pois terá de aferir concomitantemente duas possibilidades? Impagos os alimentos provisórios, a execução civil pode levar os avós à prisão? Impagos os alimentos, a penhora pode incidir no único bem imóvel, pertencente aos avós, às vezes, bem de família? Se o único bem imóvel for penhorado, por dívida de alimentos junto ao neto, não estaremos despindo um santo para vestirmos outro?

Zeno Veloso[355] refere que o art. 1.698, NCC, segunda parte, trata do caso em que várias pessoas, *no mesmo grau, estão obrigadas à prestação de alimentos (dois avós, três irmãos, por exemplo)*. Para esses, portanto, que estão no mesmo grau de parentesco é que a lei se referiu: *sendo várias as pessoas obrigadas todas devem concorrer na proporção dos seus re-*

---

[355] *In: Código Civil Comentado*. Op. cit. p. 31.

cursos. Resumindo: o filho deve viver no padrão social do pai, e não no padrão dos avós.

Outra questão que pode conduzir a alguma dificuldade está na última parte do art. 1.698, NCC, quando dispõe que *intentada ação contra uma delas, poderão as demais ser chamadas a integrar a lide*. Em suma: ajuizada a ação de alimentos contra os avós paternos, os avós maternos poderão ser chamados a integrar a lide? No mesmo processo?

Tem-se afirmado que não se identificou o respectivo instituto processual para essa intervenção de terceiro no processo, nem os requisitos e efeitos dessa intervenção, sendo que a ação de alimentos tem rito especial e é *avessa a incidentes processuais dessa natureza* (Cahali, Francisco. Op.cit., p. 230).

Ao tempo da lei civil antiga, o saudoso Edgard de Moura Bittencourt (op. cit., p. 41) já apontava a omissão da lei quanto à pluralidade de obrigados, concluindo ser pacífico o entendimento de que a obrigação será partilhada entre todos, na proporção de suas possibilidades. Ensinava o mestre que *o pretendente a alimentos dirigirá a ação contra qualquer dos coobrigados, podendo o réu invocar a divisibilidade da prestação, apontando os que com ele devem concorrer, hipótese em que o juiz ordenará a citação dos demais, nos termos do art. 47 do Código de Processo Civil. A sentença a final designará os alimentantes e o montante de cada contribuição*.

Evidentemente, resta certa dúvida a respeito do *sentido* em que o legislador utilizou os termos *chamados a integrar a lide*, porque não estamos diante do instituto do chamamento ao processo, sendo que as dívidas de alimentos não são solidárias.

Ademais, a referência a *poderão ser chamados*, ao que nos parece, não leva ao imediato entendimento da formação de um litisconsórcio necessário, como prevê o art. 47 do CPC. Por outro lado, submeter o sucesso ou insucesso de uma demanda alimentar à citação de todos os coobrigados, como pode ocorrer na hipótese do parágrafo único do art. 47 do CPC, é prejudicar o alimentando, no mais das vezes um hipossuficiente.

Como se sabe, não é adequada a colocação de normas processuais num código de direito material, porém, como advertiu José Carlos Barbosa Moreira,[356] *nem sempre é fácil determinar a melhor localização de tal ou qual dispositivo. Daí a ocorrência de intromissões e de superposições: regras pertinentes ao Direito Civil insinuam-se nos códigos processuais ou vice-versa*.

---

[356] *In: O novo Código Civil e o Direito Processual*. Apud Revista Jurídica, Ed. Síntese, n. 304, p. 7.

Certamente que estamos diante da possibilidade da formação de um litisconsórcio passivo, mas não necessário, o que impede o juiz e o agente ministerial de provocarem o "chamamento" dos coobrigados *in simultaneus processus* da ação de alimentos. Deve-se deixar ao arbítrio do *autor da ação* de alimentos a iniciativa de acionar os demais, cumprindo-se, então, o rito comum ordinário.

Nesse caso, vale a lição anterior: a não-formação do litisconsórcio passivo, por iniciativa do autor, *corre à sua conta e risco ver a pensão alimentícia concedida proporcionalmente à responsabilidade do réu.*[357]

Assim, *podem ser demandados vários parentes numa mesma ação, na medida de suas possibilidades,*[358] desde que no mesmo grau de parentesco, sem que o (s) réu (s) acionado (s) possa (m) *chamar ao processo* ou *denunciar à lide* os demais co-responsáveis.

Em matéria de alimentos, geralmente, a criança que está sob a guarda da mãe aciona os avós paternos. A criança que está com a mãe dificilmente se volta contra os avós maternos, porque, muitas vezes, estes já estão colaborando ou prestando algum auxílio à mãe ou ao neto. Obviamente, aos avós paternos demandados não resta a alternativa de chamar à lide os avós maternos, podendo apenas defender-se alegando que há co-responsabilidade com os avós maternos. Nesse caso, a criança corre o risco de receber menos do que o pretendido, porque não se pode obrigá-la a demandar contra quem não deseja. Para alguns, portanto, *melhor teria sido inexistir o art. 1.698 do novo Código.*[359]

Não se pode confundir falta de possibilidade ou de patrimônio dos pais com sua má vontade de cumprir a obrigação de alimentos. Daí exigir-se que a ação alimentar, primeiro, seja dirigida contra os pais e depois contra os avós, mesmo que para complementar, transitoriamente, a verba alimentar necessária aos netos. Note-se: os avós paternos e maternos devem ser responsabilizados igualmente, sob pena de a verba alimentar restar fixada em parcela menor, diminuída pelo não-acionamento do coobrigado. Há intrínseco, portanto, uma regra de proximidade, uma *ordem sucessiva do chamamento à responsabilidade.*[360]

Como afirmamos, a ordem não é de exclusão: mesmo responsabilizado o pai, que não tenha condições de suprir os alimentos, podem ser demandados os avós. A inversa também é possível: responsabilizado o

---

[357] Cahali, Yussef Said. *Alimentos*. Op. cit. p. 684.
[358] Silva, Regina Beatriz Tavares da. Op. cit. p. 1.507.
[359] Cahali, Francisco José. Op. loc. cit. p. 231.
[360] Cahali, Yussef Said. Op. loc. cit. p. 675.

filho sem condições de pagar alimentos, o neto pode ser acionado para prestá-los aos avós necessitados. É o alcance da verdadeira solidariedade familiar.

7.3. A exigência de alimentos

Em não havendo acordo entre credor e devedor a respeito dos alimentos, a via legal para exigi-los é a *ação de alimentos* ou pedido "embutido" em ação de separação, divórcio, investigatória de paternidade ou dissolução de união estável. Nas hipóteses de parentesco e matrimônio, segue-se o rito da Lei 5.478/68; sendo o rito comum ordinário o mais adequado para tal discussão, quando se tratar de união estável, porque pode ser necessária a prova da convivência.

O novo Código, novamente prevendo matéria de direito processual, estabelece que para obter alimentos, o filho havido fora do casamento pode acionar o genitor, sendo facultado ao juiz determinar, a pedido de qualquer das partes, que a ação se processe em segredo de justiça (art. 1.705, NCC).

Não se sabe a que título, o novo Código parece ter quebrado a regra do sigilo obrigatório nas ações de alimentos, porque o art. 155, inc. II do CPC, determina que correm em segredo de justiça os processos que dizem respeito a alimentos, dentre outros. O art. 1.705, NCC, também parece discriminatório, porque apenas se refere aos casos de filhos havidos fora do casamento, concedendo uma indevida *faculdade* ao julgador, em atenção ao *pedido expresso das partes.*

Acerca do segredo de justiça, tem sido comum alguns tribunais julgarem feitos relativos ao casamento, filiação, separação dos cônjuges, divórcio, alimentos e guarda de menores, com suas portas franqueadas ao público, em completa desatenção ao art. 155, inc. II do CPC e art. 27 da Lei n. 8.069/90.

Embora se diga que os atos processuais são públicos, a própria Carta Federal ressalva que a lei pode restringir a publicidade daqueles atos, quando a defesa da intimidade ou o interesse social o exigirem (art. 5º, inc. LX, CF). Ninguém nega que os direitos da família, dentre eles, a postulação de alimentos, dizem respeito à intimidade da pessoa, ao estado de família.

Como ensina Nelson Nery Jr.,[361] *a circunstância de tramitar o processo em segredo de justiça impõe ao juiz, na qualidade de diretor do*

---

[361] In: *Código de Processo Civil Comentado.* São Paulo, ed. RT, 6ª ed., 2002, p. 509.

processo e aos seus auxiliares, bem como às partes, seus procuradores e ao MP, o dever processual de zelar pelo sigilo de tudo o que contém o processo.

Destarte, se no plano do processo o art. 1.705, NCC, até era desnecessário, relativamente ao sigilo, porque bastava aplicar o art. 155, inc. II do CPC, no plano do Direito Civil, o dispositivo nos recorda a velha expressão *filho ilegítimo* (Lei 883/49), bem como parece ensejar que se possa acionar o genitor *apenas* para o fim de alimentos.

Relativamente à expressão *filho havido fora do casamento*, não se pode ignorar que há diferenças entre os filhos, havidos ou não do casamento, que não foram desfeitas pela Lei Maior, pois só *o casamento gera a presunção de paternidade, por presunção da coabitação e da fidelidade da mulher,* como bem o diz Regina Beatriz T. da Silva dos Santos.[362]

Como se afirmou, um dos entendimentos que o dispositivo pode levar-nos é o da possibilidade de que o filho acione o seu genitor *apenas* para o fim de alimentos, isto é, sem que haja paternidade previamente reconhecida, em uma ação ordinária de alimentos e sem os efeitos específicos do reconhecimento de paternidade, tal como possibilitava a Lei 883/49. Isso era muito discutido no direito anterior e agora reaparece por aqui.

Enfim, estabelecido o valor de alimentos, não pode o juízo olvidar da forma de correção da prestação mensal, porque o art. 1.710, NCC, dispõe que as prestações alimentícias de qualquer natureza, serão atualizadas segundo índice oficial regularmente estabelecido.

O dispositivo não ampara a *revisão* pura e simples dos alimentos, não se confundindo revisão com atualização. O art. 1.710, NCC, justifica a atualização do *quantum* percebido, pelos índices oficiais ou pelos acordados. A propósito, o acordo alimentar deve prever igualmente a incidência sobre outras vantagens pecuniárias do devedor, tais como: gratificação de férias, natalinas, rescisão de contrato de trabalho, FGTS etc., uma vez que nem sempre eles ingressam na obrigação alimentar. Muitas vezes, tem-se entendido que se não houver previsão expressa a respeito da incidência dos alimentos em outras parcelas, ela inocorre.

A prestação de alimentos visa a assegurar o direito à vida e, sendo ela dinâmica por natureza, o *quantum* dos alimentos deve acompanhá-la. Não fosse assim, aquele que recebe os alimentos ficaria à deriva, porque

---

[362] In: *Reflexões sobre o reconhecimento da filiação extramatrimonial.* Revista de Direito Privado, São Paulo, Ed. RT, n. 1, p. 72.

se distanciaria da elevação geral dos preços (*rectius*: custo de vida e/ou inflação).

Claro, as prestações alimentícias só podem ser atualizadas segundo índice oficial se o devedor teve atualização do seu ganho, sob pena de não conseguir manter atualizado o *quantum* alimentar.

Atualmente, difícil a existência – pelo menos em nosso Estado – de prestação alimentícia desvinculada de um índice oficial de correção. Nas avenças alimentares, os interessados já fazem constar modo de atualização do valor dos alimentos. Via de regra, eles (os alimentos) incidem em percentual no próprio salário do devedor, quando possível, sendo corrigidos na forma e tempo da correção salarial.

O art. 1.710, NCC, apenas manteve, em outras palavras, aquilo que já constava de previsão legal, pois o art. 22 da Lei 6.015/77 tinha o mesmo desiderato.

O dispositivo é invocado, também, para os alimentos impagos, os atrasados, que devem ser corrigidos de acordo com os índices oficiais. Tem-se adotado o Índice Geral dos Preços ao Consumidor (IGPC) ou o IGPM na atualização das pensões em atraso, com variações jurisprudenciais.

Enfim, como adverte Yussef Cahali:[363] *atualizada a pensão segundo o teor da convenção, da decisão judicial ou da lei, se o quantum reajustado revelar-se insuficiente ainda assim para a mantença do alimentando; ou sobremodo excessivo dentro das possibilidades do devedor, caberá o remedius iuris da ação revisional.*

7.3.1. A revisão dos alimentos

Dispõe o art. 1.699, NCC, que se, fixados os alimentos, sobrevier mudança na situação financeira de quem os supre, ou na quem os recebe, poderá o interessado reclamar do juiz, conforme as circunstâncias, exoneração, redução ou majoração do encargo.

A matéria trata do curso revisional dos alimentos, o que já estava previsto no art. 40 do CC/16: *Se, fixados os alimentos, sobrevier mudança na fortuna de quem os supre, ou na quem os recebe, poderá o interessado reclamar do juiz, conforme as circunstâncias, exoneração, redução, ou agravação do encargo.*

Na nova lei, houve mudanças redacionais, apenas, trocando-se fortuna por *situação financeira;* reclamar do juiz por *reclamar ao juiz;* agravação do encargo por *majoração do encargo.*

---

[363] *In: Dos alimentos.* Op. cit. p. 901.

Como se tem afirmado, a sentença que fixa os alimentos não transita materialmente em julgado, podendo a qualquer momento ser revista, desde que haja modificação na situação financeira dos interessados (art. 15, Lei 5.478/68). A sentença que dispõe sobre alimentos faz lei entre as partes, obviamente, mas seu valor pode durar certo lapso de tempo, uma vez que os alimentos podem ser revistos por ação revisional, seja para o mais, seja para o menos.

O art. 28 da Lei do Divórcio dispunha que os alimentos devidos pelos pais e fixados na sentença de separação poderão ser alterados a qualquer tempo.

A revisional é o gênero, em que cabem as suas espécies: exoneração, redução ou majoração. Pela exoneração, nada mais pago como obrigado, nada mais recebo como beneficiário; pela redução, receberei menos do que percebia; pela majoração, receberei maior valor de verba alimentar.

Como ensina Basílio de Oliveira,[364] *a ação revisional é o meio judicial adequado para se obter a alteração do valor da pensão alimentícia previamente arbitrada por decisão judicial.* Acrescemos que não se modifica apenas a pensão arbitrada judicialmente, mas também aquela acordada pelas partes ou firmada perante o Ministério Público.

Com isso, vê-se que os legitimados ativos à revisional tanto pode ser o credor, quanto o devedor de alimentos.

O pressuposto para a revisão dos alimentos é a *mudança na situação financeira,* para mais ou para menos: mudança na situação de quem recebe os alimentos, ou na de quem os fornece (de quem os supre). Trata-se da situação *econômico-financeira* da parte, entendida aquela como o estado da pessoa no que se refere ao saldo líquido dos seus ganhos ou bens, de que possa disponibilizar naquele momento.

Sérgio Gilberto Porto[365] refere que *se há um empobrecimento do obrigado ou um enriquecimento do alimentado, ocorre uma modificação da fortuna e, por conseguinte, as bases anteriormente ajustadas merecem ser revistas, para diminuição ou exoneração.*

Provada a mudança na situação financeira, justifica-se o pleito de revisão alimentar. Note-se: não estamos afirmando que uma simples e qualquer mudança nas finanças do credor possa fundamentar uma exoneração de alimentos. Para justificar-se a exoneração, o credor – beneficiário ou alimentado – não pode continuar com, mínima que seja, necessidade de alimentos.

---

[364] *In: Alimentos, revisão e exoneração.* Rio de Janeiro, 3ª ed., Ed. Aide, 1994, p. 89.
[365] *In: Doutrina e prática dos alimentos.* Rio de Janeiro, 2ª ed., Ed. Aide, 1991, p. 95.

Assim, enquanto não muda a situação financeira dos envolvidos – credor e devedor – a pensão permanece estável, já que *o alimento judicialmente arbitrado traz consigo a cláusula 'rebus sic stantibus', ou seja, o montante vigente permanece inalterado, segundo as condições de possibilidade e necessidade.*[366] Pela revisional dá-se apenas a adaptação da cláusula alimentar à realidade.

Como já afirmamos, a tênue mudança na situação financeira pode não justificar a revisional de exoneração, mas uma simples redução. Afinal, quem pede o mais (a exoneração) pode aceitar o menos (a redução), não havendo como acolher-se alegação de sentença *extra petita*, uma vez que é o juiz quem fixa os alimentos, sempre de acordo com a necessidade e possibilidade dos envolvidos.

Por outro lado, nem sempre a mudança da situação financeira determina a elevação do *quantum* dos alimentos, porque estes devem ser vislumbrados sob uma ótica de *necessidade e utilidade* ao beneficiário. Diz-se que os alimentos são *ad necessitatem* e não *ad voluptatem*. Em outras palavras, não é porque o devedor teve elevados os seus rendimentos mensais, que o credor tem imediato direito ao aumento da pensão alimentícia. Isso seria transformar o credor em sócio dos ganhos do devedor, que não é a finalidade do instituto. Todavia, há casos em que os alimentos foram fixados moderadamente, quase insuficientes, e a nova realidade pode determinar uma "readequação" (majoração) do valor de alimentos.

Pode ocorrer, porém, a utilização da via revisional para uma *adequação* dos alimentos de um menor de idade, por exemplo. Veja-se o caso de a pensão ter sido estabelecida em valores fixos que ficaram defasados pelo tempo; ou em valores que não mais se acertam à realidade da pessoa beneficiada, como no caso de fixar-se um percentual de 5% do salário do devedor ao tempo em que o necessitado era um bebê. Isso pode ser ajustado, readequado, mesmo que não tenha havido mudança na situação financeira do obrigado. Afinal, se o devedor estivesse convivendo com o necessitado, por certo, despenderia maior verba alimentar, na medida em que o credor avançasse na idade. Os alimentos não devem agravar apenas a situação daquele quem tem a guarda do infante.

O mesmo raciocínio se aplica ao beneficiário filho maior e incapaz, cujo aumento das necessidades ou da própria idade, faz com que os alimentos tenham tratamento similar aos dos filhos menores de idade.

O art. 1.694, § 2º, NCC dispõe que os alimentos serão apenas os indispensáveis à subsistência, quando a situação de necessidade resultar de *culpa* de quem os pleiteia.

---

[366] Oliveira, Basílio de. Op. cit. p. 90.

Tal parágrafo não se aplica aos alimentos decorrentes do poder familiar, porque esses são fixados de acordo com as integrais exigências de necessidade do credor, mas pode incidir nos alimentos dos parentes (pessoa maior e capaz), ou decorrentes do casamento e companheirismo (união estável).

A invocação do parágrafo, neste tópico da revisional, tem sua razão no fato de levar ao entendimento de que a pensão alimentícia também possa ser reduzida, quando a situação de necessidade decorrer da própria culpa de quem pleiteia os alimentos.

Embora os alimentos, depois de fixados, pertençam ao arbítrio do credor, à sua subsistência, eles devem ser estabelecidos de acordo com as efetivas necessidade e possibilidade. Da conjugação de ambas, como se afirmou alhures, adapta-se uma regra de proporcionalidade.

Evidente, pode ocorrer de o alimentante, mesmo sem ter diminuído seus ganhos, estar passando por sérias dificuldades financeiras, enquanto o beneficiário maior de idade e capaz comprovadamente desperdiça os alimentos ou faz perdurar dolosamente a sua situação de necessidade. Isso pode ensejar uma revisão dos parâmetros da verba alimentar, porque resta quebrada a regra da proporcionalidade.

Pode-se argumentar que, após a fixação dos alimentos, estes só podem ser modificados pela via revisional, sendo que esta só se ampara nos pressupostos do art. 1.699, NCC. Porém, não se pode olvidar que se há desperdício dos alimentos, houve má administração ou sobra. Se existe má administração, há culpa de quem recebe os alimentos; se há sobra, há desnecessidade, sendo que a necessidade é que justifica a verba alimentar. Se o alimentado desperdiça os alimentos é porque tem sobra, e suas condições financeiras assim o permitem. Se antes havia necessidade e agora há desperdício, modificou-se para melhor a situação financeira do credor e isso pode ser justo motivo de revisão reducional.

O mesmo raciocínio pode ser levado à revisional de majoração, porque o alimentando não pode querer aumentar seus ganhos, quando desperdiça ou mal administra os alimentos que recebe. A culpa tanto justifica a redução, quanto impede a majoração.

A culpa só não justifica a exoneração, porque o texto legal é claro: os alimentos persistem no indispensável à subsistência.

7.3.2. Duração ou extinção da obrigação alimentar

Os alimentos, como qualquer obrigação, não duram para sempre. Como disse Arnaldo Rizzardo, para subsistir a pensão é preciso que os pressupostos do nascimento da pensão se mantenham (Direito de Família, Forense, 2003, p. 735). Em hipóteses excepcionais, os alimentos podem ser vitalícios, como no caso de o beneficiário ser pessoa padecendo de moléstia mental irreversível ou incapaz.

A doutrina aponta diferença entre cessação e extinção da obrigação alimentar. Na cessação, *permanece o dever alimentar, ao passo que, na extinção, ele desaparece.*[367]

Dispõe o art. 1.708, NCC: Com o casamento, a união estável ou o concubinato do credor, *cessa* o dever de prestar alimentos. *Parágrafo único.* Com relação ao credor cessa, também, o direito a alimentos, se tiver procedimento indigno em relação ao devedor.

O dispositivo acima não apenas trocou as expressões dever por obrigação, como parece ter confundido *cessação* com *extinção*, porque as hipóteses nele previstas (casamento, união estável e concubinato do credor) são casos de extinção da obrigação, e não de cessação da obrigação de prestar alimentos. Fosse entendido como casos de cessação, como diz a lei, o novo casamento de um credor de alimentos apenas suspenderia a obrigação de alimentos relativamente ao ex-cônjuge, o que seria um disparate.

O art. 29 da Lei 6.015/77 dispunha que o novo casamento do cônjuge credor da pensão extinguirá a obrigação do cônjuge. Era mais preciso tecnicamente, portanto.

Assim, ao contrário do casamento, da união estável ou do concubinato do *cônjuge devedor*, o casamento, a união estável e o concubinato do *cônjuge credor* extinguem a obrigação de alimentos. A extinção fulmina a relação jurídica de direito material que possibilitou a verba alimentícia.[368] Nem poderia ser diferente, porquanto tais situações fazem surgir outros direitos e deveres que são incompatíveis com a obrigação alimentar anterior. Surgem novas relações jurídicas, portanto.

O novo casamento, v.g., faz surgir outro dever de solidariedade e de mútua assistência entre o casal, criando juízo de presunção *iuris et de iure* de que o cônjuge credor que se casa não mais necessita da verba alimentar antiga. Isso pelo surgimento daquela nova relação que substitui a anterior. Nesse caso, ao cônjuge devedor que pretenda livrar-se da pensão alimentícia compete provar o casamento do cônjuge credor, mediante a ação de exoneração. Na hipótese de casamento, necessária a juntada da certidão, porque só esta prova o estado civil da pessoa.

---

[367] Marmitt, Arnaldo. Op. cit. p. 129.
[368] Idem.

Da mesma forma, tal como o casamento, o companheirismo ou união estável é reconhecido pelo Direito, com foros de oficialidade, que cria os mesmos laços de mútua assistência entre os companheiros. Destarte, se o beneficiário dos alimentos passa a viver *novo* companheirismo, extinguem-se, imediatamente, os alimentos dantes fixados. Não é de boa orientação a cessação unilateral e extrajudicial dos alimentos, devendo a parte devedora, em qualquer caso (novos casamento ou união estável), buscar o abrigo sentencial de exoneração.

O concubinato do credor também extingue a obrigação alimentar.

O art. 1.727, NCC, prevê que as relações não eventuais entre o homem e a mulher, impedidos de casar, constituem concubinato. Em outras palavras: se o beneficiário de alimentos mantém relação firme e duradoura, sem o caráter da eventualidade, com outra pessoa casada, p. ex., tal fato faz *cessar* a obrigação alimentar. Não fosse assim, o homem ou a mulher obrigados teriam de sustentar o amásio do ex-cônjuge.

A *contrario sensu*, podemos afirmar que o relacionamento meramente sexual, esporádico, do cônjuge credor de alimentos não interrompe nem cessa aquela obrigação. Parece-nos que, nesse caso, a lei prestigiou um critério que já vinha sendo adotado por inúmeros acórdãos, pelos quais os eventuais namoros de um dos cônjuges não fazem cessar os alimentos.

Também, relativamente ao credor, cessa a obrigação alimentar se tiver *procedimento indigno contra o devedor*.

A lei não define o que é *procedimento indigno*, mais parecendo outra cláusula geral do novo Código Civil. Aliás, o conceito de *indignidade* vem do Direito das Sucessões, no qual é uma pena civil cominada a herdeiro acusado de atos criminosos ou reprováveis contra o *de cujus*.[369]

No caso, temos de concluir que *procedimento indigno* está como sinônimo de comportamento abjeto, ou seja, como um modo de mal proceder da pessoa credora dos alimentos; um agir que atinge a boa-fé das relações interpessoais entre credor e devedor; um atuar que atinge o bom senso, a gratidão ou a moralidade daquelas relações. Nesse caso, como disse, torna-se outro conceito *aberto*, ficando ao arbítrio do juiz avaliar se o comportamento é ou não é considerado indigno.

A indignidade do Direito das Sucessões era cogitada no plano doutrinário como causa de extinção do dever ou da obrigação de alimentos. Agora há dispositivo expresso a respeito, pelo que todas as causas de indignidade (art. 1.814 e incs., NCC) praticadas pelo credor contra o devedor de alimentos extinguem os alimentos.

---

[369] Monteiro, Washington de Barros. *Direito das Sucessões. Curso de Direito Civil*. São Paulo, ed. Saraiva, vol. 6, 1997, p. 57.

É preciso observar-se, porém, que a causa de indignidade é pessoal, isto é, vincula apenas o credor ofensor e o devedor ofendido, não atingindo os demais obrigados da cadeia alimentar. Se o filho, v.g., comete indignidade contra seu pai ou sua mãe, nada impede que busque seu dever alimentar contra os avós paternos ou maternos. Estes devem auxiliá-lo, podendo, fundados em laços de solidariedade familiar e auxílio entre os parentes.

Evidente, existem casos e casos, porque nada obsta a que um procedimento indigno contra os pais atinja também os avós paternos ou maternos. Nessa hipótese, a indignidade pode ser argüida. Por isso se pode entender que *a indignidade do procedimento deve ser aferida no caso concreto.*[370]

Dispõe o art. 1.709, NCC, que o novo casamento do cônjuge devedor não extingue a obrigação constante da sentença de divórcio.

Embora a redação tenha utilizado da expressão técnica adequada a respeito da extinção da obrigação de alimentos e procurou resguardar os direitos constituídos por situação anterior, restringiu-se bastante, olvidando-se de que a família não se constitui apenas pelo casamento. Por isso é que o Projeto de Lei 6.960/02 propõe outra redação ao art. 1.709, NCC: A constituição superveniente de família pelo alimentante não extingue sua obrigação alimentar anterior.

Por outro lado, embora o novo casamento do devedor, ou a constituição de união estável não extinga a obrigação alimentar anterior, devidamente formalizada – na sentença do divórcio –, em algumas hipóteses pode-se justificar uma redução dos alimentos. Afinal, podem advir outros filhos e possibilitar uma readequação na verba alimentar, pois *os filhos mais novos têm tanto direito a alimentos quanto os mais velhos*, como diz Zeno Veloso (Comentários ao Código Civil, op. cit. p. 70). A própria Carta Federal estimula e protege a formação da família, pelo que não tem sentido ignorar tal circunstância de vida, que modifica a situação financeira do obrigado.

O art. 30 da Lei do Divórcio (Lei nº 6.515/77) dispunha que: se o cônjuge devedor da pensão vier a casar-se, o novo casamento não alterará sua obrigação. Como se vê, ali se previa a imutabilidade da pensão, mas o novo Código prevê apenas a inviabilidade da *extinção* da obrigação dos alimentos, mas não a sua *imutabilidade*.

Relativamente aos filhos, como se sabe, o novo casamento de qualquer dos pais, ou de ambos, não atinge a obrigação alimentar, como prevê o art. 1.579 e parágrafo único, NCC: O divórcio não modificará os direitos

---

[370] Venosa, Silvio de Salvo. Direito de Família, op. loc. cit. p. 374.

e deveres dos pais em relação aos filhos. Parágrafo único. Novo casamento de qualquer dos pais, ou de ambos, não poderá importar restrições aos direitos e deveres previstos neste artigo.

Apenas se lamenta que o dispositivo analisado – art. 1.708, NCC – não tenha sido atualizado, para prever também o caso de nova união estável, o que só será suprido se aprovada a proposição legislativa já apontada. Enfim, *independentemente da espécie de família constituída pelo devedor de alimentos, seja casamento, seja união estável, sua obrigação se mantém.*[371]

Outra causa de extinção da obrigação alimentar é o advento da maioridade civil do credor de alimentos, que agora se dá aos 18 anos de idade. Essa extinção, porém, não se opera de imediato, assim como o mero implemento da maioridade civil não autoriza a cessação abrupta da obrigação devidamente constituída por sentença ou acordo homologado.

Como se sabe, embora com 18 anos de idade, a pessoa, muitas vezes, não tem condições de subsistir sem o auxílio familiar. Daí por que as situações devem ser devidamente analisadas, uma vez que se a pessoa tiver 18 anos e ainda estiver estudando, cursando pré-vestibular ou prestes a ingressar em curso de ensino superior, os alimentos devem ser mantidos. Tal como se dava anteriormente, os alimentos devem ser mantidos até os 24 anos de idade, que é o termo médio para a conclusão dos estudos superiores. Havemos de distinguir, portanto, maioridade civil de dependência econômica.

O devedor de alimentos, por seu turno, sempre deve buscar a exoneração pela via judicial, mostrando-se indevido qualquer corte voluntário e unilateral nos pagamentos, uma vez que aquele pode colocar o credor em situação de dificuldade pela falta de meios de sobrevivência.

Precisamos não confundir, todavia, necessidade com desperdício, o que ocorre, muitas vezes, quando os alimentos passam a ser depositados na conta corrente do agora maior de idade e este reside com a genitora e gasta a verba alimentar em festas e *hobbies* caros. Como vimos, no item específico, tais alimentos podem ser reduzidos por estarem incentivando o ócio do credor.

Ao beneficiário maior de idade, em sendo incapaz, como já vimos, a lei assegura-lhe os alimentos como se fossem para filhos menores, a teor do art. 1.590, NCC: As disposições relativas à guarda e *prestação de alimentos* aos filhos menores estendem-se aos maiores incapazes.

---

[371] Silva, Regina Beatriz Tavares da. Op. cit. p. 1.520.

8. O bem de família

O instituto do bem de família não é comum em nosso trato jurídico, quiçá, porque não constasse regulado no Projeto inicial do CC/16, tanto que surgiu por meio de emenda do Senado Federal, como referiu Clóvis Bevilaqua.[372]

Primeiro, o bem de família foi localizado no Direito das Coisas. Surgiram acirradas críticas. Então, resolveu-se inseri-lo no Livro dos Bens do CC/16.

Em que pese *muito rara sua utilização*[373] e contrariando as previsões de que *o bem de família tenderia a desaparecer do ordenamento jurídico, pela intensidade das pressões econômicas e da velocidade dos negócios*,[374] o novo Código Civil disciplinou novamente o instituto trazendo algumas novidades.

Assim, na lei civil revogada (CC/16), a colocação do bem de família no Livro dos Bens foi severamente criticada pela doutrina, porque se entendia que tal instituto se alçava em defesa da família, pelo que o mais lógico era que estivesse situado na parte dos direitos de família do tipo *patrimoniais*. No Código Civil de 1916, a matéria se localizava no Livro II – Dos Bens (arts. 70 a 73), sendo regulada nos arts. 260 a 265 da Lei dos Registros Públicos (Lei 6.015/73).

Agora, no entanto, a nova lei civil (Lei 10.406, de 10-1-2002) insere o bem de família no Livro IV – Do Direito de Família –, reservando-lhe o Subtítulo IV, do Título II – Do Direito Patrimonial, um lugar mais consentâneo com a sua natureza.[375] Dessa forma, ampliou-se a disciplina do bem de família para doze dispositivos – antes eram quatro –, por meio

---

[372] *Código Civil dos EUB*. Op. cit., vol. 1, p. 310.
[373] Azevedo, Álvaro Villaça. *Bem de Família*. 5ª ed., São Paulo, RT, 2002, p. 141.
[374] Ceneviva, Walter. *Lei dos Registros Públicos Comentada*, 7ª ed. São Paulo, Saraiva, 1991, p. 452.
[375] Contra: Vasconcelos, Rita de Cássia Corrêa de. *A impenhorabilidade do bem de família e as novas entidades familiares*. São Paulo, RT, 2002, p. 43.

dos arts. 1.711 a 1.722 do novo CCB, havendo *sensível melhora no tratamento da matéria*.[376]

Atualmente, o panorama jurídico a respeito do bem de família é o seguinte: um modo *legal*, involuntário, obrigatório, previsto na Lei 8.009, de 29-3-1990 e um *voluntário*, facultativo, consensual, previsto no Código Civil de 2002. O bem de família legal, da Lei 8.009/90, decorre de normas de ordem pública, cogentes, tratando-se de uma proteção familiar oriunda do próprio Estado, ou seja, *o instituidor é o próprio Estado*.[377]

Pelo novo Código Civil, todavia, exige-se a emissão de vontade do instituidor, um particular (ou terceiro) ou um casal, que tenham formado uma *entidade familiar*, sendo de sua essência o registro civil.

No bem da família da Lei 8.009/90, que independe de registro civil ou de ato de instituição, há uma impenhorabilidade mais ampla, porque protege a residência familiar mesmo quando as dívidas do instituidor forem anteriores à própria lei. Pelo sistema do Código Civil, as dívidas anteriores do instituidor ainda persistem e podem ser cobradas. A proteção do bem de família legal abarca o imóvel residencial e bens móveis, sendo que a do Código Civil se refere ao imóvel residencial e a valores mobiliários. No bem de família legal, a impenhorabilidade não interfere na livre disposição dos bens, sendo que no sistema civilista existem hipóteses fechadas de alienabilidade do prédio residencial.

Entendemos ainda vigentes as regras da Lei dos Registros Públicos que dizem respeito ao *procedimento* de instituição do bem de família (arts. 262 a 265, lei 6.015/73), até que haja regulamentação específica desse tema, na forma do art. 2.046, NCC.

Neste estudo, porque se dedica ao novo Código Civil, trataremos apenas do bem de família voluntário.

8.1. O bem de família

O direito norte-americano gerou o instituto do bem de família, originado como *homestead*,[378] criada pela República do Texas, em 1839, antes de sua incorporação aos Estados Unidos.

Ao início da colonização norte-americana, em face da voracidade dos bancos europeus, o bem de família foi criado para proteger os pequenos colonos, que se viam diante de verdadeiro confisco de suas terras, em face

---

[376] Azevedo, Álvaro Villaça. *Comentários ao Código Civil*. São Paulo, Saraiva, 2003, p. 10.
[377] Idem, p. 85.
[378] Palavra que significa o lugar do lar. *Home* = lar; *stead* = lugar.

das dívidas de agricultura. Assim, aquele instituto surgiu para proteger a família rural e a pequena propriedade, isto é, como *um meio de garantir um asilo à família, tornando-se o imóvel onde ela se instala domicílio impenhorável e inalienável, enquanto forem vivos os cônjuges e até que os filhos completem sua maioridade.*[379]

O bem de família, ao contrário do que muitos pensam, não é o imóvel residencial, em si, mas *um direito ou poder que incide sobre, agrega, adere, ou que é afetado ao direito de propriedade da casa de residência ou à posse da mesma,* como bem explica Ricardo Arcoverde Credie.[380]

Incide o instituto em *bem imóvel* – prédio residencial urbano ou rural, com pertenças e acessórios –, que é destinado ao domicílio da família, podendo abranger *valores mobiliários.* Neste caso, a renda será aplicada na conservação do imóvel e no sustento da família. Essa é dicção do atual art. 1.712 do novo CC.

Para a constituição do bem de família basta que o prédio seja destinado à moradia da família beneficiada. O entendimento de família, para tal desiderato, não é estanque, uma vez que tanto abrange o núcleo familiar tradicional – os cônjuges, quanto a moderna concepção familiar, qual seja, a união estável – companheiros ou conviventes – e até a família monoparental – pai e filho, mãe e filho.

O Código Civil de 2002, no art. 1.711, última parte, distinguiu claramente a duplicidade de regimes do bem de família: um, pela Lei 8.009/90, que criou espécies de bem de família legal, móvel e imóvel, onde vale a simples residência, ou seja, basta que o proprietário resida no imóvel para estar protegido: outro, pelo regime do Código Civil, um regime voluntário, *por nascer da iniciativa privada.*[381]

A instituição do bem de família não depende da existência de filhos, porque existem inúmeras famílias que não os possuem, mas depende de *formalidade* para sua criação, já que se exige escritura pública ou testamento. Em qualquer caso, ele beneficia os cônjuges, os companheiros ou o titular da família monoparental, enfim, a entidade familiar.

8.1.1. Natureza jurídica

Diante das novas disposições da lei civil codificada, tal como ocorria anteriormente, muito se discutirá a respeito da natureza jurídica do bem

---

[379] Azevedo. Álvaro V. *Comentários.* Op. cit., p. 11.
[380] *Bem de família.* Op. cit., p. 35.
[381] Azevedo. Op.cit., p. 198.

de família, a qual, ao contrário do que afirmou Arnaldo Marmitt,[382] oferece muita utilidade prática diante das repercussões jurídicas que o tema implica. Veja-se, *v.g.*, no testamento, se o bem de família for vislumbrado como uma transferência de domínio, isso pode causar prejuízo aos demais herdeiros e implicar recolhimento de impostos sobre o bem transferido.

Havia fundamentos suficientes para se vislumbrar o bem de família como *forma de afetação* de um bem a uma finalidade;[383] *forma de transmissão* de propriedade;[384] uma *forma de condomínio* especial,[385] um *patrimônio especial,*[386] sendo que outros procuraram avizinhá-lo com o dote e a enfiteuse.[387]

Marcione Pereira dos Santos,[388] com certa razão, vislumbra diferenças na natureza jurídica do bem de família, conforme seja instituído pelos cônjuges ou companheiros, ou por terceiro. No primeiro caso, *transmissão de propriedade realmente não há, mas sim um direito de propriedade do instituidor, que permanece íntegro, porém submetido a um regime especial de impenhorabilidade e inalienabilidade relativa*; no segundo, instituído por terceiro, há uma *transferência dominial em favor dos cônjuges ou conviventes da entidade familiar*, seja pelo testamento ou pela doação.

Vislumbramos a natureza jurídica do bem de família com matizes diferentes, seja em razão das *pessoas* que o instituem, seja pela *forma* jurídica como ele é instituído.

O bem de família, em razão das pessoas, pode ser instituído pela entidade familiar – casamento, união estável ou monoparentalidade – ou por terceiro, como dispõe o art. 1.711 e parágrafo único, NCC.

Como afirmamos, quando a constituição do bem de família se origina pela *entidade familiar*, dá-se pelas *formas* da escritura pública ou testamento. Nesses casos, realmente, não há transmissão de propriedade, não há transferência de domínio, diante do fato de que o imóvel ficará sendo utilizado pelo mesmo grupo familiar ao qual se escriturou ou se testou, até que se dissolva a família ou ocorra a maioridade dos filhos. Ocorre, portanto, uma destinação específica da propriedade, que fica "clausulada" por uma impenhorabilidade especial.

---

[382] *In: Bem de família*. Op. cit., p. 19.
[383] Pereira, Caio Mário da Silva. *Instituições*. Op. cit., vol. 1, p. 311.
[384] Mendes Júnior, João, *Apud* Reis, Antonio Marques dos e Azevedo, Álvaro Villaça, *Bem de Família*. Op. cit., p. 127.
[385] Lopes, Miguel Maria de Serpa. *Tratado dos Registros Públicos*, Vol. II. Rio de Janeiro, Freitas Bastos, p. 186/7.
[386] Azevedo, Álvaro Vilaça. *Bem de família*. Op. cit., p. 141.
[387] Gomes, Orlando. *Direito de Família*. Rio de Janeiro, Forense, 1991, p. 171/2.
[388] *In: Bem de família, voluntário e legal*. São Paulo, Saraiva, 2003, p. 79.

Na dissolução da família ou maioridade dos filhos, extingue-se o bem de família, e o imóvel segue sua destinação natural, seja como bem passível de penhora (escritura pública), seja como bem partilhável (testamento).

Quando o bem de família é instituído por terceiro, todavia, precisamos distinguir sua natureza pelo ato de sua formação, uma vez que só pode nascer por *doação* ou por *testamento*.

O problema maior exsurge nos casos de bem de família pela via do *testamento*, seja instituído por um dos membros da entidade familiar (art. 1.711, *caput*, NCC), seja por terceiro (art. 1.711, parágrafo único, NCC). Afinal, qual a natureza jurídica dessa instituição na órbita testamentária, isto é, perante os demais herdeiros?

Evidentemente, no testamento surge o bem de família por *disposição testamentária*, mas seria ele um legado? Se fosse legado, os demais herdeiros é que teriam de cumpri-lo, considerando os termos do art. 1.784 do NCC. Por outro lado, desconstituída a família ou maiores os filhos, o bem de família retornaria ao monte testável? Haveria nova partilha entre os herdeiros (*rectius*: uma sobrepartilha)?

Diante dessas questões, não podemos aceitar tranqüilamente a tese de que ocorreu a transferência dominial, porque se o terceiro, *v.g.*, desejasse transferir o domínio do bem não o faria por testamento. O testador – quando terceiro – utilizar-se-ia da doação ou do legado, com cláusulas de impenhorabilidade e inalienabilidade, com isso atingindo o fim de transmissão de propriedade.

Na verdade, no momento em que o terceiro se utilizou do testamento para constituir bem de família, a sua vontade – e a vontade do testador deve ser respeitada – é apenas a de assegurar a tranqüilidade de uma determinada entidade familiar durante certo tempo, isto é, extinta esta, o bem de família retornaria ao patrimônio dos demais herdeiros para ser partilhado. Nesse ponto, portanto, parece-nos que se trata de uma *transmissão temporária de direitos* sobre o bem.

A propósito, como a manter a polêmica acerca da natureza jurídica, costumou-se chamar de *desafetação* (teoria da afetação) à desconstituição do bem de família voluntário.

Outra questão surgirá quando tratarmos de bem de família surgido pela doação, porque esta é translativa do domínio. Ademais, se a doação não indicar quem são os donatários, *a doação será comum a mais de uma pessoa e distribuída entre elas por igual (art. 551, NCC)*, ou seja, teremos a formação de um condomínio.

Finalmente, pensamos que não pode existir bem de família sobre bem de família, isto é, tanto uma família não pode ser duplamente beneficiada com o bem de família, como o mesmo prédio residencial não pode ser duplamente agravado com o instituto. Como doutrina Zeno Veloso:[389] *se um prédio residencial ou urbano já foi destinado para domicílio familiar, com a isenção de execução por dívidas, esta escolha limita a incidência dos preceitos a respeito do tema neste aludido prédio, afetado pela vontade dos interessados.*

8.1.2. Objeto

O bem de família tem por objeto o bem imóvel e o móvel. O bem de família móvel só poderá tornar-se bem de família se houver a constituição de imóvel, ao qual fica vinculado. Em outras palavras: sem um imóvel residencial, inexiste bem móvel como bem de família.

Destacamos a matéria em três aspectos:

a) Torna-se objeto de bem de família o prédio residencial urbano ou rural, com suas pertenças e acessórios, desde que de domicílio familiar (art. 1.712, primeira parte, NCC).

O bem de família, quando constituído por cônjuges ou companheiros, incide sobre *imóvel residencial*, em prédio familiar, ou seja, o prédio deve servir de residência para a família dos beneficiados. Com isso, exclui-se a casa de campo ou a de praia, imóveis de lazer, que servem de ocupação temporária ou ocasional da entidade familiar.

Tem-se afirmado, com alguma polêmica, que o prédio residencial deve necessariamente estar ocupado pela família beneficiada, que dele não poderá se afastar.

Cremos, porém, que o dever de ocupação residencial do prédio não é absoluto, porque pode perfeitamente o beneficiário, diante de *provada necessidade* da própria família, *v.g.*, locar o prédio para residir em outro imóvel.[390] Isso Álvaro Villaça Azevedo[391] vislumbra como *interpretação simpática, entretanto, muito forçada.*

Ocorre que, como afirmamos, o bem de família não é o prédio, em si, mas *um direito* que, ao fim e ao cabo, destina-se a beneficiar e proteger a entidade familiar. Para atender a essa finalidade, mantendo a família unida e com um teto para abrigar-se em sua pior hora, pode surgir o aluguel como uma alternativa para a solução de grave problema familiar. Veja-se o caso de um prédio que exige imensos gastos para sua mantença,

---

[389] In: *Código Civil Comentado*. Op. cit., p. 83.

[390] No mesmo sentido: Ricardo Arcoverde Credie. Op. cit., p. 18.

[391] *Comentários ao Código Civil*. Op. cit., p. 35.

que não pode ser sustentado com os recursos da entidade familiar; veja-se o caso de necessidade dos filhos, que precisam residir em local mais próximo da escola ou da universidade; ou quando os cônjuges/companheiros precisam residir nas proximidades do trabalho. Tais circunstâncias podem desagregar a família, deixando-a ao desabrigo, que é aquilo que o bem de família procura evitar. Até pode ser que exista um cunho humanitário nessa interpretação, porém, num Estado Democrático de Direito, o direito está para disciplinar e servir a sociedade, e não para escravizá-la.

Afora tal excepcional hipótese, como dizia Clóvis Bevilaqua,[392] cujas lições ainda podem ser relembradas, *a família deve residir no prédio*. A comprovação de residência pode vir por declaração própria, porque a declaração da pessoa tem validade até prova em contrário; por atestado de autoridades, por declarações de renda, contas de luz, água, telefone, enfim. Devemos evitar dificuldades maiores do que aquelas já expressamente previstas em lei.

A clara exceção diz respeito à instituição por terceiro, porque este pode doar ou testar sobre um imóvel, independente de quem nele esteja residindo no momento da instituição.

De outro lado, para o ato da instituição, desimporta o valor do imóvel familiar. Basta que seja para o domicílio familiar. Pode ser uma cabana, pode ser uma mansão. A única restrição deve respeito *ao valor total* dos bens, considerando que o bem de família não pode ultrapassar um terço (1/3) do patrimônio líquido existente ao tempo da instituição (art. 1.711, NCC), como veremos adiante.

Os acessórios naturais do prédio e suas pertenças são objeto da proteção, exceto as benfeitorias voluptuárias ou suntuosas, afinal, como adverte o próprio texto do art. 1.712, NCC, as pertenças e acessórios também devem vincular-se a *domicílio familiar*. Como advertiu Álvaro Villaça de Azevedo:[393] *Se um jardim, como pertença do prédio, é com este submetido ao regime do bem de família, outro tanto não sucede às chácaras, fazendas, roças, rocinhas, sítios, quintais e herdades*. Assim, nos imóveis rurais, não se pode pretender como bem de família, o que vá além do próprio local de domicílio da entidade familiar.

O bem de família não pode incidir sobre *bens locados, bens em comodato, ou bens em usufruto*, porque se exige que a propriedade e a posse estejam com o instituidor. Não fosse assim, ter-se-ia um "encargo" incidindo sobre bens que se encontram com outras pessoas. Obviamente,

---

[392] *Código Civil dos EUB*. Op. cit. vol. 1, p. 312.
[393] *In: Comentários*. Op. cit., p. 29.

isso inocorre no caso de haver deixa testamentária, porque o a família beneficiada legitima-se, desde logo, a exigir do testamenteiro o bem de família.

Ademais, também *não incide sobre terrenos baldios*, sobre a terra-nua, porque o domicílio da família diz respeito à idéia de abrigo, de teto, de ponto de recolhimento e proteção de seus componentes. Excetua-se o caso de o imóvel estar ainda em construção, uma obra inacabada, quando esta se agrega a terreno único da família e com a finalidade de moradia.

Os bens em *condomínio*, excetuado, obviamente, o condomínio decorrente do regime de bens do casamento e o de casas e apartamentos, não podem ser objeto de bem de família, diante do fato de que naquele há uma pluralidade de proprietários e *a coisa não pode permanecer indivisa a favorecer a família de um dos proprietários*.[394] Um dos requisitos do bem de família é a propriedade do prédio residencial, e isso pode ser vislumbrado em condomínio de apartamentos ou de casas, onde a moradia é fração destacada dos demais co-proprietários.

Sobre os *bens hipotecados* tem surgido acirrada polêmica doutrinária. Para nós é possível que sejam instituídos bem de família, porque a instituição não implica *oneração* do bem hipotecado, não causando nenhum prejuízo ao credor hipotecário, uma vez que, se prejudicado, poderá até tornar sem efeito o bem de família. Já a hipoteca não pode incidir sobre o bem de família, afinal, *contratada esta, o oficial imobiliário lhe recusará o registro*.[395]

b) O *valor do imóvel* destinado a bem de família não pode ultrapassar um terço do patrimônio líquido existente ao tempo da instituição (art. 1.711, *caput*, NCC) e deve ser *de propriedade do instituidor*, sendo que este ainda deve estar em *solvabilidade* por ocasião da constituição.

De fato, não há restrição ao valor da coisa, em si, mas o bem de família só pode ser instituído sobre o patrimônio líquido do instituidor. Com isso, assegura-se lastro para se eventuais dívidas a comprometerem o patrimônio.

O instituidor deve ter *solvabilidade*. A solvabilidade, no entanto, é presumida. É preciso observar-se, no entanto, que nada impede que o instituidor tenha suas dívidas e isso não frustra a constituição do bem de família. O que se impede é a instituição do bem de família para *fraudar credores*, isto é, quando o sujeito já está em situação de insolvência. Ademais, a isenção do bem de família é por dívidas posteriores ao ato que

---

[394] Azevedo, Álvaro Vilaça. Op. cit., p. 21.
[395] Ceneviva, Walter. *Lei dos Registros Públicos Comentada*. Op. cit., p. 519.

o instituiu. Como advertiu Zeno Veloso:[396] *quem deve, não está proibido de instituir bem de família. Aliás, hoje em dia, quem não deve nada?.*

Por outro lado, o bem de família só poderá ser instituído na terça parte do patrimônio líquido (art. 1.711, *caput*, NCC), ou seja, há de existir prova do patrimônio total do instituidor, a fim de se apurar um terço (1/3) do patrimônio líquido, sobre o qual incidirá o bem de família.

Isso haverá não apenas de complicar o Oficial do registro, pois *alguém* terá de aferir o *quantum* patrimonial comprometido, o que poderá implicar análise técnica e contábil, quiçá, demandando mais custos à escritura pública.

Segundo alguns,[397] não competiria ao registrador conferir a proporcionalidade indicada para a instituição do bem de família, limitando-se a verificar o valor venal do imóvel e a importância em moeda nacional, atribuída pelo interessado aos valores mobiliários.

De fato, a lei foi omissa nesse ponto. Afinal, se não tivermos controle sobre o *quantum* do patrimônio comprometido, não teremos como impedir a instituição do bem de família em fraude ao art. 1.711, *caput*, NCC. Como advertiu Zeno Veloso,[398] *quem possuir apenas um imóvel não poderá institui-lo bem de família.*

A lei civil não deixou dúvidas a respeito da parte do patrimônio que pode ser destinada ao bem de família: *um terço do patrimônio líquido existente ao tempo da instituição* (art. 1.711, *caput*, NCC).

O que é patrimônio líquido?

Afere-se o *patrimônio bruto* diante de todos os bens, móveis e imóveis, inscritos e titulados em nome dos constituintes (cônjuges, companheiros ou titular de família monoparental), os quais ficam formando aquela totalidade.

Patrimônio líquido é a diferença entre o valor de todos os bens e as dívidas. Para a aferição do patrimônio líquido, as dívidas do instituidor devem ser diminuídas do seu patrimônio total (*rectius*: patrimônio bruto – dívidas = patrimônio líquido).

Para os casados, deve acompanhar a prova do patrimônio, a certidão de casamento; para os conviventes, companheiros ou responsável por família monoparental, além da prova do patrimônio, uma declaração firmada no sentido de que ali se formou uma entidade familiar, a qual pode ser beneficiada com o bem de família.

---

[396] Bem de família. *Revista de Direito Civil* n. 55, São Paulo, RT, 1991, p. 114.
[397] Ceneviva, Walter. *Lei dos Registros*. Op. cit., p. 516.
[398] *Emendas ao Projeto de Código Civil*. Belém, Grafisa, 1985, p. 105.

A propósito, o regime de bens do casamento nada significa para a determinação do patrimônio líquido, *pois compreende o de ambos os cônjuges*.[399]

c) Pode incidir sobre *valores mobiliários*, desde que a renda destes seja inteiramente aplicada na conservação do imóvel e no sustento da família (art. 1.712, última parte, NCC).

Como se vê, sobre os valores mobiliários se pode constituir bem de família, desde que suas rendas sejam destinadas exclusivamente ao próprio imóvel, à sua conservação e ao sustento da família, bem como que não excedam o valor do prédio à época da instituição (art. 1.713, *caput*, NCC).

Assim, os valores mobiliários ficam como que *atrelados* ao bem de família, tanto que devem ser descritos, *individualizados* no instrumento de instituição do bem de família, como dispõe o § 1º do art. 1.713, NCC. Devem ser individualizados para permitir a conferência da satisfação do limite imposto por aquele dispositivo legal.

Os valores mobiliários, portanto, não existem e nem funcionam como bem de família independente, como patrimônio separado, como um fundo isolado do prédio residencial. Os valores só existem como bem de família, porque existe o instituto sobre um determinado prédio residencial.

A expressão *valores mobiliários* é de Direito Comercial ou de Direito Cambiário, significando *os créditos por dinheiro, bens móveis, ações, debêntures, obrigações, títulos negociáveis, títulos emitidos pela sociedade anônima a critério do CMN etc.*[400] São os depósitos bancários em geral, as poupanças, as aplicações financeiras ou em fundo de ações, enfim, os títulos nominativos.

Os *títulos nominativos* são aqueles que contêm uma declaração receptícia de vontade dirigida a pessoa identificada, como as letras de câmbio, as ações nominativas, as promissórias, os cheques, enfim. Nesse caso, a sua instituição como bem de família deve constar dos respectivos livros de registro, não apenas na instituição de origem, mas no próprio ato constitutivo daquele. Há, pois, uma necessária vinculação do valor ao bem imóvel.

Os valores mobiliários, com seus rendimentos, devem ser reaplicados apenas na conservação do bem de família e, como adverte Álvaro Villaça Azevedo,[401] *eles não podem existir isoladamente*. Assim, os valores mo-

---

[399] Ceneviva, Walter. *Lei dos Registros*. Op. cit., p. 517.
[400] Diniz, Maria Helena. Dicionário Jurídico. Vol. 4. Op. cit., p. 696.
[401] *Comentários*. Op. cit., p. 39.

biliários, porque já compõem o patrimônio líquido, não possuem existência autônoma.

A *conservação* do imóvel familiar não diz respeito apenas a pinturas e reparos, implicando, também, garantir o pagamento de tributos e taxas condominiais, considerando que estas podem atingir em cheio o bem de família. Assim, os valores revertem na conservação física e também jurídica do bem de família.

Determina-se que esses valores *mobiliários* não possam exceder o valor do prédio instituído em bem de família à época da instituição, ou seja, os valores mobiliários têm seu limite no valor de avaliação (valor venal) do bem imóvel residencial, à época em que foi destinado a bem de família. Isso deve ser provado no momento da instituição. Ademais, entendemos que se o valor mobiliário suplantar o valor do prédio, deve ser reduzido até seu limite.

Os *títulos nominativos* são aqueles que contêm uma declaração receptícia de vontade dirigida a pessoa identificada, como as letras de câmbio, as ações nominativas, as promissórias, os cheques, enfim. Nesse caso, a sua instituição como bem de família deve constar dos respectivos livros de registro, não apenas na instituição de origem, mas no próprio ato constitutivo daquele. Há, pois, uma necessária vinculação do valor ao bem imóvel.

8.1.3. Tipos de bem de família

O bem de família tem *tratamento dúplice*, conforme seja estabelecido livremente pela vontade dos interessados (*voluntário*), sob as normas do novo Código Civil de 2002, ou estabelecido em lei (*involuntário*, ou legal), onde não depende da vontade dos particulares. Nesta hipótese, ele resulta das normas de ordem pública da Lei 8.009/90, em que o instituidor é o próprio Estado, *que impõe o bem de família, por norma de ordem pública, em defesa da célula familiar.*[402] De qualquer sorte, *o fim da lei é assegurar à família um abrigo, de onde não a possa expulsar o credor exeqüente.*[403]

Persiste, portanto, a divisão clássica do bem de família, ajustada por Álvaro Villaça de Azevedo,[404] no sentido de que eles são voluntários ou legais (involuntários), incidentes sobre móveis ou imóveis, assim: *(...) o bem de família voluntário, móvel ou imóvel, nasce pela vontade do insti-*

---

[402] Azevedo, idem. Op. cit., p. 203.
[403] Bevilaqua, Clóvis. Op. cit., p. 312.
[404] *Comentários.* Op. cit. p. 13.

tuidor, pela própria vontade individual, nos moldes preestabelecidos na lei; o bem de família involuntário ou legal institui-se por determinação da lei, pela vontade soberana do Estado, garantidora de um mínimo necessário à sobrevivência da família.

8.1.4. Legitimidade

O art. 1.711 e parágrafo único, NCC, tratam da legitimidade ou das pessoas que podem instituir o bem de família, no que poderia ter sido mais técnico, ou de acordo com as disposições constitucionais.

Com efeito, dispõe-se o bem de família *pode ser constituído pelos cônjuges ou pela entidade familiar.* Todavia, o parágrafo único determina que o *terceiro* também pode instituir o bem de família, desde que por doação ou testamento. Assim, podemos concluir que *qualquer pessoa* pode constituir o bem de família, desde que o beneficiário (ou donatário) esteja numa situação tal que se possa defini-la como em *família.*

Como se sabe, *os cônjuges* são os componentes da sociedade conjugal, aqueles unidos pelo laço matrimonial, o marido e a mulher, o varão e a virago. Os companheiros ou conviventes, por seu turno, são aqueles que formam uma união estável ou companheirismo, os companheiros, o homem e a mulher, os conviventes.

Em que pesem opiniões contrárias, parece-nos que *há necessidade de outorga uxória* para a instituição do bem de família, uma vez que, face à igualdade conjugal, o patrimônio do casal deve ser administrado *por ambos os cônjuges.* Por outro lado, os cônjuges só podem administrar livremente os bens próprios (art. 1.642, inc. II, NCC), e não os bens comuns.

Alguns autores referem que o prédio residencial não sai do patrimônio do casal, daí a desnecessidade da outorga uxória. Porém, não se pode negar que, pela instituição do bem de família, no mínimo, dificulta-se a livre disposição do imóvel residencial, o que, ao fim e ao cabo, é uma forma de restrição. Com efeito, instituído o bem de família, o prédio residencial não pode ser vendido sem a verificação das exigências legais, ou seja, devemos colher a vontade dos demais componentes da família e submeter o pedido ao juiz e ao Ministério Público. Daí que apenas um cônjuge ou um dos companheiros não pode submeter o patrimônio comum sem a anuência do outro cônjuge ou companheiro, sob pena de administração unilateral dos bens comuns. Obviamente, em o prédio estando registrado apenas em nome de um, este cônjuge pode instituí-lo bem de família sem a outorga uxória.

O novo conceito de família é a *entidade familiar,* este, um entendimento amplo, que abarca as uniões não apenas advindas do casamento, mas a união estável e a dita *família monoparental*. Assim, aquela relação do art. 1.711, NCC, não é taxativa, porque outras situações da vida poderão surgir, legalizadas, e se enquadrarem no conceito de *entidade familiar*.

O *terceiro*, pode ser parente ou não (o avô, *v.g.*), pode instituir bem de família, desde que o faça pela forma descrita em lei, isto é, por *doação ou testamento*. *Terceiro é o não integrante do casal de esposos ou companheiros, parente ou não de um ou de ambos, que institui o benefício.*[405] Houve inovação, porquanto a lei antiga não permitia que um terceiro pudesse fazê-lo, como restava do art. 70 do CC/16.

O solteiro, o separado judicialmente, o viúvo, o divorciado, *v.g.*, embora não expressamente arrolados, podem instituir bem de família, desde que possuam um filho, sob sua guarda ou não, de forma a comporem uma entidade familiar ou que o façam na condição de terceiro. Afinal, o surgimento da entidade familiar e a instituição do bem de família independem do estado civil da pessoa que o institui.

Discute-se se os irmãos podem constituir uma família, quando juntos habitem uma moradia familiar. Parece-nos que, se forem menores de idade, sim. Isso ocorre na dissolução da sociedade conjugal, quando os pais fazem a doação do único imóvel do casal em favor dos filhos, o que também pode ocorrer no caso de falecimento de ambos os pais. Nesses casos, os irmãos menores, representados pelos pais ou pelo tutor, podem constituir um prédio residencial como bem de família, que valerá até que completem a maioridade. Com isso, assegura-se a proteção do imóvel residencial da família.

Os legitimados a usufruírem do bem de família são os cônjuges, os companheiros, o titular da família monoparental e seus filhos menores de 18 anos de idade. A morte de um deles faz persistir o bem de família até a morte do outro cônjuge/companheiro/convivente, sendo que a maioridade do filho extingue, para este, os benefícios do bem de família.

Os homossexuais que convivem sob o mesmo teto não podem instituir bem de família, porquanto a Carta Federal não os reconhece como *entidade familiar*, como diz Credie:[406] *se o convivente homossexual for condômino do imóvel residencial, sua parte ideal poderá ser penhorada, por não caracterizado o bem de família.*

8.1.5. Administração do bem de família

A administração primeira do bem de família compete aos cônjuges, salvo estipulação em contrário imposta pelo instituidor, nos termos do art.

---

[405] Ceneviva, Walter. *Lei dos Registros Públicos*. Op. cit., p. 260.
[406] Op. cit., p. 34.

1.720, NCC: *Salvo disposição em contrário do ato de instituição, a administração do bem de família compete a ambos os cônjuges, resolvendo o juiz em caso de divergência. Parágrafo único. Com o falecimento de ambos os cônjuges, a administração passará ao filho mais velho, se for maior, e, do contrário, a seu tutor.*

Quando houver divergência, esta será levada ao magistrado. Ou seja: *na administração, não há poderes absolutos*, como ensina Álvaro Vilaça Azevedo.[407]

Novamente, não vieram atualizados os arts. 1.720 e seu parágrafo único, 1.721, parágrafo único e 1.722, todos do NCC, porque se olvidaram de aludir aos companheiros ou conviventes. Devemos entender, portanto, que a estes também é dada a administração do bem de família e a sua extinção, nas hipóteses que elencam.

É preciso distinguir, porém, a administração do bem de família móvel com a do bem imóvel. Assim como não se pode confundir administração do bem de família com extinção do bem de família.

A administração dos bens móveis oportuniza algumas peculiaridades, no que diz respeito aos valores mobiliários, quando a administração pode ser confiada pelo instituidor a uma instituição financeira (art. 1.713, § 3º, NCC). *Instituição financeira*, é uma pessoa jurídica habilitada a operar no mercado financeiro, fazendo *contratos em que as prestações se cumprem em moeda ou direitos de crédito, viabilizando-os, visando não só a coleta, a intermediação e a aplicação de recursos financeiros, próprios ou de terceiros, mas também a custódia de valores alheios.*[408] São os bancos, as caixas econômicas e financeiras em geral. Nesse caso, a administração ficará sob as regras do depósito, como dispõe o art. 1.713, § 3º, NCC, ou seja, o gerente deverá não apenas prestar contas de sua gerência, como poderá ficar sujeito à responsabilização civil e penal, em casos de alcance ou de dilapidação do capital.

No caso de *liquidação* da entidade financeira, não haverá atingimento dos valores atrelados ao bem de família, devendo o juízo de quebras ordenar a transferência dos valores para outra instituição semelhante, obedecendo-se, no caso de falência, ao disposto sobre pedido de restituição, como dispõe o art. 1.718, NCC.

No *falecimento* dos cônjuges ou companheiros, ou falecendo o titular da família monoparental, aos filhos menores será nomeado *tutor*, competindo a este a administração do bem de família. O parágrafo único do art.

---

[407] *Comentários.* Op. cit., p. 78.
[408] *Dicionário Jurídico.* Op. cit. vol. 2, p. 859.

1.720, NCC, deve ser bem entendido, porque falecendo ambos os cônjuges e não havendo filhos menores extinguir-se-á o bem de família, sendo que o imóvel residencial ficará livre para os herdeiros, livre ao inventário. O filho maior nada administrará, tornando-se herdeiro.

Apenas na hipótese de existirem filhos *menores* é que o filho mais velho, se for maior de idade, administrará o bem de família (parágrafo único do art. 1.720, NCC). Mas apenas até a maioridade dos demais irmãos e se assim o desejar. Embora a lei civil disponha que *a administração passará ao filho mais velho*, não podemos obrigá-lo a administrar algo a que não se sinta preparado ou até habilitado. Nesse caso, o melhor é a nomeação de tutor aos irmãos menores, até porque os ascendentes são os primeiros na ordem de nomeação do art. 1.731, NCC.

Ainda, no falecimento de ambos os cônjuges, quando o filho maior for absolutamente incapaz, a administração competirá ao seu Curador. Esse é o entendimento que se retira da parte final do art. 1.722, NCC: Extingue-se, igualmente, o bem de família com a morte de ambos os cônjuges e a maioridade dos filhos, desde que não sujeitos a curatela. Tal administração durará enquanto durar a incapacidade do filho, sempre se prestando contas da administração ao juiz, na forma da lei civil. Essa prestação de contas do Curador será ao Juízo de Família e de Sucessões, porque matéria de Direito Protetivo.

Se falecer apenas um dos cônjuges ou um dos conviventes, o sobrevivente poderá pedir a extinção do bem de família, desde que seja o único bem do casal, como dispõe o parágrafo único do art. 1.721, NCC: Dissolvida a sociedade conjugal pela morte de um dos cônjuges, o sobrevivente poderá pedir a extinção do bem de família, se for o único bem do casal. Essa, aliás, parece ser a única hipótese de extinção do bem de família fora daquelas taxativamente previstas na lei: impossibilidade de manutenção do bem e alienação por ordem judicial.

8.1.6. Efeitos do bem de família

A partir do registro do bem de família, que deve ocorrer junto ao Registro de Imóveis da Comarca onde está situado o bem de família, este passa a produzir seus efeitos.

O registro é o ato de nascimento do bem de família, pelo qual se dá publicidade à sua constituição. Aí é que se oportuniza eventual impugnação dos credores, a qual, se realizada, tem o condão de impedir a criação do bem de família. Apesar disso, mesmo que não impugnado o bem de família, não há preclusão pelas dívidas anteriores ao registro, porque o art. 1.715, NCC, refere a isenção por dívidas *posteriores à sua instituição*.

Registra-se a escritura pública, a doação e o testamento, formas de instituição do bem de família.

Assim, um dos principais efeitos é que o bem de família fica isento de execução por dívidas, ou seja, há impenhorabilidade do imóvel. Evidentemente, apenas estão isentas as dívidas comuns surgidas depois da instituição, porque aquelas existentes antes da constituição do benefício podem ser exigidas. Afinal, o objetivo do bem de família *não é fraudar credores, mas, sim, garantir ao instituidor previdente, e solvente, a possibilidade de resguardar um bem, em favor de sua família, a salvo de eventuais dívidas futuras.*[409]

Trata-se de uma inalienabilidade e impenhorabilidade, igualmente amparada pelos arts. 648 e 649, inc. I, CPC, mas ambas relativas, porquanto atendidos os pressupostos legais o bem pode ser vendido (art. 1.719, NCC).

O termo *tributos* deve ser entendido tal como preconizado pelo art. 5º do Código Tributário Nacional e pela Constituição Federal, ou seja, gênero do qual são suas espécies os impostos, as taxas, as contribuições de melhoria, as contribuições sociais e empréstimos compulsórios. O Imposto Predial e Territorial Urbano, o Imposto Rural, as taxas municipais, enfim, enquadram-se como dívidas tributárias e podem dar causa à extinção do bem de família.

É preciso observar, porém, que os tributos a serem exigidos são apenas aqueles que dizem respeito ao próprio prédio, ou seja, outros impostos (Imposto de Renda, ISSQN, etc.) não podem dar causa à extinção do bem de família.

O saldo da execução incidente sobre o imóvel residencial instituído bem de família, por dívidas de tributos e despesas condominiais, surgidas depois da sua constituição, será aplicado em outro prédio, seja como bem de família ou em títulos da dívida pública, sempre para o sustento da família, salvo se motivos relevantes aconselharem outra solução, a critério do juiz (art. 1.715 e parágrafo único, NCC). Afinal, a *garantia familiar* é que norteia a instituição do bem de família desde o seu nascimento.

8.2. Formas de instituição

Dispôs-se, também, a respeito da *forma* de instituição do bem de família, que é *a escritura pública, o testamento ou a doação*, dependendo de quem o constitui. Note-se: são formalidades essenciais para a criação

---

[409] Santos, Marcione Pereira dos. Op. cit., p. 123/4.

do bem de família voluntário, porque o bem de família legal ou involuntário tem seus pressupostos constitutivos definidos em lei especial (Lei 8.009/90).

Assim, como escreveu Álvaro Villaça Azevedo,[410] *a não-observância das formalidades legais implicará a nulidade do negócio, nos termos do inciso IV do art. 166 do novo Código, ou seja, quando o negócio não revestir a forma prescrita em lei.*

O bem de família constitui-se pelo registro no Registro de Imóveis, nos termos do art. 1.714, NCC: *O bem de família, quer instituído pelos cônjuges ou por terceiro, constitui-se pelo registro de seu título no Registro de Imóveis.* A esse respeito, já havia determinação similar no Código revogado (art. 73, CC/16), pelo que, mesmo verificada a aceitação do bem de família, enquanto não registrado não terá qualquer eficácia diante de terceiros. Por ocasião do registro, na doação ou na escritura pública, já se deve levar lavrado o termo de aceitação expressa dos beneficiados.

8.2.1. Escritura pública

A escritura pública é da essência do bem de família, quando instituído pela entidade familiar, destinando-se não apenas a criar o bem de família, mas a embasar-lhe a necessária publicidade, em face da veiculação dos editais a que alude a Lei dos Registros Públicos.

O art. 260 da Lei nº 6.015/73 dispôs que *a instituição do bem de família far-se-á por escritura pública, declarando o instituidor que determinado prédio se destina a domicílio de sua família e ficará isento de execução por dívida.* Como se viu, o novo Código Civil ampliou a possibilidade de instituição de bem de família para móveis e apenas nesse ponto o art. 260 merece acréscimo.

A *escritura pública* é um documento autêntico feito por notário, tabelião ou oficial público, enfim, firmado em ofício próprio e estatal, de acordo com as solenidades legais.

A constituição do bem de família voluntário exige tal formalidade, sendo de sua natureza. Fora disso, inexiste bem de família voluntário e eventual negócio a respeito será nulo, como já se afirmou.

8.2.2. Testamento

Por essa forma prevista em lei, não apenas a entidade familiar (casados, companheiros ou titular de família monoparental), mas o terceiro

---
[410] *Comentários.* Op. cit., p. 25/6.

também legitima-se a instituir prédio em bem de família. A instituição do bem de família por testamento é *uma inovação*, que produzirá efeitos apenas depois da morte do instituidor ou testador, mas que ainda suscitará inúmeras discussões, como veremos a seguir.

O art. 1.626, CC/16, dispunha que se considera *testamento o ato revogável pelo qual alguém, de conformidade com a lei, dispõe, no todo ou em parte, do seu patrimônio, para depois da sua morte.* Tal disposição foi repetida no art. 1.857, *caput*, do novo Código Civil de forma mais técnica e esclarecedora: *Toda pessoa capaz pode dispor, por testamento, da totalidade dos seus bens, ou de parte deles, para depois de sua morte.*

Lecionam Amorim E Oliveira[411] que: *Testamento é ato solene de manifestação de vontade, exigindo forma própria de celebração.*

O Código Civil prevê várias espécies de testamento: público, cerrado, particular, como *modos ordinários de testamento*; marítimo, aeronáutico e militar, como *modos especiais* de testamento. O aeronáutico é *outra novidade*, um testamento que pode ser feito no curso de viagem a bordo de aeronave militar ou comercial (arts. 1.888 a 1.892, NCC).

Evidentemente, porque a lei não proibiu, por meio de todas as espécies de testamentos podemos constituir o bem de família, que constará de disposição testamentária identificando o bem residencial e os beneficiários.

A validade da constituição do bem de família por testamento, obviamente, além da obediência à formação do ato jurídico em si – o testamento – terá de levar em conta algumas peculiaridades interessantes e dignas de nota.

Primeiro, por meio de codicilo não se pode instituir bem de família, porquanto não é forma de testamento, mas um *instrumento especial simplificado de disposição sobre valores de pequena monta* (arts. 1.881, NCC). Aliás, até porque seria um desvirtuamento de sua natureza, que se presta apenas para *valores de pequena monta.*

Segundo, entendemos que, quando for o caso, o testador terá de cingir-se a constituir o bem de família dentro da parte disponível, ou seja, como aquele só pode dispor da metade dos bens – respeitando a legítima dos herdeiros necessários –, o bem de família deve constar dessa porção disponível, apenas.

Terceiro, dentro da parte disponível, ainda, o testador poderá testar livremente dois terços, considerando que o bem de família deve limitar-se

---

[411] *Inventários e Partilhas.* Op. cit., p. 246, 2003.

ao valor de *um terço do patrimônio líquido*, como dispõe o art. 1.711, *caput*, NCC.

Quarto, o bem de família será descrito em disposição testamentária, uma vez que esta *vale por si, é bastante por si mesma, devendo ser recebida e cumprida como negócio jurídico independente*.[412] Ademais, as disposições testamentárias *são suscetíveis de condições, causas, modos*. É a chamada *deixa testamentária*, um *ato de liberalidade*.

Quinto, atingida a maioridade dos filhos, até pela emancipação, ou afastando-se a família do prédio residencial, sem justa ou razoável motivação, extinguir-se-á o bem de família, porque cessou a causa de sua constituição, que era a de servir de abrigo e auxílio à entidade familiar. O patrimônio residencial do testador, que constava como bem de família, deve ser sobrepartilhado entre os herdeiros, porque não pertencia aos beneficiados ou interessados. Obviamente, como a cláusula testamentária instituidora do bem de família não é uma doação, a extinção da entidade familiar beneficiada ou a maioridade dos filhos que ocupam o prédio residencial, determinará que este volte ao monte-mor, quando será sobrepartilhado entre os verdadeiros herdeiros.

Sexto, o testamenteiro será o encarregado de fazer valer a vontade do testador, relativamente ao bem de família, porque não estamos diante de um *legado*. Afinal, *o legado de coisa é legado do direito de propriedade sobre coisa certa*[413] e vimos que, na instituição do bem de família por testamento, não há necessária transmissão da propriedade. Mas nada impede, porém, que um legado venha acompanhado do encargo (art. 1.938, NCC) de instituir bem de família sobre determinado imóvel residencial. Nesse caso, o legatário é obrigado a cumprir os encargos do legado, sob pena de ser compelido judicialmente a tanto.

Sétimo, em havendo dívidas do terceiro, anteriores ao falecimento, os credores podem habilitar-se com seus créditos no inventário e serem devidamente atendidos, mesmo que com prejuízo do bem de família. Afinal, este não pode ser constituído na hipótese da ausência de solvabilidade do instituidor.

Oitavo, na instituição por terceiro, a eficácia do ato dependerá da aceitação expressa de ambos os cônjuges beneficiados ou da entidade familiar beneficiada, nos termos do parágrafo único do art. 1.711, NCC. Isso só poderá ocorrer quando da abertura do testamento, sendo que a recusa dos beneficiados também determinará o imediato retorno do bem

---

[412] Veloso, Zeno. *Comentários ao Código Civil*. Vol. 21, São Paulo, Saraiva, 2003, p. 190.
[413] Op. cit., p. 235.

ao monte-mor, para ser partilhado ou sobrepartilhado com os demais herdeiros.

No caso de o bem ser constituído por doação, não haverá qualquer problema, podendo captar-se, imediatamente, a aceitação dos beneficiados.

8.2.3. Doação

Outra hipótese de constituição do bem de família é a doação, que é *um contrato em que uma pessoa, por liberalidade, transfere do seu patrimônio bens ou vantagens para outra*, como dispõe o art. 538, NCC. Essa possibilidade só pode ser utilizada por terceiro, como determina o parágrafo único do art. 1.711, NCC e, como doação que é, pode ser feita por escritura pública ou instrumento particular (art. 541, NCC).

Terceiro, no caso, é aquela pessoa que não é membro da família beneficiada, mas que se dispõe a doar bem imóvel residencial, de sua propriedade, instituído como bem de família. Nesse conceito, amparam-se os parentes em geral, que possam dispor livremente de seus bens.

A lei exige que haja a aceitação da doação do bem de família, seja pelos cônjuges ou pela entidade familiar beneficiada. Trata-se de elemento essencial para a eficácia do ato. Ao contrário da doação pura e simples, porém, que permite a concessão de prazo aos donatários para a aceitação (art. 539, NCC), na doação do bem de família se exige que essa aceitação se dê imediatamente. Pelo menos assim dispõe a última parte do parágrafo único do art. 1.711, NCC:(...) *dependendo a eficácia do ato da aceitação expressa de ambos os cônjuges beneficiados ou da entidade familiar beneficiada*.

A doação, em sendo contrato de natureza real, *apenas se aperfeiçoa com a entrega da coisa ao donatário.*[414] Claro, doado e recebido o prédio residencial, ele só pode atender à finalidade de servir aos componentes da família donatária, não podendo ser submetido à penhora.

Com a doação do imóvel residencial, constituído bem de família, não se transfere apenas esse direito, mas transfere-se a própria propriedade do bem, porque o instituto da doação implica enriquecimento do donatário e diminuição no patrimônio do doador. Como diz Jorge Figueiredo Alves,[415] o contrato de doação *é translativo de domínio*.

Na doação do bem de família, deve ser mencionado expressamente quem são os donatários, sob pena de, não o fazendo, entender-se que se

---

[414] Lobo, Paulo Luiz Netto. *Comentários ao Código Civil*, Vol. 6. São Paulo, Saraiva, 2003, p. 273.
[415] *Novo Código Civil Comentado*. Coord. Ricardo Fiúza. São Paulo, Saraiva, 2003, p. 476.

formou um condomínio. Se os donatários forem marido e mulher, subsistirá a doação para o cônjuge sobrevivo, nos termos do art. 551, parágrafo único, NCC.

Os donatários, por seu turno, podem praticar *falta grave* contra o doador, quando este poderá revogar a doação (art. 555, NCC) e postular a devolução (judicial) do bem de família. Consideram-se faltas graves as mesmas hipóteses cogitadas da ingratidão: atentado contra a vida do doador, ofensa física contra este, injúria etc., tal como se prevê no art. 557, NCC. Todavia, se a doação do bem de família tiver em vista o casamento dos donatários, a doação não poderá ser revogada por ingratidão, nos termos do art. 564, inc. IV, NCC.

Mesma forma, ela constitui-se pelo registro no Registro de Imóveis, nos termos do art. 1.714, NCC.

Assim como no testamento, pode existir no ato de doação uma cláusula determinando a reversão do bem ao doador, no caso de extinção do bem família, consoante permite o art. 547, NCC

8.3. Duração do bem de família

O bem de família não é eterno, não é vitalício. A isenção que decorre do instituto não tem duração indefinida. Entende-se por duração do bem de família *o lapso de tempo percorrido entre a sua instituição válida e sua extinção.*[416]

Segundo o art. 1.716, NCC, o bem de família durará enquanto viver um dos cônjuges, ou, na falta destes, até que os filhos completem a maioridade, hoje aos 18 anos de idade (art. 5°, NCC). Em outras palavras: com a morte de um dos cônjuges ou companheiros, remanesce o instituto a favorecer a pessoa do sobrevivo,[417] ou do filho menor de idade, ou filho maior e incapaz.

Como se vê, em princípio, o bem de família apresenta certo caráter de *vitaliciedade* dos cônjuges, pois sua duração varia de acordo com a duração da vida daqueles em comunidade familiar.

A morte de um ou de ambos os cônjuges ou companheiros não extingue o bem de família, desde que fique(m) filho(s) menor(es) de idade residindo no imóvel. Se não houver, *tollitur quaestio,* extinta a família, extingue-se o bem de família.

---

[416] Azevedo, Álvaro Vilaça. *Comentários.* Op. cit., p. 65.
[417] Idem, p. 66.

Como a chover no molhado, o art. 1.721, NCC, dispôs que a dissolução da sociedade conjugal não extingue o bem de família. Na verdade, mesmo que se extinga a união estável isso não ocorre. Assim, se houve a separação ou o divórcio o bem de família gera efeitos, bastando que haja filho menor de idade. Mesma forma, na eventualidade de o casamento ser nulo, o bem de família subsiste em havendo filhos menores,[418] como a comprovar a existência de entidade familiar.

Ambos os dispositivos (arts. 1.716 e 1.721, NCC) olvidaram-se da igualdade constitucional na entidade familiar, pois a duração do bem de família não diz respeito apenas à duração da vida dos *cônjuges*, mas também dos *conviventes/companheiros*, bem como do titular da *família monoparental*. A extinção da união estável, mesma forma, não extinguirá o bem.

No caso de falecimento de apenas um dos cônjuges, *o prédio não entrará em inventário nem será partilhado enquanto viver o outro, mas, se este se mudar do prédio, e se nele não ficar residindo filho menor, a cláusula será eliminada e o imóvel partilhado. O prédio entrará em inventário para ser partilhado somente quando a cláusula for eliminada.*[419]

Diz-se que, em sendo ato de disposição voluntária, pode a instituição do bem de família ser cancelada, a pedido do instituidor, cessando os efeitos da inscrição.[420] *Data venia*, assim não nos parece, porque estamos diante de um instituto de proteção à família. Depois de instituído o bem de família, a própria lei civil prevê as formas de sua extinção (arts. 1.717, 1.719 e 1.722, NCC), quando deve ser previamente ouvido o Ministério Público. Este, obviamente, velará pela proteção familiar. Aliás, o art. 1.717, NCC, dispõe expressamente que o bem de família não pode ter destino diverso do previsto no art. 1.712, ou seja, *destinação a domicílio familiar e renda aplicada na conservação do imóvel e no sustento da família*. Não fosse assim, a vontade dos cônjuges na mera separação consensual ensejaria a extinção do bem de família, com isso violando-se o art. 1.721 do NCC. Exatamente em face desses argumentos é que se diz incabível a renúncia a respeito da impenhorabilidade sobre o bem de família.

A propósito do art. 1.721, NCC, seu parágrafo único dispõe que *dissolvida a sociedade conjugal pela morte de um dos cônjuges, o sobrevivente poderá pedir a extinção do bem de família, se for o único bem do casal*. Isso deve ser bem entendido, porquanto a extinção só será possível

---

[418] Nesse sentido: Marcione Pereira dos Santos. Op. cit., p. 132.
[419] Diniz, Maria Helena. *Sistemas de Registros de Imóveis*. São Paulo, Saraiva, 1992, p. 168.
[420] Ceneviva, Walter. Op. cit., p. 522.

não apenas se for o único bem do casal, mas na inexistência de outro interessado menor de idade. Não fosse assim, estar-se-ia violando, forma indireta, o art. 1.722, NCC, *verbis*: extingue-se, igualmente, o bem de família com a morte de ambos os cônjuges e a maioridade dos filhos, desde que não sujeitos a curatela.

Outro modo de extinção do bem de família é pela *impossibilidade de sua manutenção*, o que deve ser ratificado pela autoridade judiciária. Em tais casos exige-se a intervenção obrigatória do Ministério Público, como veremos adiante.

A impossibilidade de sua manutenção é ampla e deve ser entendida não apenas quanto à manutenção física do bem em si (reformas), mas de sua própria subsistência como patrimônio íntegro. A manutenção do bem, ademais, pode colocar a família em dificuldades, o que deve ser evitado pela verdadeira *janela* deixada pela lei. Enfim, um imóvel com grandes encargos tributários ou com elevadas despesas condominiais, *v.g.*, ou sobre o qual incidiu novos impostos, ou pela necessidade pessoal do instituidor por doença familiar, pode tornar manifesta a impossibilidade de sua manutenção.

Claro, às vezes, a forma de instituição do bem de família dificultará destinação diversa, como no caso de ter sido constituído por terceiro na via testamentária. Nesse caso, entendemos que os herdeiros do bem devem ser ouvidos, em lugar do instituidor falecido, até porque o bem lhes pertence por direito.

A discussão da matéria relativa à extinção do bem de família, agora, pertence ao Direito de Família, pelo que o juízo competente será o titular da Vara de Família do local onde se encontra o imóvel residencial. O eventual registro ou a constituição do bem de família em local diverso, não determinará qualquer competência, porque está em jogo o interesse da entidade familiar, sua moradia e sobrevivência.

Observe-se que a possibilidade de extinção do bem de família pela impossibilidade de sua manutenção ou pela necessidade dos interessados inexiste na forma do testamento, porque, nesse caso, o bem de família passou a vigorar apenas depois da morte do testador. Falecido o testador, que foi o instituidor, e o bem não pertencendo aos beneficiados, não pode ser vendido o bem de família, nem sub-rogado, na forma do art. 1.719, NCC.

Na hipótese de doação, como se viu, o bem de família pode ser extinto em face da ingratidão do donatário.

8.4. O Ministério Público e o bem de família

Não havia regramento anterior na lei civil codificada prevendo a intervenção do Ministério Público nas hipóteses de bem de família. Elas ocorriam, mas de forma aleatória e por outras causas, ora em processos de família, ora pela presença de incapazes no processo. Também, a intervenção surgia em feitos de jurisdição voluntária, em que se faz necessária a presença do *parquet*, por força do art. 1.105 do CPC.

A nova codificação dispôs sobre a intervenção do Ministério Público nas discussões a respeito do bem de família, porque a família é a base da sociedade e sua manutenção é de interesse do próprio Estado. Sem a moradia, como já se disse alhures, a família desintegra-se.

Quando os beneficiados tiverem interesse (*rectius: necessidade*) de extinguirem o bem de família, o assunto deverá ser levado ao juiz e à ouvida do Ministério Público, cuja intervenção é agora obrigatória.

Assim dispõem os arts. 1.717 e 1.719, NCC:

Art. 1.717. O prédio e os valores mobiliários, constituídos como bem de família, não podem ter destino diverso do previsto no art. 1.712 ou serem alienados sem o consentimento dos interessados e seus representantes legais, *ouvido o Ministério Público.*
Art. 1.719. Comprovada a impossibilidade de manutenção do bem de família nas condições em que foi instituído, poderá o juiz, a requerimento dos interessados, extingui-lo ou autorizar a sub-rogação dos bens que o constituem em outros, *ouvidos o instituidor e o Ministério Público.*

Como se verifica, não se subordinou a intervenção ministerial à presença de incapazes, menores, testamento ou matéria de família. Devemos entender que basta que a discussão seja relativa ao atingimento direto do bem de família e haverá a intervenção ministerial. Há intervenção obrigatória e *ratione materiae*, portanto.

Quando os interessados – cônjuges, companheiros ou terceiro – constituem um bem de família, seja por escritura pública, testamento ou doação, ele só pode ter um destino: a garantia de moradia da família, livrando-a da execução de certas dívidas, enquanto viver um dos cônjuges – ou um dos companheiros – ou existir filho menor de dezoito anos e não emancipado ou filho incapaz (sujeito à curatela).

Pelo texto do art. 1.717, NCC, portanto, ao Ministério Público compete, a rigor, *fiscalizar o destino* do bem de família, o que significa dizer-se que, na tentativa de extinção unilateral do bem de família, *o juiz deverá determinar vista do processo ao Promotor de Justiça.* Na Corte, os autos devem ir ao Procurador de Justiça, para emitir parecer como *custos legis*.

O sistema adotado parece indicar a necessária intervenção obrigatória do Ministério Público em todo e qualquer processo em que se trazer a matéria do bem de família voluntário. Com efeito, pois, o agente ministerial não poderá verificar se o destino do bem está sendo desvirtuado, sem ter vista de todo o processado, evidentemente. O melhor, portanto, é que se manifeste o Ministério Público e aí temos uma hipótese de nova intervenção obrigatória do *parquet* criada na lei codificada civil.

Ambos os artigos referem-se à *ouvida* do Ministério Público.

Na primeira hipótese (art. 1.717, NCC), *alienação do bem de família*, mesmo que os interessados a desejem, só pode dar-se depois de ouvido o Ministério Público.

Tal *ouvida* não está na lei por acaso, implicando dizer-se que está em lugar de *assentimento*, concordância expressa e fundamentada do agente ministerial. Seria de uma completa *inutilidade* subordinar-se um ato à simples *ouvida* do agente ministerial, sem que se o vinculasse a um efeito direto e imediato decorrente dessa *ouvida*. Entendemos, portanto, que aquela é de natureza obrigatória, porque a norma é cogente – ouvido – a respeito. Em outras palavras: *se inocorrer a ouvida do Ministério Público, nas hipóteses ali previstas, o ato padece de sério vício e não chega a constituir-se válida e plenamente*. Há nulidade, portanto, independente do prejuízo que possa ser vislumbrado.

Isso também ocorre na segunda hipótese de intervenção (art. 1.719). Nesse caso, compete ao *parquet* fiscalizar não apenas a forma de extinção ou de sub-rogação do bem de família em outros bens, mas manifestar sua concordância ou discordância a respeito da venda e da sub-rogação, de modo a não deixar a família desamparada. Compete-lhe fiscalizar para que o bem de família não seja extinto por motivo gratuito ou aviltado em seu preço, devendo ser fiscalizado, ainda, a destinação de eventual preço recebido, porquanto o art. 1.719, NCC, determina a sub-rogação em outros bens.

As discussões sobre o bem de família, seja voluntário ou involuntário, podem surgir em inúmeros processos, seja de conhecimento, cautelar ou de execução. Pode a matéria surgir em embargos de devedor, embargos de terceiro, ou em exceção de pré-executividade. Desimporta. Havendo tema relativo ao bem de família, obrigatoriamente, será ouvido o agente ministerial. Com isso, eventuais problemas futuros poderão ser evitados.

O *critério judicial*, quando da execução incidente sobre o prédio residencial (art. 1.715, NCC), mesma forma, deve ser fiscalizado pelo agente ministerial, de modo que a decisão venha fundamentada e razoável, porque só pode haver uma discricionariedade em benefício familiar, jamais arbitrariedade. Assim, deve existir *motivo relevante* para que seja adotada uma solução, que não aquelas indicadas expressamente no parágrafo único do art. 1.715, NCC.

Como se sabe, via de regra, quando as partes voluntariamente desejam desconstituir um bem de família, é para negociá-lo. Com isso, a família pode ficar desamparada e vir a criar problemas para si e ao próprio Estado. A finalidade dessa desconstituição deve ser discutida no devido processo legal, porquanto o art. 1.719, NCC, dispõe que a impossibilidade de manutenção do bem de família deve restar *comprovada*.

Nos termos do art. 1.719, NCC, a extinção do bem de família deve ser requerida pelos *interessados*. Os interessados são os beneficiados pelo bem de família: os cônjuges ou companheiros, o titular da família monoparental e os filhos menores. Destarte, deve existir requerimento com a concordância expressa dos beneficiados, sendo que para a captação da concordância dos filhos menores entendemos pela nomeação de um curador especial.

Como referiu Álvaro Villaça Azevedo,[421] *será nula a aquiescência possibilitadora de alienação do bem de família, se externada por absolutamente incapaz.*

Por outro lado, se a concordância for manifestada por relativamente capaz, sem a devida assistência de curador especial, haverá mera anulabilidade. O ato pode ser suprido com a nomeação e aquiescência do curador ou pleiteada sua anulação, se houver prejuízo.

Com efeito, em sendo as crianças e adolescentes sujeitos de direitos (art. 15, ECA), integrantes da família, não se pode extinguir um bem de família sem que sejam ouvidos a respeito, porque poderão vir a ser prejudicados pela decisão dos adultos. Havendo colisão de interesses, há necessidade de nomeação de curador especial, como dispõe o art. 9º do CPC.

Não se colhe, à evidência, a manifestação de vontade dos filhos *maiores* de 18 anos ou emancipados, porque, a rigor, a eles não se destina o bem de família.

Outra hipótese de intervenção necessária do órgão ministerial nas hipóteses de bem de família, surge quando estivermos diante de uma doação com encargo, e estiver morto o doador. Com efeito, pode ocorrer de a doação do bem de família ter sido instituída juntamente a um encargo de interesse geral. Por exemplo: o terceiro institui como bem de família,

---

[421] *In:* Comentários. Op. cit., p. 69.

por doação, um prédio residencial, desde que, em determinado espaço ou cômodo, os beneficiários resguardem a área para abrigar determinadas pessoas, ou pessoas necessitadas em viagem de saúde, provenientes de determinada cidade. Nesse caso, falecido o doador, o Ministério Público está legitimado a exigir a execução do encargo, nos termos do art. 553, parágrafo único, NCC.

8.5. Conclusão

O bem de família voluntário é pouco utilizado no Brasil, talvez porque a própria lei impôs e continua impondo óbices à sua instituição.

Raros casos de bem de família analisamos, até agora, em nossa vida funcional. Todos de bem de família involuntário (Lei 8.009/90), o que comprova a rara aparição do bem de família voluntário. Pode ser, porém, que, diante das novas disposições legais, haja um incremento na utilização do bem de família, em face de algum modismo que os velhos institutos, remodelados, ocasionam na estrutura da sociedade.

De qualquer sorte, o bem de família voluntário, tal como veio previsto no novo Código Civil, fatalmente, acabará utilizado apenas por famílias com lastro patrimonial e ainda processualmente conduzido pelas disposições da Lei dos Registros Públicos.

Zeno Veloso,[422] quando analisava o Projeto do Código Civil, já advertia que *se ficar como está, o bem de família só poderá ser utilizado pelos abastados, pelos ricos, pelos que forem donos de muitos prédios, pois o que for instituído como bem de família não pode ultrapassar um terço do patrimônio líquido. Quem possuir apenas um imóvel não poderá institui-lo como bem de família. Nem mesmo poderá fazê-lo quem possuir dois, de valores equivalentes. Quem tiver três prédios, não poderá instituir o de maior valor. A não ser que possua uma fortuna em valores mobiliários.*

---

[422] *Revista de Direito Civil* n. 55, p. 117.

Bibliografia

ALVES, Jones Figueiredo. *Novo Código Civil Comentado*. Coord. Ricardo Fiúza. São Paulo: Saraiva, 2003.

——. "Algumas questões controvertidas no novo Direito de Família". *Novo Código Civil. Questões Controvertidas*. Coord. Mário Luiz Delgado e Jones F. Alves. São Paulo: Método, 2003.

ALVIM, Arruda, et al. *Aspectos controvertidos do novo Código Civil. Estudos em homenagem ao Min. José Carlos Moreira Alves*. São Paulo: RT, 2003.

AMORIM, José Roberto Neves. *Direito ao nome da pessoa física*. São Paulo: Saraiva, 2003.

AMORIM, Sebastião; OLIVEIRA, Euclides. *Inventários e Partilhas*. 15ª ed. São Paulo: Leud, 2003.

ASSIS, Araken de. *Da execução de alimentos e prisão do devedor*. 3ª ed. São Paulo: RT, 1996.

AZAMBUJA, Maria Regina Fay de. "A adoção sob a perspectiva da Doutrina da Proteção Integral". *Aspectos Psicológicos na Prática Judiciária*. Org. David Zimerman e Antonio C. M. Coltro. Campinas: Millennium, 2002.

AZEVEDO, Álvaro Villaça. *Bem de Família*. 5ª ed. São Paulo: RT, 2002.

——. *Comentários ao Código Civil*. Vol. 19, Coord. Antonio Junqueira de Azevedo. São Paulo: Saraiva, 2003.

——. *Prisão Civil por Dívida*. 2ª ed. São Paulo: RT, 2000.

BARRA, Washington Epaminondas Medeiros. "Dos alimentos no Direito de Família". *O novo Código Civil. Estudos em homenagem ao Prof. Miguel Reale*. São Paulo: LTr, 2003.

BEVILAQUA, Clovis. *Direito da Família*. Rio de Janeiro: Freitas Bastos, 1943.

——. *Código Civil dos Estados Unidos do Brasil*. Edição Histórica. Rio de Janeiro: Rio, s/d.

BITTENCOURT, Edgard de Moura. *Alimentos*. 4ª ed. Rio de Janeiro: Aide, 1979.

——. *Guarda de Filhos*. São Paulo: Leud, 1981.

BORDALLO, Galdino Augusto Coelho. "Da Adoção". *O Novo Código Civil*. Rio de Janeiro: Freitas Bastos, 2002.

BUZZI, Marco Aurélio Gastaldi. *Alimentos transitórios. Uma obrigação por tempo certo*. Curitiba: Juruá, 2003.

CAMBI, Eduardo. "A relação entre o adotado, maior de 18 anos, e os parentes do adotante". *Revista dos Tribunais*, n. 809, março/2003.

CAHALI, Francisco José. "Dos alimentos". *Direito de Família e o novo Código Civil*. Belo Horizonte: Del Rey e IBDFAM, 2001.

CAHALI, Yussef Sahid. *Dos Alimentos*. 4ª. ed. São Paulo: RT, 2002.

——. *Divórcio e Separação*. 10ª ed. São Paulo: RT, 2002.

CENEVIVA, Walter. *Lei dos Registros Públicos Comentada*. 7ª ed. São Paulo: Saraiva, 1991.

——. *Lei dos Registros Públicos Comentada*. 15ª ed. São Paulo: Saraiva, 2003.

CHINELATO, Silmara Juny. "Adoção de nascituro e a Quarta era dos direitos: razões para se alterar o *caput* do artigo 1.621 do novo Código Civil". *Novo Código Civil, questões controvertidas*. São Paulo: Método, 2003.

CÓDIGO CIVIL. Anteprojetos. Senado Federal. Subsecretaria de Edições Técnicas. 5 vols. Brasília, 1989.

COMEL, Denise Damo. *Do Poder Familiar*. São Paulo: RT, 2003.

CORRÊA, Oscar Dias. "Breve nota sobre a adoção no novo Código Civil". *Aspectos controvertidos do novo Código Civil*. Coord. Arruda Alvim e Outros. São Paulo: RT, 2003.

CREDIE, Ricardo Arcoverde. *Bem de família*. São Paulo; Malheiros, 1998.

DIAS, Maria Berenice. "Da separação e do Divórcio". *Direito de Família e o novo Código Civil*. Coord. Maria Berenice Dias e Rodrigo da Cunha Pereira. Belo Horizonte: Del Rey e IBDFAM, 2001.

———. *Homoafetividade. O que diz a Justiça!*. Porto Alegre: Livraria do Advogado, 2003.

———; PEREIRA, Rodrigo da Cunha. *Direito de Família e o novo Código Civil*. Belo Horizonte: Del Rey e IBDFAM, 2003.

DINIZ, Maria Helena. *Sistemas de Registro de Imóveis*. São Paulo: Saraiva, 1992.

———. *Dicionário Jurídico*. 4 vls. São Paulo: Saraiva, 2001.

ELIAS, Roberto João. *Pátrio Poder. Guarda de filhos e Direito de visita*. São Paulo: Saraiva, 1999.

———. *Comentários ao Estatuto da Criança e do Adolescente*. São Paulo: Saraiva, 1994.

FACHIN, Luiz Edson. *Comentários ao novo Código Civil*. Vol. XVIII. Coord. Sálvio de F. Teixeira, Rio de Janeiro: Forense, 2003.

———. *Elementos Críticos do Direito de Família*. Coord. Ricardo P. Lira. Rio de Janeiro: Renovar, 1999.

———; RUZYK, Carlos Eduardo Pianovski. *Código Civil Comentado*. Vol. XV. Coord. Álvaro Villaça Azevedo. São Paulo: Atlas, 2003.

FERNANDEZ, Atahualpa. *A suportabilidade da vida em comum. A dissolução da sociedade conjugal e no novo Código Civil*. Porto Alegre: Fabris, 2003.

FONSECA, Antonio Cezar Lima da Fonseca. "Anotações aos Direitos da Personalidade". *Revista dos Tribunais* n. 715. São Paulo: RT, 1995.

FONSECA, Claudia. *Caminhos da Adoção*. 2ª ed. São Paulo: Cortez, 1995.

GOMES, Orlando. *Direito de Família*. Rio de Janeiro: Forense, 1995.

GRISARD FILHO, Waldyr. *Guarda compartilhada*. 2ª ed. São Paulo: RT, 2002.

———. "Os alimentos nas famílias reconstituídas". *Novo Código Civil. Questões controvertidas*. São Paulo: Método, 2003.

HASSELMANN, Elisa de Carvalho Laurindo. "O Melhor Interesse da Criança e do Adolescente em face do Projeto de Código Civil". *O Melhor Interesse da Criança: um debate Interdisciplinar*. Org. Tânia da Silva Pereira. Rio de Janeiro: Renovar, 2000.

KASPARY, Adalberto J. *Habeas Verba, português para juristas*. 7ª ed. Porto Alegre: Livraria do Advogado, 2002.

LEITE, Eduardo de Oliveira. *Famílias Monoparentais*. 2ª ed. São Paulo, RT, 2003.

———. *Síntese de Direito Civil*. Curitiba: JM, 1997.

———. *Grandes temas da atualidade. DNA como meio de prova da filiação*. Rio de Janeiro: Forense, 2000.

LESSA, Nelcy Pereira. *Dos Alimentos, O Novo Código Civil*. Rio de Janeiro: Freitas Bastos, 2002.

LIBERATI, Wilson Donizeti. *Comentários ao Estatuto da Criança e do Adolescente*. 5ª ed. São Paulo; Malheiros, 2000.

LÔBO, Paulo Luiz Netto. *Comentários ao Código Civil*. Vol. 6, São Paulo: Saraiva, 2003.

———. "Do Poder Familiar". *Direito de Família e o Novo Código Civil*. Org. Maria Berenice Dias e Rodrigo da Cunha Pereira. Belo Horizonte: Del Rey, 2001.

———. *Código Civil Comentado*. Vol. XVI. Coord. Álvaro Villaça Azevedo, São Paulo: Atlas, 2003.

———. "Constitucionalização do direito civil". *Revista de Informação Legislativa*. n. 141, Senado Federal. Brasília-DF, 1999.

LOPES, Miguel Maria de Serpa. *Tratado dos Registros Públicos*. Vol. II, Rio de Janeiro: Freitas Bastos.
MADALENO, Rolf. *Direito de Família. Aspectos Polêmicos*. Porto Alegre: Livraria do Advogado, 1998.
MARMITT, Arnaldo. *Bem de família*. Rio de Janeiro: AIDE, 1995.
———. *Pensão alimentícia*. Rio de Janeiro: Aide, 1993.
———. *Adoção*. Rio de Janeiro: Aide, 1993.
MARQUES, Claudia Lima. "Visões sobre o teste de paternidade". *Grandes temas da atualidade – DNA como meio de filiação*. Coord. Eduardo de Oliveira Leite. Rio de Janeiro: Forense, 2000.
MIRANDA, Pontes de. *Tratado de Direito de Família*. 3 vls., Atualizado por Vilson Rodrigues Alves. Campinas: Bookseller, 2001.
MONTEIRO, Washington de Barros. *Curso de Direito Civil. Direito de Família*. 2º Vol., 34ª ed. São paulo: Saraiva, 1997.
MOREIRA, José Carlos Barbosa. "O novo Código Civil e o Direito Processual". *Revista Jurídica* n. 304. Porto Alegre: Síntese, 2003.
NALINI, José Renato. "A família brasileira do Século XXI". *Revista de Direito Privado* n.1, São Paulo: RT, 2000.
NERY JUNIOR, Nelson; NERY, Rosa Maria de Andrade. *Novo Código Civil Anotado e Legislação Extravagante*. São Paulo: RT, 2002.
NETTO, Domingos Franciulli e Outros. *O novo Código Civil. Estudos em homenagem ao Prof. Miguel Reale*. São Paulo: LTr, 2003.
OLIVEIRA, Carlos Alberto Alvaro de. *A tutela de urgência e o direito de família*. São Paulo: Saraiva, 1998.
OLIVEIRA, Euclides de. *União Estável. Do concubinato ao casamento*. 6ª ed. São Paulo: Método, 2003.
OLIVEIRA, José Lamartine Corrêa de; MUNIZ, Francisco José Ferreira. *Direito de Família - Direito Matrimonial*. Porto Alegre: Fabris, 1990.
OLIVEIRA, José Sebastião de. *Fundamentos constitucionais do direito de família*. São Paulo: RT, 2002.
PAULA, Paulo Afonso Garrido de. *Direito da criança e do adolescente e tutela jurisdicional diferenciada*. São Paulo: RT, 2002.
PEREIRA, Caio Mário da Silva. *Instituições de Direito Civil*. Vol. 5, 11ª ed. Rio de Janeiro: Forense, 1996.
PEREIRA, Rodrigo da Cunha. *Concubinato e União Estável de acordo com o novo Código Civil*. 6ª ed. Belo Horizonte: Del Rey, 2001.
———. "A culpa no desenlace conjugal". *Repertório de doutrina sobre Direito de Família*. Coord. Teresa Arruda Wambier e Eduardo de Oliveira Leite. São Paulo: RT, 1999.
PEREIRA, Sérgio Gischkow. *Ação de Alimentos*. 3ª ed. Porto Alegre: Fabris, 1983.
———. "O direito de família e o novo Código Civil". *Revista dos Tribunais* nº 804. São Paulo: RT, 2002.
———. "Algumas reflexões sobre a igualdade dos cônjuges". *Revista Ajuris*, vol. 58, Porto Alegre, 1993.
———. "O Direito de Família e o Novo Código Civil: alguns aspectos polêmicos ou inovadores". *Revista Brasileira de Direito de Família*. nº 18. Porto Alegre: Síntese, 2003.
PEREIRA, Tânia da Silva. *O Melhor Interesse da Criança: um debate Interdisciplinar*. São Paulo: Renovar, 2000.
PORTO, Sérgio Gilberto. *Doutrina e Prática dos Alimentos*. 2ª ed. Rio de Janeiro: Aide, 1991.
RIZZARDO, Arnaldo. *Direito Civil. Parte Geral*. Vol. 1, Rio de Janeiro: Forense, 2003.
———. "Separação e Divórcio". *Direito de Família Contemporâneo*. Coord. Rodrigo da Cunha Pereira. Belo Horizonte: Del Rey, 1997.
———. *Direito de Família*. 2ª ed. Rio de Janeiro: Forense, 2004.

RODRIGUES, Silvio. *Direito Civil. Direito de Família*. Vol. 6. São Paulo: Saraiva, 2002.

——. *Comentários ao Código Civil*. Vol. 17. Coord. Antonio Junqueira de Azevedo. São Paulo: Saraiva, 2003.

SABINO JÚNIOR, Vicente Sabino. *O Menor, sua guarda e seus direitos*. 4ª ed. São Paulo: Bed.

SANTOS, Luiz Felipe Brasil. "A separação judicial e o divórcio no novo Código Civil". *Revista do MPRS* n. 49. Porto Alegre: Metrópole, 2003.

SANTOS, Marcione Pereira dos. *Bem de família. Voluntário e Legal*. São Paulo: Saraiva, 2003.

SANTOS NETO, José Antonio de Paula. *Do Pátrio Poder*. São Paulo: RT, 1994.

——. *Da ausência*. São Paulo: Juarez Oliveira, 2001.

SILVA, Clóvis Veríssimo do Couto e. Temas atuais do Direito de Família no anteprojeto do Código Civil. Conferência pronunciada no Instituto dos Advogados de São Paulo, em março de 1973.

——. "Direito Patrimonial de família no projeto do Código Civil Brasileiro e no Direito Português". *Revista Direito e Justiça*. Lisboa, vol. 1, 1980.

——. "O direito civil em perspectiva histórica e visão de futuro". *Revista Ajuris*, n. 40, Porto Alegre, 1987.

SILVA, José Luiz Mônaco da. *Estatuto da Criança e do Adolescente. 852 perguntas e respostas*. São Paulo: Juarez de Oliveira, 2000.

——. *A família substituta no Estatuto da Criança e do Adolescente*. São Paulo: Saraiva, 1995.

SILVA, Paulo Lins e. "Da nulidade e da anulação do casamento". *Direito de Família e o novo Código Civil*. 3ª ed., Belo Horizonte: Del Rey, 2003.

SILVA, Regina Beatriz Tavares da. *Novo Código Civil Comentado*. Coord. Ricardo Fiúza. São Paulo: Saraiva, 2002.

——. "Dissolução da sociedade e do vínculo conjugal". *O novo Código Civil. Estudos em homenagem ao Prof. Miguel Reale*. São Paulo: LTr, 2003.

STRENGER, Guilherme Gonçalves. *Guarda de Filhos*. São Paulo: LTr, 1998.

TESHEINER, José Maria Rosa. "Procedimentos de Jurisdição voluntária segundo o novo Código Civil". Revista Jurídica n. 307. Porto Alegre: Síntese, 2003.

——. *Jurisdição Voluntária*. Rio de Janeiro: Aide, 1992.

VASCONCELOS, Rita de Cássia Corrêa de. *A impenhorabilidade do bem de família e as novas entidades familiares*. São Paulo: RT, 2002.

VELOSO, Zeno. *Código Civil Comentado*. Vol. XVII. Coord. Álvaro Villaça Azevedo. São Paulo: Atlas, 2003.

——. "Bem de família". *Revista de Direito Civil* n. 55. São Paulo: RT, 1991.

——. *Comentários ao Código Civil*. Vol. 21. Coord. Antonio Junqueira de Azevedo. São Paulo: Saraiva, 2003.

——. *Emendas ao Projeto de Código Civil*. Ed. Grafisa, 1985.

VENOSA, Silvio de Salvo. *Direito Civil. Direito de Família*. São Paulo: Atlas, 2002.

VIANA, Marco Aurélio S. *Alimentos. Ação de investigação de paternidade e maternidade*. Belo Horizonte: Del Rey, 1998.

——. *Da guarda, da tutela e da adoção*. Belo Horizonte: Del Rey, 1993.

Índice analítico
(os números referem-se às páginas)

Abandono do lar
  Art. 1.573, IV, NCC 67
  Ausência 67
  Voluntário e justo 67
Adoção
  Art. 1.596, NCC 95
  Adoção plena 96
  Adotandos 104, 114
  Adotantes 100
  Ato complexo 98
  Avós e parentes 104
  Benefício ao adotado 108
  Casais 105/6, 115
  Conceito 95
  Conjunta 105
  Consentimento 106, 109, 110, 114
  Disciplina 96
  Discordância 110
  Divórcio 107
  Efeitos da 116
  Escritura pública 107
  Espécies 99
  Estabilidade da família 106
  Habilitação 101
  Herança 120
  Idade 101/2
  Juízo competente 99/100
  Legitimação adotiva 96
  Madrasta 106
  Maioridade 101
  Morte do adotante 102
  Nascituro 105
  Natureza jurídica 98
  Nome do adotado 119
  Órfãos 114
  Padrasto 106
  Pais desaparecidos 114
  Parentes 104
  Processo de 107
  Procuração 107
  Recursos 108/9
  Registro civil 117/8
  Revogação 118
  Sensibilidade do juiz 106
  Sentença efeitos 116
  Tutor e curador 102, 114
  Unificação 98
Adultério
  Absolvição 68
  Casto 65
  Crime 64
  Dever de fidelidade 64
  Inseminação artifical 65
  Prova 65
  Quase-adultério 65
Alcoolismo 69
Alimentos
  Adequação dos 187
  Alimentos pretéritos 154
  Ação de 183
  Atualização 184
  Avós 156, 179, 180, 182
  Binômio alimentar 162
  Características 146
  Casamento e 191
  Cessão 152
  Chamados à lide 181
  Civis 158

Companheiros   169 e ss., 190
Complementares   180
Conceito   144
Cônjuges   169, 172, 174, 189
Condição social   166, 167
Côngruos   158/9
Coobrigados   178
Cumprimento dos   175
Culpa   170/172, 174
Destinatários   168
Dever do cônjuge   73, 169
Dinheiro   177
Disciplina   143
Divisíveis   156
Divórcio   77
Duração   188
Educação   167, 174, 178
Exoneração   187
Extensão dos   158
Extinção   188 e ss.
Falta de aptidão   173
Filho maior incapaz   169
Herança   146
Hospedagem e sustento   175, 178
Idoso   157
Imóvel residencial   154
Impenhorabilidade   153/4
Imprescritibilidade   150
Incessibilidade   152
Incompensáveis   153
Indignidade   190/1
Indispensáveis   159, 168, 187
Intransmissível   146
Irmãos   178
Irrenunciabilidade   150, 152
Irrepetibilidade   149
Ius sanguinis   158, 169
Legitimidade   153
Legítimos   158
Liberalidades   177
Litisconsórcio   182
Má vontade aos   156
Maioridade civil   165/167, 178, 192
Maior incapaz   169, 192
Naturais   157
Natureza jurídica   144
Necessários   157

Necessidade   162/3, 192
Novo casamento   191
Obrigação e dever   145
Ócio   166
Parentes   165, 168, 173, 178
Penhora   153
Percentual   161, 164
Personalíssimo   145
Poder familiar   167, 188
Possibilidade   162, 164
Pressupostos   162
Prestações atrasadas   154
Procedimento indigno   190
Prometidos   158
Provisionais/provisórios   159/160
Quantum   164, 175, 184
Reciprocidade   155
Rendimentos do trabalho   165/6
Renúncia   150
Revisional   150, 184/5
Segredo de justiça   183
Solidariedade   152, 156
Sub-rogação   149
Sucessão   179
Súmula nº 277   155
Testamento   158
Tios e sobrinhos   178
Tipos de   157
Transação   154
Transmissibilidade   146, 172
Anulação/nulidade de casamento   25/6, 30, 34
  Causas   51
  Cumulação de ações   52
  Curador ao vínculo não   52
  Diferenças   51
  Legitimados   52
  Processo judicial e sentença   50
Ausência   43/4, 45
  Abandono do lar   67
  Morte presumida   47/8
  Temporária e definitiva   50
Autorização para o casamento   32 e ss.
  Competência   34
  Deve dizer com quem   33
  Divergência na   34
  Falta de   34

Bem de família
   Acessórios 199
   Administração 205/6
   Benfeitorias 199
   Comodato 199
   Condomínio 200
   Cônjuges 204, 214
   Dissolução do casamento 197, 204
   Divergências sobre 206
   Dívidas 200/1
   Doação 197, 212
   Duração 213
   Efeitos 207/8
   Entidade familiar 194, 196, 204
   Escritura pública 209
   Espécies 203
   Extinção 213
   Falecimento dos cônjuges 206/7
   Filhos independem 195, 207
   Filhos maiores/incapazes 207
   Formas de instituição 208
   Hipoteca 200
   Homestead 194
   Homossexuais 205
   Incidência 195, 198
   Irmãos 205
   Instituição financeira 206
   Legitimidade 204/5
   Locação 199
   Maioridade 197
   Manutenção inviável 215
   Ministério Público 216
   Modos 193/4
   Móvel 198
   Natureza jurídica 195/6
   Necessidade dos filhos 199
   O que é 195
   Objeto 198
   Outorga uxória 204
   Patrimônio 201
   Registro do 207/8
   Sociedade conjugal 214
   Surgimento 193
   Terceiro 197, 205
   Terrenos baldios 200
   Testamento 197, 209,
   Tipos de 203
   Títulos nominativos 202/3
   Tributos 208
   Usufruto 199
   Valor do bem 199/200
   Valores mobiliários 202
Bens
   Art. 1.575, NCC 80
   Divórcio 80
   Na doença mental 62
   Regime de 73

Cabeça do casal 19
Casamento 13 e ss.
   Alimentos 174, 191
   Aptidão não se presume 32
   Ato jurídico complexo 25
   Autoridade 25
   Autorização 32, 34
   Capacidade para 31
   Celebração 35
   Certidão registral do 26
   Coabitação 18, 20
   Comunhão plena de vida 18, 21
   Civil 15, 16, 21
   Consular 16
   Consentimento para 34/5
   Custos do 21
   Definição 15
   Despesas do 22
   Divergências 19
   Divergência dos pais 34
   Efeito do 17
   Espécies 16
   Evitar pena criminal 38
   Fidelidade 64
   Gratuito 21 e ss.
   Idade 31 e ss.
   Interferência proibida 22 e ss.
   Maioridade civil 31, 38
   Mesmo sexo 14
   Ministério Público 29
   Morte de cônjuge 44
   Natureza jurídica 15
   Nuncupativo 16
   Procuração 26

Putativo 16
Realização do 25
Reexame necessário 52
Registro e crimes 21, 22, 27, 32
Regulamentação 15, 31
Religioso 15, 16, 26
Requisitos para 31, 32
Tutela e curatela 34
Casamento religioso 26 e ss.
  Equiparação ao civil 28
  Habilitação 28
  Registro do 28
  Requisitos 29
  Validade/nulidade 28, 30
Castigos
  Ius corrigendi 138
Causa culposa
  Art. 1.577, NCC 75
  O que é 57
  Prova 56
Causa facultativa 56
Cláusulas do acordo
  Na separação consensual 71
  Ver homologação do acordo
Cláusulas gerais 9, 17, 18, 63, 69
Coabitação
  Art. 1.576, NCC 73
  Deveres de 73/4
  Fidelidade recíproca 73
  Recusa a 67
Comissão do NCC 9
Companheiros 25
  Estabilidade da família 106
Comunhão plena de vida 17, 18
  Impossibilidade da 57
  Quebra da 70
  Vida em comum 67
Concubinato 25
Conduta desonrosa 57
  Art. 1.573, VI, NCC 68
  Conceito 68
Cônjuge culpado
  Art. 1.578, NCC 77
  Alimentos; renúncia 151
  Nome 76
Cônjuge incapaz 74

Consentimento
  Adoção 109
  Adoção por casados 106
  Casamento 34/5, 36
  Denegação, motivos 35/6
  Legitimados ao 37
  Pais casados na adoção 110
  Revogação do 115
Conviventes 25
Crimes 22, 38/9
  Art. 1.573, V, NCC 67
  Infamante 67/8
  Causas de separação 69
  Sentença penal condenatória 67
Críticas ao NCC 9
Culpa na separação 57, 58
  Art. 1.573, NCC 63
  Art. 1.577 75
  Alimentos 170, 171
  Outros fatos 69
  Prova da 74
  Separação fática 60
Curatela
  Casamento 34
  Consentimento 35

Débito conjugal
  Recusa a 67
Destituição do poder familiar
  Adoção 112
  e suspensão do 135
  Ministério Público 139
Deveres do casamento 58
  Convivência 67
  Fidelidade 64, 74
  Mútua assistência 61
  Respeito e consideração 66
  Responsabilidade 59
  Vida em comum 67
  Violação dos 63 e ss.
Direito de Família
  Constitucionalização do 11
  O que é 10
  Patrimonial 11
  Pessoal 11
Direito patrimonial de família 11, 12

Direito personalíssimo 56
   Separação e divórcio 81
Direito pessoal de família 10, 11
Disposições Gerais 13
   Poder familiar 127
Dissolução da sociedade conjugal 41 e ss.
Dissolução do vínculo 43
Divórcio 41 e ss.
   Adoção e 107
   Conversão 77
   Direitos e deveres 76
   Direto 54, 79
   Espécies 77
   Filhos 76
   Indireto/conversão 54, 78
   Legitimados 54, 80
   Nome dos cônjuges 91
   Poder familiar 76
   Rito 79
   Separação judicial e 52 e ss.
Divórcio por conversão
   Art. 1.580, NCC 77, 78
   Rito 78
   Sentença e prazo 73
Doença mental 60
   Art. 1.572, § 2º, NCC 60
   Cônjuges 81
   Ministério Público 81
   Partilha de bens 62
   Perícia 61
   Requisitos 61
   Separação remédio 61
Doença venérea 67

Emancipação
   Adoção 102
   Poder familiar 136
Entidade familiar 14
   Bem de família 196
   Família e casamento 14
   União de fato 14
   União estável 14
Esfera íntima 20
Estabilidade da família 106
Estado de casado 25

Estudo social
   Adoção 108
Exposto 97
   Adoção e consentimento 111/3

Família
   Casamento 14
   Constitucionalização 10, 11
   Definição 10, 11
   Homoafetiva 10
   Nuclear 10
   Reconstituída 10
   Unidade familiar 14
Família monoparental 10, 14
   Adoção 103
   Poder familiar 136
Ficar com 13
Fidelidade
   Art. 1.576, NCC 73
   Dever do casamento 64, 73, 74
   Traição recíproca 64
Filhos menores
   Guarda no divórcio 77
   Melhor interesse 129
   Separação consensual 71
Foro privilegiado 20

Grave violação dos deveres 58
Gravidez
   Casamento de menor 39
Guarda de filhos 20
   Companhia 131
   Compartilhada 132
   Conjunta 132
   Divórcio 77
   Poder familiar 131

Habilitação 21, 25, 27/9, 32
Herança
   Cônjuge sobrevivente 45/7
Homologação do acordo
   Faculdade do juiz 71
Homossexualismo 69
   Adoção 103
   Bem de família 205

Honra 66
    Conduta desonrosa 68

Idade 31 e ss.
    Adoção 101
    Núbil 32, 35
    Poder familiar 127
    Suprimento e suplementação 33, 38
Igualdade conjugal 18 e ss.
    Intervenção judicial 19
Impedimentos relativamente dirimentes 31
Impossibilidade da comunhão de vida 57
    Motivos de 63
    Outros fatos 69
    Vícios 65/6
Incompatibilidade de gênios 57
Infante exposto - *ver exposto*
Injúria Grave 65/6
    Art. 1.573, III, NCC 66
    Reiteração de atos 66
Inseminação artificial 65
Insuportabilidade da vida em comum 57
    e Incompatibilidade 63
    Outros fatos 69
Intimidade 20

Juízes
    Atividade criadora 10
    Suprimento consentimento 36

Lesões corporais 65
    Sevícias 65
    Tortura 65

Maioridade
    Poder familiar 136
Marido e mulher 25
Maus-tratos 65
Melhor interesse dos filhos
    Art. 1.579, NCC 77
    Art. 1.588, NCC 77
    Divórcio 77
    Filho reconhecido 132
    Nomeação de tutor 132
    Poder familiar e 128/9
    Separação consensual 71

Ministério Público
    Anulação de casamento 52
    Bem de família 204, 216
    Casamento 15
    Divergência 35
    Divórcio 81
    Doença mental 81
    Intervenção no casamento 24
    Poder familiar 129, 137, 138
    Recursos 40, 60
    Separação consensual 71
    Separação judicial 74
Morte de um dos cônjuges 43/4, 56, 81
    Art. 1.573, NCC 63
    Ausência – diferença 46
    Bem de família 206
    Morte presumida 48
    Tentativa contra 65
Mútua assistência 61

Namoros e noivados 13
Nomes dos cônjuges 55
    Art. 1.571, § 2º, NCC 55
    Art. 1578, §§, NCC 76
    Acréscimo de sobrenome 84
    Disciplina 83
    Opções 90
Normas de ordem pública 15
Novo direito de família 9

Objetivação da ruptura 58
Ordem pública
    Reconciliação 59

Parentesco civil 95
Partilha de bens
    Art. 1.572, § 3º, NCC 62
    Art. 1.575, NCC 80
    Art. 1.581, NCC 79
    Divórcio 79
    Doença mental 62
    Separação judicial 73
    Separação consensual 71
Perdão 64
Pessoas e intervenção no casamento 23

Poder familiar
   Alimentos 167
   Características 124/5
   Conceito 123
   Casamento 32
   Competência 140
   Destituição do poder 135
   Divergências 128
   Divórcio 76, 130
   Exercício do 133
   Extinção do 134
   Guarda e companhia 131
   Legitimação 137
   Modificações 135 e ss.
   Obediência dos filhos 133
   Perda do 134
   Sentença 140
   Separação judicial 130
   Suspensão do 134
Planejamento familiar 24
Prazo
   Abandono do lar – um ano 67
   Conversão e sentença 73
   Separação 60, 71
Princípio da ruptura 58
Processo
   Adoção 107
   Efetividade do 60
Procuração
   Adoção por 107/8
   Casamento por 17
   Condição ou encargo vedada 26
   Especial 17

Reconciliação e ruptura 59, 75
   Efeitos 75
Reconvenção
   Divórcio 79
Recursos
   Jurisdição voluntária 37
Regime de bens
   Art. 1.576, NCC 73
   Separação judicial 74
   Troca de 75
Religiões 16
Requisitos para o casamento 32

Respeito e consideração 66
Restabelecimento da sociedade 75
Revogação
   Consentimento 35
Ruptura da vida em comum
   Afastamento 60
   Art. 1.572, § 1º 59

Sentença
   Adoção 117
   Conversão em divórcio 77 e ss.
   Inscrição da 73, 80
   Poder familiar 140
   Reconciliação 75
   Separação judicial 73
   Trânsito em julgado 78
Separação amigável 70
   Nome dos cônjuges 90
   Procedimento 71
Separação de Corpos 73
   Distinções 74
Separação consensual
   Acordo 71
   Procedimento 71
Separação de fato 59
   Distinções 74
Separação judicial
   Art. 1.572 e §§ 55
   Alimentos 41, 172
   Consensual – 1.574, NCC 70
   Conversão em divórcio 78
   Distinções 74
   Divórcio 53
   Espécies 55
   Legitimidade 56, 74
   Litigiosa 56
   Mútuo consentimento 70
   Nome dos cônjuges 89
   Partilha de bens 73
   Poder familiar 130
   Regime de bens 73
   Remédio 61
   Restabelecimento 75
   Sentença 73
   Surgimento 41

Sevícia
    Art. 1.573, III, NCC   66
Sociedade conjugal   19
    Bem de família   214
    Término da   42
Sociedade de fato   14
Súmulas
    197-STF   80
    277-STJ   155
Suprimento
    De consentimento para casar   36
Suspensão do poder familiar   135
    Causas   136/7

Tentativa de morte
    Art. 1.573, inc. II, NCC   65
    Contra um dos cônjuges   65
    Suicídio   66
Teoria Geral do Direito   13
Teto   60

Tóxicos   69
Tutela
    Adoção e   112
    Bem de família   206
    Casamento de tutor   34
    Poder familiar   132

União estável   14
    Prov. nº 027/03-CGJ   17
União homoafetiva   14

Vícios em geral   62
    Embriaguez   66
    Separação-remédio   66
    Tóxicos   66
Vida em comum   67
    v. comunhão de vida
    sob o mesmo teto   74
Vínculo matrimonial   25, 43
    Dissolução   43
Violação dos deveres do casamento   63